国家社科基金教育学一般项目"学生个人网络学习空间的有效应用研究"（BCA150051）核心研究成果

浙江省哲学社会科学重点培育基地"浙江师范大学高质量教育发展研究院"成果

浙江师范大学出版基金资助

网络学习空间的设计与应用

张立新 来钇汝 著

DESIGN AND APPLICATION OF NETWORK LEARNING SPACE

科学出版社

北 京

内 容 简 介

网络学习空间是由国家主导推动,并在实践过程中不断发展以支持学习者发展的在线教育实践。本书将国家"网络学习空间人人通"工程中的网络学习空间作为核心研究对象,遵循"文献研究-理论研究-实践研究"的整体设计思路,探索学习者利用个人网络学习空间进行学习的活动类型、基本过程和方法。在理论层面,本书综合应用全球脑、分布式认知、学习生态系统和联通主义学习等思想与理论,挖掘和阐述网络学习空间的教与学的功能,构建科学、有效的网络学习空间的应用模式,并在实践过程中对其进行检验与优化,最终提升为具有理论支撑、符合实践的个人网络学习空间应用模式。在实践层面,本书探索网络学习空间的有效应用模式和具体应用方法。

本书主要适用于研究和使用网络学习空间的高校教师、中小学教师以及其他对网络学习空间研究感兴趣的一般人群阅读。

图书在版编目(CIP)数据

网络学习空间的设计与应用 / 张立新, 来钇汝著. -- 北京:科学出版社, 2025.3. -- ISBN 978-7-03-081592-7

Ⅰ. G434

中国国家版本馆 CIP 数据核字第 2025NY6506 号

责任编辑:朱丽娜 冯雅萌 / 责任校对:杨 然
责任印制:徐晓晨 / 封面设计:有道文化

科 学 出 版 社 出版

北京东黄城根北街 16 号
邮政编码:100717
http://www.sciencep.com

北京建宏印刷有限公司印刷
科学出版社发行 各地新华书店经销
*
2025 年 3 月第 一 版 开本:720×1000 1/16
2025 年 3 月第一次印刷 印张:17
字数:283 000

定价:108.00 元
(如有印装质量问题,我社负责调换)

前　言

在信息技术飞速发展的新时代中，网络学习空间通过线上教育和线下教育之间的无缝衔接，构建了两个世界、两种教育的新形态。学习者有效地应用个人网络学习空间，能够扩展知识的来源，扩大连接的范围，增强连接的紧密度，提升自身的知识管理能力、协同解决学习问题的能力。本书第一章梳理了"教育+技术"应用形态的变迁，以此为起点，本书的核心内容，即第二至六章将分为以下五个主题展开论述。

主题1：网络学习空间的发展。本主题包括三个方面的研究内容：第一，明晰网络学习空间的内涵，包括其核心特征、功能等；第二，梳理网络学习空间的发展历程，厘清该领域的研究现状，挖掘该领域的研究热点和重点问题；第三，完成网络学习空间的典型应用案例介绍。

主题2：网络学习空间的设计与构建。本主题从网络学习空间的构建目标出发，明晰构建网络学习空间时应遵循的基本原则，梳理网络学习空间应具有的四类基础功能，并形成网络空间构建的一般流程。在此基础上，按照网络学习空间功能与价值取向的不同对其进行划分，并详细论述了构建每一类网络学习空间的系统设计需求、技术选择和整体技术架构，针对三种不同类型的网络学习空间，提出了基于不同技术支撑，包含基础设施层、平台建构层、应用服务层等多个层级的网络学习空间的构建模型。最后，对支撑网络学习空间的相关理论进行了梳理，并从多个角度提出了不同学习理论对设计网络学习空间以及促进其有效应用的指导原则和相关建议。

主题 3：网络学习空间的创新应用模式。本主题立足新的学习理论创建网络学习空间中的教学模式，研究内容主要包括两个方面：对分布式认知理论、群体认知理论以及全球脑理论的内涵进行梳理，并探讨以此支持网络学习空间应用的可行性；完成不同理论支持下的网络学习空间教学模式构建的理论研究，并开展相关教学案例的设计与教学实践探索。

主题 4：基于网络学习空间的学习活动设计与实践。本主题围绕依托网络学习空间的学习活动设计展开，主要包括基于网络学习空间的探究性学习活动、合作学习活动、混合学习活动以及问题解决型学习活动的设计与实践。本主题从各个学习活动的内涵和特点入手，完成基于网络学习空间的特色学习活动理论模型的构建，并分别选择 ITtools 平台、Blackboard 平台、蓝墨云班课平台以及 Moodle（modular object-oriented dynamic learning environment，面向对象的模块化动态学习环境）平台完成具体案例的设计与实践研究。

主题 5：网络学习空间建设与有效应用保障体系建立。本主题分为三个层次以完成网络学习空间有效应用保障体系的构建：第一，宏观层次，从政策引导方面对网络学习空间的有效推广与应用进行了分析；第二，中观层次，通过构建信息生态视角下网络学习空间中的学习范式并分析相关影响因素，建立促进有效学习发生的应用保障体系；第三，微观层次，在构建基于网络学习空间的知识共享行为模型的基础上，通过实验研究提取知识共享的影响因素，进而形成保障知识有效共享的应用保障体系。

在本书的编写过程中，范晶晶、徐点、王亚、赵盼等同学前期做了大量的资料收集和整理工作，唐山师范学院的秦丹教授等提出了诸多宝贵的意见，在此谨向他们表示由衷的感谢！

由于个人能力和学术水平有限，本书难免存在不足之处，敬请读者赐教！

张立新

2024 年 5 月

目　　录

第一章

两个世界，两种教育

在 2011 年出版的《世界是开放的：网络技术如何变革教育》一书的前言中，美国印第安纳大学的柯蒂斯·邦克（Curtis Bonk）教授对温斯顿·丘吉尔（Winston Churchill）于 1941 年在国会下议院发表的著名演讲进行了生动改写，于是，整本书中的一段经典名言出现了：

我们不会气馁，也不会屈服。我们要坚持到底，我们要在法国国土上学习，要在海洋上学习；我们愈学愈强，愈学愈有信心。我们将不惜一切代价抓住受教育的机会，我们要在滩头学习，在陆地学习，在街头巷尾、在野外、在山上学习。我们永远也不会停止学习。①

毫无疑问，邦克教授所描述的正是在当前这个开放的世界、变革的时代中的教育所表现出的常态，这是一种突破了时空限制的新教育形态，是一个在现代信息技术的支持下，我们任何一个人都可以更加自如地向其他任何人学习我们想要学习的几乎所有东西的时代。这一切得益于教育这个传统领域与技术这个"时代宠儿"之间又一次深度的融合。

---

① 柯蒂斯·J. 邦克. 世界是开放的：网络技术如何变革教育[M]. 焦建利主译. 上海：华东师范大学出版社，2011：8.

第一节　当教育遇上技术：我们都在用技术学习

唐·伊德（Don Ihde）曾指出，从遥远的过去开始，遍及世界文化的各个角落，人类活动总是通过技术加以实现[①]。印刷术的发明结束了中世纪的黑暗，带来了文艺复兴的思想繁荣；蒸汽机的发明结束了农耕时代，带来了欣欣向荣的工业文明；而计算机的出现，则使人类大脑得到了最大限度的延伸，推动人类进入了一个崭新的知识经济时代。社会如此，教育这个人类活动最活跃的领域亦是如此。从教育活动开始出现的那一天起，技术便始终伴随其左右，为它提供了必要的工具性支撑，并在这个过程中不断改变着教育的形态以及人们对教育的认知与理解。当我们以狭义的技术概念，尤其是以有形的媒体技术作为主要视角来观察教育的发展时可以看到，技术的应用推动着教育发展的进程，出现了以语言、文字、印刷术、视听技术以及信息技术等为主要代表性技术应用的五个发展阶段。

在信息技术与教育融合的过程中，计算机利用多种媒体形式将人类的智慧与思想外化，让每个人都能够成为互联网上活跃的资源细胞，细细的网线则将这些细胞互相连通，由此构建出一个充满活力与生命力的"全球大脑"。在信息技术尤其是互联网应用背景下，教育迅速进入快速发展通道（图1-1），呈现出了与以往截然不同的特质：单一的集中面授式教学被打破，教学开始在不同的时间和空间维度中展开，虚拟与现实两个世界中的并行教育开始逐渐成型；教师不再是单一的知识来源，存在于网络中的有组织的知识体系与泛在的知识体系成为学习者获取知识的又一重要来源；向教师和家长求教已不再是学习者解决问题的唯一途径，"全球大脑"的形成在某种程度上给学习者提供了一个更为活跃的"专家库"，能够满足学习者多渠道获取知识和帮助的需求。毫无疑问，在现代信息技术的支持下，一种新的信息化教育生态开始形成。

回顾教育的发展史可以看到，技术与教育教学始终息息相关。技术的应用不仅影响着教育方式和教育理念的变革，而且在教育中营造出浓浓的技术文化氛

[①]　唐·伊德. 让事物"说话"：后现象学与技术科学[M]. 韩连庆译. 北京：北京大学出版社，2008：56.

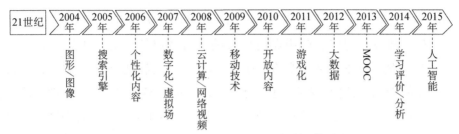

图 1-1　互联网教育发展与技术演进简图

围。当人类步入 21 世纪，逐步进入一个以计算机和网络为主要技术支撑的信息化发展阶段时，教育作为社会的一个有机组成部分，在社会进步的宏观背景下，开始了一场由计算机和互联网助推的新变革。在这场变革中，学习开始成为一个更加开放、自由和个性化的新名词。

第二节　打破时空界限：无处不在的学习

过去，我们对学习的理解局限于工业化社会时期遵循学习者根据年龄进行分层、以班级为单位、按照固定的时间和场所等原则所形成的课堂。然而，这种学习方式已经远不能满足教育信息化背景中学习者的新诉求。在 21 世纪的今天，学习是无处不在的——这是一种为所有人提供所有知识的学习，是一种完全不同于正规教育的非正规教育路径。互联网为我们提供了一个无所不在、互联互通的扁平世界，在这个新世界里，我们每个人的学习都变得更加自由、开放和个性化。毫不夸张地说，这种"选择我所喜欢的，遵从我所习惯的，获得我所需要的"非正式学习体验的确是因网络而形成的。

一方面，互联网给个体提供了一个相对平等的学习机会。在网络世界中，学习行为的产生更多源自个体的自主、自觉、兴趣和坚持。更重要的是，在线学习资源的免费特征使教育公平从资源获取的这个角度而言成为可能，那些负担不起正规教育费用的学习者也有了借助大量资源进行自主学习的新途径。另一方面，互联网改变了个体的学习与生活习惯。当人类社会从去部落时代过渡为超部落时代时，互联网技术的广泛应用促使今天的学习者成长为新一代的"数字原住民"，数字化生存是他们最习惯的生存方式。但是，我们也不得不看到，今天的学习者保持注意力的时间越来越短，他们获取的信息丰富却碎片化，他们能够理解抽象文字符号的能力逐渐弱化。所以，从某种程度上看，如何合理使用互联网以构建一个有效的在线学习管理机制，如何形成线上线下教学的良性互通，成为今天教育必须面对的问题。

这是一个人人为师、人人为学的时代。网络提供了一个机会，让我们足不出户便可悉知天下，我们任何人都可以透过网络，向其他任何人学习我们想要学习的几乎任何东西。不论我们身处何方，我们几乎都可以以我们喜欢的方式，获得全球最好的教育资源；我们都可以融入一个自发形成的团体或者组织，体验与人合作的乐趣。究其本质，借由技术实现的资源共享是重中之重。

第三节　我为人人，人人为我：Web2.0 带来的全新学习体验

技术的飞速发展远远超出所有人的想象。仅就互联网而言，从 Web1.0 到 Web2.0 的迅速转型几乎在转眼间便已完成，生活在其中的每个人也被紧紧地裹挟其中，迅速地完成着个体社会角色的更新。在以数据库信息交换机制为基础的 Web1.0 时期，人们通过超级链接的方式形成彼此间的跳转互通，以门户网站为中心，解决了信息孤岛的连接问题，超文本阅读成为获取资源的一种便捷有效的方式。在这一时期，大量的信息和资源通过数字化的途径被加载于互联网上，以一种公开的、自由的方式供学习者学习之用。但需要注意的是，Web1.0 中资源的生成过程几乎是一个单向的自上而下的过程，学习者只具有从网站所提供的大量资源中进行选择和阅读的权利，单向接收信息是他们最主要的学习方式，这是一种

以资源获取为主的网络生存状态。

Web2.0 的出现不仅是网络服务方式的向前发展，同时也带来了网络信息资源建设模式的变革。用户生成内容（users generate content）的出现和迅速增长是 Web2.0 最主要的特征，这个特征为改变个体在网络中单向、孤立的状态提供了无限的可能性。1998 年，个人博客网站"德拉吉报道"横空出世，人们突然发现，互联网打开了另一扇门，人们在这个新的世界中不仅有获取，而且有奉献。自此，人们可以第一时间把发生在周围的事情通过文字和图片发布在网络上；人们开始在 Wiki 中针对某个词条共享自己所了解的信息，以实现信息的聚合、积累；人们能够在 Youtube 等网站上制作关于某个知识点的小视频。诸如此类将信息分享与信息获取逐渐融合的学习行为，使互联网正在变成一个任何人都可以编程的巨型计算机，为创新、参与、共享以及自我组织提供了一个全球性的平台。

2006 年，美国《时代》周刊将"你"（You）命名为"年度风云人物"，特指那些为网络献计献策，而不只是简单地翻阅其他人发布的内容的人们[1]。让网络用户成为信息的发布者是网络发展的一种趋势，Web2.0 技术则赋予了人们在线生成观点的权利，而不只是阅读和浏览他人的观点，学习者开始借由这些技术参与到一种建构、改进、学习与分享的学习文化中。这一切得益于两个方面：其一，自古以来，教育本身就是一个开放包容的领域，无论观念、思想抑或服务，身处教育中的每一个个体，其本身也具备着贡献与分享的意识形态；其二，教育是一个由技术支撑并受其影响的领域，从某种程度上说，技术的确在引领教育的一次又一次变革。

第四节　教育的选择：online 与 offline 的无缝衔接

传统意义上，无论私塾还是现代学校，都是一种具有固定时空形式的教育形

---

[1] 中国日报网.《时代》2006 年度人物出炉：是你、就是你[EB/OL]. http://www.chinadaily.com.cn/hqbl/2006-12/19/content_762335.htm.（2006-12-19）.

态。2000 多年来，教育已经完成从依赖于老师的口耳相传，到印刷术将教学内容大范围复制后形成的师生初步分离，再到如今借助互联网技术完成的"任何人–任何时间–任何地点–任何内容"的形态变换。传统意义上的"校园空间"逐步被网络技术所解构，一种新的连接着线上（online）学习和线下（offline）学习、融合了在线学习管理系统（learning management system，LMS）的组织性以及开放的个人学习环境（personal learning environment，PLE）的自由性特点的网络学习空间（cyber learning space）开始进入人们的视野。

网络学习空间区别于传统学习空间。它在具有教育基因的同时又流淌着互联网的"血液"，能够实现群体之间的信息与智慧的无缝衔接和融通共享。2016年，教育部印发《2016 年教育信息化工作要点》，提出要重点推动"网络学习空间人人通"（下文简称为"人人通"），扩大网络学习空间应用覆盖面。同年，教育部印发《教育信息化"十三五"规划》，强调大力推进"人人通"，网络学习空间应用普及化。2018 年，教育部发布《网络学习空间建设与应用指南》，从国家层面明确了网络学习空间的内涵、构成、功能、服务等，进一步规范了网络学习空间的建设与应用。2021 年，教育部等六部门印发《关于推进教育新型基础设施建设构建高质量教育支撑体系的指导意见》，突出强调网络学习空间的资源聚合功能和移动服务应用，推动以新基建支撑教育高质量发展。

毫无疑问，网络学习空间的应用是一次由国家主导并推动的教育实践，并非对传统面对面教育的颠覆。恰恰相反，这是借助互联网技术实现线上教育和线下教育之间的无缝衔接，以实现对教育本质的回归。网络学习空间打破了学校和家庭的边界，尤其是让家长有机会能够切实感受到学习者所经历的学习活动和学习过程，让家庭教育与学校教育对接，形成一个"学校–家庭–机构"三位一体的协同学习环境，进而为正式学习和非正式学习的共同发生提供支撑。它打破了教育中时间和空间的边界，将线上和线下教育内容完全打通，形成一个有机的整体。它关注学习者的个性化发展，通过对学习者学习过程和学习结果进行个性化诊断，从而为每一位学习者提供精准化的教育资源和学习路径。

第二章

网络学习空间的发展

网络学习空间是应用网络技术构建起来的、支持学习者发展的虚拟学习环境。它融合了网络环境的技术属性与教学活动的育人属性，为学习者、教师、教学管理人员和家长构建了一个协同互通的新型学习环境。建设网络学习空间不仅是"三通两平台"的重要一环，更是推动教育教学模式创新、实现教育体系数字化个性化的有效途径之一。本章将对网络学习空间的内涵、基本类型以及核心功能等进行界定，梳理网络学习空间的发展脉络，描述网络学习空间的应用案例。

第一节　网络学习空间的内涵

网络学习空间是一种基于互联网的特殊的虚拟学习环境。20 世纪以来，随着清华教育在线、Moodle、BlackBoard 等在线学习平台的出现与应用，网络技术与教育深度融合后形成的网络学习空间开始进入人们的视野。网络学习空间是以个人学习环境为基础发展而来的，在充分继承个人学习环境表现出的自由性、灵活性等特点的基础上，进一步融合了学习管理系统的组织性，强调在线学习过程中教师和家长的作用以及正式学习的基本过程，成为个人学习环境和学习管理系统的中部空间①。网络学习空间所具有的操作简易性、交互便利性、资源丰富性以及管理规范性等优势与特征，使其迅速成为教育各个领域中推行"线上–线下"教学相互融合过程中的一条有效途径。

一、从个人学习环境到网络学习空间

（一）个人学习环境的定义

个人学习环境的相关研究最早起源于芬兰赫尔辛基媒体实验室学习研究小组提出的与未来学习环境相关的研究模型。2004 年，英国联合信息系统委员会（Joint Information System Committee，JISC）明确提出"个人学习环境"这一概念以后，关于个人学习环境的研究逐渐形成了个人学习环境的理论基础研究和个人学习环境的应用实践研究两个核心领域，并由此建立了理论研究与实践研究并重的研究范式。

在个人学习环境的理论研究部分，学者们主要关注个人学习环境的内涵和基础理论。不同学者从不同的研究角度阐述了个人学习环境的含义，分析了个人学习环境的特点和功能，搭建了个人学习环境的模型。仅就个人学习环境的内涵而

---

① 祝智庭，管珏琪. "网络学习空间人人通"建设框架[J]. 中国电化教育，2013（10）：1-7.

言，根据研究视角的不同，学者们提出了三类经典的个人学习环境的定义方式（表 2-1）。

表 2-1　关于个人学习环境的三类经典定义

研究视角	代表人物	定义
包含的要素	Downes	个人学习环境是一种工具、服务、人和资源的松散集合体，是利用网络力量的一种新方式[①]
	Attwell	个人学习环境是各种应用和服务的"混合体"[②]
技术的汇聚	Fitzgerald	个人学习环境是基于网络工具，通常以 Blog 为中心，使用由 RSS（really simple syndication，简易信息聚合）阅读器和简单的 HTML（hyper text markup language，超文本标记语言）组成的自我引导学习方式的集合[③]
	Lubensky	个人学习环境是数字化工具集合，帮助学习者形成个性化学习经验[④]
环境和学习管理的统合	Harmelen	个人学习环境是一种能帮助学习者控制和管理自己学习的系统，包括建立学习目标、管理学习内容、控制学习过程和支持学习交流等[⑤]
	美国的高校教育信息化协会	个人学习环境是由工具、团体和服务三要素组成的个人教育平台[⑥]

在个人学习环境的实践研究部分，多数学者关注如何有效地创设与构建个人学习环境：其一，通过将多个社会性软件及功能集中在单一平台（如 Blog）以构建个人学习环境；其二，通过应用多类单一社会性软件来完成个人学习环境的构建。多样化的数字化技术为具有个体差异性的学习者提供了有效的支持，使得个人学习环境具有很强的灵活性和自主性。

（二）网络学习空间的定义

广义上的学习空间是指被用于学习的各类场所，包括以学校和教室为代表的

---

① Downes S. E-learning 2.0[J]. eLearn，2005（10）：1.

② Attwell G. Personal learning environments—The future of eLearning？[J]. Elearning Papers，2007，2（1）：1-8.

③ 转引自尚佳. Web2.0 时代的 PLE 建构初探[J]. 远程教育杂志，2008（1）：18-20，17.

④ 转引自胡彤，赖群英. 个人网络学习空间在课堂教学中的应用策略研究[J]. 软件导刊（教育技术），2018，17（1）：20-22.

⑤ 转引自魏晓燕. 个人学习环境：内涵、意义、构建与应用的探究[J]. 中国信息技术教育，2016（1）：102-106.

⑥ 转引自魏晓燕. 个人学习环境：内涵、意义、构建与应用的探究[J]. 中国信息技术教育，2016（1）：102-106.

实体空间和构建于网络环境中的虚拟空间。网络学习空间是将学习空间的教育属性与网络环境的技术属性相结合的产物，是学习空间中虚拟空间的一种典型代表。学者们从厘清网络学习空间内涵入手，阐释其优势与特点，建立网络学习空间搭建的技术指标与理论模型，推动着我国网络学习空间开始逐渐从理论研究走向实践探索，并上升为国家教育信息化战略。网络学习空间的持续建设与深化应用业已成为我国"十三五""十四五"乃至更长时间内教育信息化建设的核心任务之一。

在网络学习空间持续建设的过程中，由于其自身形态的复杂性，无论是在相关的学术研究领域还是应用实践领域，我国都还没有形成对于网络学习空间内涵的统一认识，不同学者站在不同的研究立场对"什么是网络学习空间"进行了理论层面的描述与阐释（表 2-2）。

表 2-2　关于网络学习空间定义一览表

序号	提出者	时间	定义
1	吴忠良，赵磊	2014 年	网络学习空间是教师和学习者在虚拟的网络学习环境中的一块专属领地，在这里，空间主人既可以像博客平台那样收藏、创建、分享学习资源，管理自己的学习，又可以像 Moodle、Sakai 平台那样组织或参加课程协作学习，及时提供和获取教师及其他学习者的帮助[①]
2	杨现民等	2016 年	广义的网络学习空间是指运行在任何平台载体之上，支持在线教学活动开展的虚拟空间，各种社交化平台（如 QQ 空间、微信等）提供的空间服务如果用来支持教与学，也可以被纳入网络学习空间的范畴；狭义的网络学习空间特指运行在专门的教育服务平台之上，支持在线教学活动开展的虚拟空间，如国家智慧教育公共服务平台等[②]
3	贺斌，薛耀锋	2013 年	网络学习空间是指经过专门设计的，利用现代信息技术和计算机网络构建的支持学习发生的虚拟空间[③]
4	钟绍春	2014 年	根据使用者的个性化需要选择或建立业务支持、工作流程支持与结果管理、信息与通知、互动交流、文档存储与管理、个人收藏、分享信息、关注网站与他人空间等功能，并将这些功能集成为个性化页面，在此基础上所构建的网络应用系统，被称为使用者的网络学习空间[④]

① 吴忠良，赵磊. 基于网络学习空间的翻转课堂教学模式初探[J]. 中国电化教育，2014（4）：121-126.

② 杨现民，赵鑫硕，刘雅馨，等. 网络学习空间的发展：内涵、阶段与建议[J]. 中国电化教育，2016（4）：30-36.

③ 贺斌，薛耀锋. 网络学习空间的建构——教育信息化思维与实践的变革[J]. 开放教育研究，2013（4）：84-95.

④ 钟绍春. 教育云、智慧校园和网络学习空间的界定与关系研究[J]. 中国教育信息化，2014（6）：3-8.

续表

序号	提出者	时间	定义
5	张子石等	2015 年	网络学习空间平台是一个以教师、学习者和家长为服务对象的网络化社交学习平台，能够建立优质教育资源的共建共享机制，让教师在网络上开展教学和教研活动，让学习者进行个性化学习，推进教学方式与学习方式变革，实现教育的公平均衡发展[①]
6	吴永和等	2014 年	网络学习空间即利用现代信息技术和计算机网络构建的面向正式学习与非正式学习的虚拟空间[②]

从这些定义中可以看到，学者们对网络学习空间内涵的表述形成了三种侧重点各不相同的观点：第一类观点持"空间说"，学者们将网络学习空间看作利用现代信息技术构建而成的支持正式学习与非正式学习的虚拟学习空间；第二类观点持"平台说"，学者们将网络学习空间视为运行于一定的技术平台载体之上开展教学活动的虚拟空间，更加强调技术平台和载体对网络学习空间的支撑作用；第三类观点持"主体说"，学者们的关注点落在了网络学习空间中的不同主体（如学习者、教师和家长等）上，关注发生于不同主体间的交流互动以及知识分享活动等。

2018 年，教育部正式发布《网络学习空间建设与应用指南》，其中明确指出网络学习空间是由教育主管部门或学校认定的，融资源、服务、数据为一体，支持共享、交互、创新的实名制网络学习场所，旨在引领教育服务模式创新、促进教育体制机制变革、推动教育信息化升级转型、适应教育现代化发展要求。从这个被广泛认同和接纳的定义中可以看到，网络学习空间以共享、交互、创新为核心属性，根本目标在于通过积极引入企业、机构等社会资源，以拓宽教育服务渠道、重塑教育教学模式、改革教育体制机制，从而响应教育现代化进程的实际需求。作为一种新型的学习环境，网络学习空间的教育属性必须得到充分的认识和体现，这也就要求在网络学习空间建设与应用的过程中，要聚合学习过程和教育管理数据，支持精准化的学情分析、学习诊断、资源推送、效果评估等，为学习者提供个性化的学习支持和精准化的学习决策。

---

① 张子石，金义富，吴涛. 网络学习空间平台的规划与设计——以未来教育空间站为例[J]. 中国电化教育，2015（4）：47-53.

② 吴永和，管珏琪，余云涛，等."网络学习空间人人通"技术标准研究[J]. 信息技术与标准化，2014（6）：40-43.

二、网络学习空间的核心特征

（一）开放性

网络学习空间实质上是一个复合空间群，包括教师空间、学生空间、管理者空间等，具有学习、社会和环境三个基本属性[①]。其中，学习属性是指建设和应用网络学习空间的目的在于促进学习者的学习，它需要依托于能够提供师生开展学习活动的在线场所的环境而进行，且这种学习是以教师与学习者、学习者与家长以及教师与家长之间的社会性互动交流为基本形式的，并由此构成了一个开放的在线学习生态系统。在数字化技术的支持下，一方面，网络学习空间允许参与其中的教师、学习者和家长共同参与相关内容的编辑，形成发生于内部的以知识和信息流动为主要形式的能量流动；另一方面，它又是网络世界中的一个节点，能够与外部的其他网站、资源库以及相关数字化学习工具相连，实现与外部环境之间的能量交换。同时，网络学习空间作为在线学习和管理的平台，学习者、教师等的使用需求往往会发生变化，这时更需要网络学习空间保持一种开放的建设态度，不断纳入新的技术与应用理念，以保证其能够主动调整并适应外在环境与内部需求的变化。

（二）连通性

1. 多个主体互相连通

在现代信息技术的支持下，网络学习空间实现了各类虚拟空间之间的无缝对接，保障了空间使用者之间的顺畅连通，既凸显了每个使用者在应用过程中的主体地位，也反映了在自组织和自适应作用下的个人网络学习空间可以不断扩大连通范围。但需要注意的是，从学习者的角度看，每个学习者具有不同的网络技术应用水平和数字化学习能力，对于差异化学习者，需要有意识地提供适合他们的认知水平与学习能力的在线学习活动设计。因此，当具有差异的不同学习者共同参与个人网络学习空间中的学习活动时，教师应注意分析学习者的个性化特征，

---

① 李玉斌，王月瑶，马金钟，等. 教师网络学习空间评价指标体系研究[J]. 电化教育研究，2015（6）：100-106.

了解他们的在线学习能力，确保教学活动设计的有效性，进而提高教师教学和学生学习的效率。

2. 多类内容互相连通

从广义上看，网络学习空间中的内容可以指一切被用于教学与学习活动的材料。从狭义上看，网络学习空间中的内容主要包括两大类：一类是对学习活动具有指导性的纲领性文件，如学习目标、学习任务、学习内容以及学习序列等；另一类则是对学习起到辅助性支持的资源性内容，如相关数据库、虚拟实验室、学习网站等。这些学习内容被整合于网络学习空间这个统一平台中，彼此互联，形成了一个以学习内容为核心而构建的、相对完整的数字化资源体系。网络学习空间中多类内容连通的核心要素是学习者，他们在应用网络学习空间开展教育教学的过程中将零散的信息关联在一起，并进一步整合成具有内在结构性的知识体系，这种知识体系又经由在线交流与讨论被传递给其他学习者，成为网络学习空间中知识流动的主要形式之一。

3. 多种工具互相连通

任何在线环境中的学习都离不开数字化技术的支撑，网络学习空间也不例外。在网络学习空间的建设过程中，相关人员根据使用者的需要整合了大量的数字化学习工具，例如，用于帮助学习者完成课程学习的管理、汇总各类学习活动过程性数据的数字化管理工具；用于帮助学习者精准查找各类资源的智能搜索工具；用于帮助学习者通过留言板、评论等方式与其他学习者保持相互联系的智能交互工具；用于帮助学习者记录日常学习轨迹、完成学习自我反思与总结的智能测评工具；等等。这些工具的使用为学习者在网络学习空间中顺畅完成学习任务、实现社会性交互和协作学习提供了技术保障，并逐渐与学习者的认知习惯相切合，成为不可或缺的认知工具。

（三）共享性

1. 共享资源丰富

各类资源、知识等为网络学习空间中个体共享行为的发生提供了基础信息。在具体学习活动开始初期，网络学习空间中的学习资源大多来自教师的分享，任何参与学习活动的学习者都可以自由获取。数字资源多样化的展示特征，进一步促进了各类学习资源的共享。随着共享行为的发生，学习者能够在交流和讨论的过程中对已有的资源进行加工并将其分享至网络学习空间中，供其他学习者筛选、获取、加工、分享，由此，学习者在学习过程中共同参与了知识体系建构的过程。同时，学习者能够在共同参与知识建构的过程中，通过学习日志、学习心得等方式，将其在学习活动中形成的隐性知识通过外显化的方式再次补充到共享知识库中，推动了在线资源的动态累积。网络学习空间中教师提供的学习资源和学习活动过程中师生共建共享形成的创生型学习资源，共同组成了网络学习空间中丰富的共享资源。

2. 共享机制完善

网络学习空间能够借助现代信息技术（如 Web2.0 技术），帮助参与者突破单一的信息接受者角色，转而向共享者、共建者等多种角色转变，并逐渐形成完善的信息共享机制。学习者可以借助技术手段，将各类数字化资源或学习过程中生成的学习资源汇总到具备知识传播、社会交互等功能的个人网络学习空间中，再通过知识转化的方式使之成为可以交流的信息形态，并进入信息的共享与创生过程中去。

3. 共享设置灵活

当多个个体参与到网络学习空间的知识共享活动中时，网络学习空间的"群建共享"功能在实现学习资源的汇聚与创生的同时，许多与学习主题不相关的内容也随之出现。针对此现象，网络学习空间可以通过"完全开放""本校开放""本年级开放""个人开放"等共享权限设置保障其中资源的限定性。更大的共享范围能够实现同区域和不同区域的共享交流，如东部与西部、农村与城市的跨地区学习活动，并为正式学习与非正式学习、线上学习与线下学习提供强有力的支撑。

三、网络学习空间的基本构成要素

网络学习空间作为一个独立的在线学习生态系统，其主体是那些在物理空间中处于不同时空的分布式学习者、教师以及教学管理人员和技术人员等；其客体集中表现为网络学习空间中承载各类信息并不断流动着的大量数字化资源、教学与学习工具以及虚拟化的学习环境。由此，我们将网络学习空间的构成要素解构为学习者、教师、数字化教学资源、教与学的活动以及学习支持服务系统五个核心部分。

（一）分布式学习者

网络学习空间借助现代信息技术的应用，让学习者可以突破时间与空间的限制，进入同一个虚拟的在线学习环境中，交流并完成自己的学习任务。广泛分布于网络学习空间中的学习者具有如下特征：①个性化。网络学习空间中的学习者拥有不同的知识背景与学习习惯，其学习需求、目标设定、学习态度等均不相同，具备个性化的基本特征。②群体化。网络学习空间中学习者的群体化特征表现在两个层面：其一，某个固定班级的学习者进入网络学习空间，形成一个与线下学习集体相互映射的虚拟群体，完成线上与线下学习活动的融合；其二，网络学习空间给互不相识的学习者提供了一个共同学习的机会，在这个群体中，学习者彼此分享资源、交流学习感受，向着共同或相似的学习愿景而共同努力。③多重化。网络学习空间中的学习者同时具有信息接受者和信息发送者的双重身份。一方面，学习者在获取知识的同时，也在与信息提供方进行不断的交流、讨论与反馈，这种双向互动的过程是学习者不断调整自身知识结构，进而实现深度学习、创生新知的过程；另一方面，对获取的知识进行加工与处理是学习者承担知识共享者角色的首要条件，这一过程也是个体基于自身知识结构进行深度学习的过程。当学习者愿意并分享自己的知识和经验时，其便成为网络学习空间中一个具有生命活性的信息节点，这也是保障网络学习空间中的知识不断保持更新和重构的有效途径。

（二）多任务型教师

教师是网络学习空间中教学活动的设计者、管理者与支持者，承担着引导学习者适应新型学习环境并获得成功学习体验的任务。相比于传统学习情境中的教师，网络学习空间中的教师所承担的任务更加多样化，具体表现为：①分析教学对象。为满足学习者多元化的学习需求，并契合其个性化特质，教师需要利用网络学习空间内置的技术工具全面剖析学习者，力求实现因材施教与精准教学的最大化。②提供及时、有针对性的学习辅导。网络学习空间中的学习活动需要教师的及时引导，因此，教师在网络学习空间中组织学习活动时需要更加关注每一位学习者的情况，并及时指导学习者解决问题。③提供丰富的学习资源。教师需要为学习者提供他们所需的学习资源，并在学习过程中提供具有针对性的补充资源。④评估学习效果。教师需要对学习者的学习效果进行有效评估，以掌握学习者的学习进展，并持续提升教学质量等①。⑤给予情感支持。网络学习空间作为虚拟平台，其中的学习者缺乏实际的学习伙伴，容易在情感方面产生缺失感，并由此导致学习动力不足。针对这种现象，教师需要通过及时反馈、心理辅导等方式给予情感支持，激发学习者的学习热情。

（三）融合性学习资源

网络学习空间为学习者提供的学习资源主要有预设性资源和生成性资源两种类型。第一类是由教师或教学管理人员提供的高度结构化的预设性资源。例如，教师授课用课件与教案、练习题目或相关的可供学习者自由选择的课程资源、扩展资源等。这类资源可以通过文字、音频、视频、动画等多样化的形式呈现出来并在学习者之间流通。同时，在网络学习空间中，教师、学习者之间会针对学习内容展开交流与讨论，在这个过程中，大量新的观点、理念会不断涌现并成型，成为网络学习空间中又一资源类型——生成性资源。预设性资源与生成性资源共同组成网络学习空间中的资源类型，给学习者提供了持续生长、自我调整、随时替换和更新的动态资源库，以满足学习者利用资源进行学习的基本需求。

（四）教与学的活动

教与学活动是网络学习空间的又一核心构成要素。它通过合理组织学习资源，使学习者能够有效获取信息，是网络学习空间建构与运行的主线②。网络学

---

① 张喜艳，赫玲玲，解月光，等. 网络学习空间生态化模型构建与生态化提升策略研究[J]. 中国电化教育，2018（11）：133-138.

② 李彤彤，武法提，黄洛颖. 生态学视角的网络学习环境结构分析[J]. 现代教育技术，2017，27（7）：109-115.

习空间可以为学习者提供线上与线下相融合的学习体验，为学习者开展线上交流活动、个体或群体知识建构以及互动体验等提供不受时空限制的合适的数字化平台，为学习者在教学中开展基于在线平台的自主学习、合作学习、探究型学习、问题解决型学习等不同类型的学习活动创设便利条件。

（五）学习支持服务系统

学习支持服务系统是网络学习空间与网络学习空间的使用者之间的重要桥梁，能够为师生在教与学过程中产生的动态需求提供相应支持。它通常包含资源服务模块、学习过程服务模块、技术支持服务模块以及教学管理服务模块。在应用网络学习空间的过程中，教师能够以管理者的角色将各类学习支持服务和相应学习资源"推"到学习者的个人网络学习空间中。

四、网络学习空间的功能

网络学习空间兼具支持学习者有组织地参与各类学习活动和实现个性化学习的双重作用。因此，以学习者为使用主体的网络学习空间应为学习者提供有效的学习支架，以支持自主学习的发生；提供学习轨迹或学习档案，以支持学习者开展自我反思；提供自主管理权限，以支持学习者基于自身水平参与学习活动；提供安全可靠的网络学习环境，以保护学习者的相关隐私。具体而言，学习者个人网络学习空间应具备的相应功能如图 2-1 所示。

（一）创建电子学档，展示学习者成长轨迹

网络学习空间作为学习者在线上开展学习活动的第二空间，应具备记录学习者学习过程、展示学习者学习成果等功能。因此，学习者个人网络学习空间应提供创建电子学档的功能，以替代线下学习过程中的成长记录袋。具体而言，电子学档是以互联网技术为依托，用来记录学习者的学习轨迹、展示学习者的学习成果，并促进学习者对记录下来的学习过程和学习评价进行自我反思的一种集

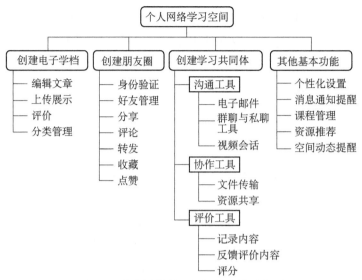

图 2-1 个人网络学习空间的功能示意图

合体①。在电子学档创建初期，学习者并不具备选择、记录、反思、呈现等能力以创建适切的电子学档。基于此，网络学习空间能够提供相应的学习框架，以支持学习者发展相关能力并有效地记录学习，实现创建电子学档的功能，进而推动网络学习空间真正成为学习发生的空间。

由学习者自主创建的电子学档，支持学习者个性化地记录学习过程中重要的学习节点，如学习活动、同伴评价、阶段性测试成绩等，通过记录个体的学习轨迹及相关的数据源链接，可实现在不同情境下对学习数据的整合。例如，学习者可以随时随地在个人网络学习空间中撰写学习日志、开展学习反思、发布作业作品、展示学习心得等。学习者不仅可以自我管理学习资源、学习过程和学习成果等，还能够设置访问权限，允许同伴或者教师浏览、评价、批注个人电子学档，实现个体与个体之间的良性互动。

（二）创建朋友圈，促进主体间的互动交流

无论是在现实世界还是在虚拟空间中，人们通过建立属于自己的朋友圈，从中寻找归属感与认同感。在现实世界中，学校、班级都是真实存在的朋友圈，学习者可以在其中相互分享、共同进步。在网络学习空间中，处于时空分离状态的

① 王佑镁. 基于 ePortfolio 的信息化教学评价策略研究[J]. 电化教育研究，2003（12）：61-66.

学习者同样需要建立一个可以相互交流的场所。基于虚拟社区分析框架，在网络学习空间中创建的朋友圈应具备如图 2-2 所示的具体功能①。

图 2-2　网络学习空间朋友圈的具体功能

从具体功能来看，网络学习空间中提供的创建朋友圈功能包含基础性功能、信息交换与分享、集体的行动等由基础至深层的三个层次，底层功能为上层功能提供支撑。最底层为基础性功能，具体指向安全感、归属感和身份感、个人投入、共同标识系统。在个人网络学习空间中，学习者可以对交互用户进行权限设置，进而创设具有安全性的学习环境：陌生用户之间可以通过身份认证互相加入好友圈，使用者也可以将其他用户加入个人黑名单以拒绝访问和交互。学习者基于各类权限设置构建了线上环境中的朋友圈，成员之间以线下真实环境中的身份为基础开展线上交流与学习，从而建立与线下环境中一致的安全感和熟悉感。同时，为保障学习者能够最大限度地参与各类学习活动，个人网络学习空间赋予了他们自主管理的权限：学习者可以基于自身兴趣创建不同主题的朋友圈，这类朋友圈不以线下人际关系为基础，而是以共同兴趣为纽带邀请同学和老师加入其中。在基础性功能的支持下，使用者之间形成了相互信任的人际关系，成员之间的信息共享与信息交互得以发生。朋友圈内的成员可以将自己喜欢的文章、图片乃至学习经验、心得等分享至线上学习圈中，作为他人可使用的线上资源。朋友圈功能的最顶层是集体的行动，个体分享至朋友圈中的信息能够成为他人获取、加工、再分享的有效资源，换言之，成员之间可以通过互动来评论、收藏甚至重构他人的内容。人与人之间双向的观点交互，不仅丰富了朋友圈内的信息，更有

① Hersberger J A，Murray A L，Rioux K S. Examining information exchange and virtual communities：An emergent framework[J]. Online Information Review，2007，31（2）：135-147.

可能促进个体的内在认知结构发生转变。由此可见，网络学习空间中的创建朋友圈功能为学习者搭建了信息交互、情感沟通、知识生成的集成中心。

（三）创建学习共同体，助力协作学习发生

Web2.0 技术使得人与人之间的双向交互成为可能。基于此，依赖于不同个体之间信息交互而发生的学习活动能够在线上环境中开展。在网络学习空间中，学习者并不是孤立的个体，他们主要通过双向交互而非单向的信息传输来获取知识。协作学习是网络学习空间中最主要的学习活动之一，学习者之间为完成共同的学习任务而凝聚团队智慧和力量。为支持协作学习的发生，网络学习空间具备创建学习共同体的功能。学习共同体是以完成共同的学习任务为目标而相互聚集、交流、互动、分享等的学习团体，团体成员包括但不限于学习者、老师、专家等[①]。在网络学习空间这一虚拟环境中，构建以共同学习任务为纽带的学习共同体不仅有利于建立人与人之间的情感联结，更重要的是能够有效培育学习者的协作能力和团队精神。

在实际的学习过程中，学习者可以根据学习任务的分组创建学习共同体或主动构建基于合作的学习共同体。网络学习空间中配置的交互工具能够支持多种类型的线上交流，为小组成员之间的互动和分享提供了技术保障。例如，留言板、视频会议等沟通工具，能够支持学习者之间互相交换观点和意见；资源共享等协作工具，能够支持用户分享学习资源、经验、成果等；评论区等追踪评价工具，能够支持小组成员之间进行互评以及教师开展形成性与总结性评价。

（四）维系网络学习空间运作，完善学生线上空间

网络学习空间还需具备个性化设置、消息通知提醒等功能，以保障其作为支持学习活动发生的第二空间。个性化设置包括支持学习者自主选择主页栏目、更换页面外观、上传头像等，这些功能有利于彰显学习者的主体性并激发其学习热情；消息通知提醒功能用以提醒学习者及时获取同伴和教师的反馈或明确学习进度；课程管理功能能够支持学习者建立个人的独立课表，并根据课程安排合理计划学习进度和学习内容；资源推荐功能能够根据学习者关注的学习内容精准推送

---

① 况姗芸. 网络学习共同体的构建[J]. 开放教育研究，2005（4）：33-35.

优质学习资源，帮助学习者及时获取有效资源；空间动态提醒功能允许学习者接收关注列表中好友的最新学习动态，构建虚拟学习圈，形成良好的互动氛围。

第二节　网络学习空间的发展脉络

一、网络学习空间发展概况

随着 20 世纪 90 年代互联网技术的迅速发展，利用网络给教师和学习者搭建一个全新的网络学习空间成为传统教育在空间维度上的延伸与创新。各国政府都在如何构建网络学习空间并加以有效应用上进行了深入的理论研究与实践探索，例如，2008 年，英国联合信息系统委员会提出可以通过移动学习等多种方式改进学生的学习体验，重视技术与教学和学习方法的结合，为满足学习者的发展需要创造一种虚拟化的学习环境。在网络学习空间建设的探索上，美国形成了以"苹果明日教室"（Apple Classroom of Tomorrow，ACOT）以及堪萨斯州的"技术丰富教室"（Technology Rich Classrooms，TRC）项目为代表的实践活动[①]。经过多年的探索，网络学习空间已经经历了注重数字化资源建设、注重在线学习社区建设以及注重开放式在线课程应用三个相互重叠又各有侧重点的发展阶段，完成了从单纯的数字化资源供给到个体深度参与的转化。

（一）注重数字化资源建设的发展阶段

借由网络技术的强大优势，网络学习空间为学习者提供了形式多样的数字化资源，这是网络学习空间在建设初期承担的主要功能。1999 年，麻省理工学院教育技术委员会提出了一个大胆的设想，即在未来 10 年内通过网络发布麻省理工学院所有的课程资源，并将这些资源免费提供给全球范围内所有具有学习意愿的

---

① 杨俊锋，黄荣怀，刘斌. 国外学习空间研究述评[J]. 中国电化教育，2013（6）：15-20.

学习者使用。2001 年 4 月，他们通过媒体向世界公布了这项"开放课件"（Open Courseware）项目，向社会免费提供其从本科生到研究生教育的约 1800 门课程及完整的课程资源①。全球范围内所有遵守知识共享许可协议的学习者都可以免费享用这顿丰盛的教学"大餐"。随后，以麻省理工学院为代表，以致力于开发新的课程形式从而实现教育资源开放共享的诸多大学、国际研究机构和基金会共同组成了开放教育资源共享联盟，带动了国内外一大批相关教育机构以及管理机构共同参与这场数字化资源建设的伟大工程。

为了让更多的中国学习者能够享受教育资源开放项目带来的饕餮盛宴，中国台湾的朱学恒创立了翻译麻省理工学院课程的平台——开放式课程计划（Opensource Opencourseware Prototype System，OOPS）。在该平台上，任何有翻译开放课程愿望的人都可以参与进来，并将自己的翻译成果与世界范围内的华人共享。这是一项大规模的义工行动，以志愿者的方式推动着课程的翻译进程。截至 2007 年 1 月 1 日，OOPS 的核心志愿者已超过 2200 人，他们来自 22 个国家，总共认领了 1100 多门麻省理工学院课程进行翻译②。朱学恒和他的团队与那些乐于分享的志愿者们一起，满足了广大汉语学习者对于优秀课程资源进行获取与学习的需要。2010 年 11 月 1 日，网易公司秉承互联网开放、平等、协作、分享，以及让知识无国界的精神，推出了"全球名校视频公开课项目"，学习者可以在线免费观看来自哈佛大学等世界名校的视频公开课程，内容涵盖人文、金融、社会等多个不同领域③。

2003 年，作为国家高等学校教学质量与教学改革工程的重要内容之一，国家精品课程建设项目开始启动。2011 年，教育部在其颁布的《教育部关于国家精品开放课程建设的实施意见》中将国家精品开放课程定义为以普及共享优质课程资源为目的、体现现代教育思想和教育教学规律、展示教师先进教学理念和方法、服务学习者自主学习、通过网络传播的开放课程，包括精品视频公开课和精品资源共享课。庞大的课程建设规模，无疑为各个层次的学习者创造了跟随国内最优

---

① 李静，王美，任友群. 解放知识，给力心智——访美国麻省理工学院开放课件对外关系部主任史蒂芬·卡尔森[J]. 开放教育研究，2011（4）：4-11.

② Lee M M，Lin M F G，Bonk C J. OOPS，turning MIT opencourseware into Chinese：An analysis of a community of practice of global translators[J]. International Review of Research in Open and Distance Learning，2007，8（3）：1-21.

③ 李令群. 网易公开课：猛虎来袭?[J]. 中国远程教育，2011（1）：73-74.

秀教师学习的机会。

精品课程的建设从侧面带动了教学质量的提升，更具体地说，教育信息化逐渐成为提高教育质量的新手段，并在调动教师教学改革积极性和学习者主动学习积极性方面发挥了重要的引领作用。

在注重数字化资源建设的发展阶段，一大批以教育专题网站、教育资源库以及教育资源网为主要形式的网络学习空间相继成型，为学习者提供了大量可以在线浏览和下载的数字化资源。但是这个阶段的网络学习空间的主要功能集中于数字化资源的整理和单向供给，对于学习者在线学习的管理和支持关注度不够，在形成良好的教与学之间的互动方面有所欠缺。

（二）注重在线学习社区建设的发展阶段

为了克服前一阶段网络学习空间多以数字化教学资源整合的形式，仅能提供自上而下的单向信息传递的局限性，首都师范大学创建的"教师在线实践社区"（The Teacher's Online Communities of Practice）、Second Life 等网络学习空间应运而生，网络学习空间建设进入了注重在线学习社区建设的发展阶段。这一阶段网络学习空间的发展在技术应用中增加了更多的人文关怀，利用在线学习社区成员之间无障碍的交流与沟通增进其情感联系，激发其学习动机，增强在线学习社区的凝聚力。

教师在线实践社区（www.tocop.cn）由首都师范大学王陆教授及其科研团队创建，是由中小学教师、大学专家以及助学者组成的一种正式学习与非正式学习相混合的学习环境。教师在线实践社区以实现学校整体办学水平提升与快速发展为目标，借助大数据等方法与技术，持续监测课堂教学行为，提升学校课堂教学质量，有效帮助参与研修的教师丰富、改善和重构关于如何教与如何支持学习者学的实践性知识，是一种将教师学习、研修、培训、资源建设等融于一体的新型教师专业发展模式。在该模式中，以学习者为中心的教学法是教师培训的核心，包括引导教师使用合适的信息技术工具、让教师体验新的学习方式，并在此过程中改变教师的教育观念，使他们在信息化教与学的环境中将信息技术作为教与学的革新工具，实现了教师专业学习内容、方式、技术与机制的变革。

Second Life（secondlife.com）是一款由林登实验室开发的虚拟网络游戏，也是教育领域最为成熟的多用户网络虚拟平台①。在该虚拟游戏平台上，用户可以获得现实体验，如购物、旅游、吃饭以及学习等，并通过网络与世界各地的用户相互交流。自 2002 年上线以来，Second Life 在不到 5 年的时间里迅速积累了 100 万名注册用户，包括哈佛大学、斯坦福大学在内的众多名校都将 Second Life 作为前沿的虚拟课堂加以应用②。相比于传统虚拟社区而言，利用 Second Life 构建的虚拟社区具有高度的开放性、情境性、社会性和体验性等特征，能够为学习者提供一种更具真实感的交互学习方式，激发他们的创造性和批判性思维，也在一定程度上满足了网络学习者思想交流、资源共享以及协同创新等方面的需求。

（三）注重开放式在线课程应用的发展阶段

在网络学习空间发展的前两个阶段，存在着学习资源与学习社区成员的社交关系脱节、学习者支持服务不足等问题③。为了解决这些问题，为学习者提供更好的使用体验，国内出现了学堂在线、网易云课堂等开放式在线课程平台。这些平台除了为学习者提供了大量可供自由选择的学习资源之外，开始关注为学习者的学习过程提供有效的自我管理方式，如建立学习笔记、记录学习进度、提供学习者之间的交流路径等。诞生于 2012 年的网易云课堂（study.163.com）就是这个时期网络学习空间的典型代表④。

网易云课堂是由网易公司设计开发的在线学习平台（图 2-3），其以实用性为立足点和出发点，与多家权威教育培训机构合作，为学习者提供了包含办公软件、专业技能、语言学习、生活家具、金融管理等 10 余个门类的优质线上课程，支持学习者基于自身学习水平自主安排学习进度。同时，网易云课堂为学习者提供了进度管理、学习监督等特色功能。

从注重数字化资源建设到关注学习社区应用，再到强调开放式在线课程，网络学习空间已经从早期以静态网页形式呈现、单纯注重数字化资源供给的单向信息供给网站，逐步进化为集文本、音频、视频等多种媒体素材于一体，并注重社

---

① Warburton S. Second life in higher education: Assessing the potential for and the barriers to deploying virtual worlds in learning and teaching[J]. British Journal of Educational Technology, 2009, 40（3）: 414-426.

② 海伦·法利. 虚拟世界在远程教育中的应用：机会与挑战[J]. 肖俊洪译. 中国远程教育, 2015（11）: 34-44, 79.

③ 胡永斌, 黄如民, 刘东英. 网络学习空间的分类：框架与启示[J]. 中国电化教育, 2016（4）: 37-42.

④ 樊华丽, 彭瑶. 网易云课堂之中国 MOOC 学习流程概述[J]. 中国教育信息化, 2014（23）: 32-34.

图 2-3　网易云课堂主页

交路径搭建、学习支持服务体系建立的开放式在线课程。一种全新的整合了学与教的完整过程与要素的在线学习生态体系开始形成并逐渐成熟起来。

二、网络学习空间领域实践脉络

（一）第一阶段：初步探索阶段（2000—2011 年）

在这一阶段，尽管网络学习空间还未正式提出，但与"三通两平台"相关的基础设施建设已成为国家关注的重点。基础设施建设为"三通两平台"的实施和网络学习空间的建设奠定了坚实的基础。针对开发优质教育资源，国家强调大力开发网络学习课程、建立数字图书馆和虚拟实验室、建立开放灵活的教育资源公共服务平台，促进优质教育资源普及共享。这正是"三通两平台"中的教育资源公共服务平台的要求。针对构建国家教育管理信息系统，国家制定了明确的学校基础信息管理要求，加快学校管理信息化进程，促进学校管理标准化、规范化。这正是"三通两平台"中教育管理信息平台的要求。

（二）第二阶段：高度重视、大力建设阶段（2012—2015 年）

在这一阶段，我国提出了一系列政策方针来促进"三通两平台"以及网络学习空间的建设，并在前期建设基础上对网络学习空间提出了更高要求，做出了更为长远的规划。

● 2012 年，教育部发布了《教育信息化十年发展规划（2011—2020 年）》，提出要以面向未来，育人为本；应用驱动，共建共享；统筹规划，分类推进；深度融合，引领创新为工作方针，基本建成人人可享有优质教育资源的信息化学习环境。这份文件是大力建设"人人通"的开端，虽然全文都没有提及"网络学习空间"等相关词汇，但"人人可享有优质教育资源"实际上和"人人通"建设的宗旨是相同的。

● 2012 年，教育部副部长杜占元在全国教育信息化试点工作座谈会上正式提出"三通两平台"，三通即宽带网络校校通、优质教育资源班班通、网络空间人人通；两平台即教育管理信息平台和教育资源公共服务平台[①]。这是国家层面第一次正式提出"三通两平台"，也是其成为国家战略的标志。自此，"三通两平台"成为我国教育信息化建设的核心任务。

● 2013 年，教育部副部长杜占元发表《改革创新加快推动教育信息化发展》，提出要创新探索"政府规划引导、企业建设运营、学校购买服务"的机制推进网络学习空间人人通，探索建立面向未来、适应信息化社会需求的实名制、有组织、可控可管的网络化教育、学习支撑平台[②]。这标志着我国网络学习空间建设开创了一种全新的模式，通过鼓励企业的参与来实现网络学习空间的建设。

● 2014 年，教育部办公厅发布的《2014 年教育信息化工作要点》明确提出，坚持从教育改革发展面临的实际问题出发，与教育教学实践紧密结合；提升"网络学习空间"应用规模，探索利用"网络学习空间"开展教学、学习活动的有效方式。

● 2015 年，教育部办公厅发布的《2015 年教育信息化工作要点》中指出，2015 年教育信息化工作核心目标之一是网络学习空间应用覆盖面大幅提升，师生网络学习空间的开通数量达到 4500 万。

● 2015 年，教育部办公厅发布《关于征求对关于〈"十三五"期间全面深入推进教育信息化工作的指导意见（征求意见稿）〉意见的通知》，提出要创新网络学习空间人人通建设与应用模式，拓展信息时代教育教学、管理与服务方式。

在国家政策的大力支持下，我国网络学习空间建设在数量、规模等方面都取

---

① 中国教育信息化网. 全国教育信息化试点工作座谈会在京召开[EB/OL]. https://web.ict.edu.cn/news/jrgz/xxhdt/n20120531_2206.shtml.（2012-05-31）.

② 杜占元. 改革创新加快推动教育信息化发展[EB/OL]. http://www.moe.gov.cn/jyb_xwfb/moe_176/201311/t20131129_160215.html.（2013-11-29）.

得了重大进展。我国各级各类教育部门积极响应国家政策的号召，纷纷投身于
"人人通"建设工程之中。这一阶段是我国"人人通"建设的高速发展阶段，延
续了初步探索阶段取得的成就，并且为下一阶段的创新发展打下了坚实的基础。

（三）第三阶段：发挥市场机制，创新建设阶段（2016 年至今）

在经历过前一个阶段的高速发展之后，我国政府也在积极探索网络学习空间的
创新发展模式。在教育部办公厅发布的《2016 年教育信息化工作要点》中，网络
学习空间的建设重心已逐步从普及应用向模式创新转变，应用范围从课堂教学向网
络泛在学习拓展，建设主体由政府主导向政企协同发展，探索建立政府和市场作用
相互补充、相互促进的教育信息化推进机制。这是我国"人人通"建设发挥市场机
制、创新发展的开端，也标志着我国"人人通"建设进入新的阶段。2018 年，教
育部发布《网络学习空间建设与应用指南》，从总则、网络学习空间的构成、个人
与机构空间、公共应用服务、数据分析服务、空间安全保障等六个方面对网络学习
空间做出了具有权威性的解释和规划。该文件中指出，网络学习空间建设与应用的
根本目标是引领教育服务模式创新，促进教育体制机制变革，推动教育信息化升级
转型，适应教育现代化发展要求。2021 年，教育部等六部门印发《关于推进教育
新型基础设施建设构建高质量教育支撑体系的指导意见》，将升级网络学习空间列
为重点方向，支持网络学习空间为泛在学习、个性化培养、师生数字档案建设等提
供支撑。网络学习空间作为聚合教育新理念、新技术、新资源等的综合载体，对教
育教学、教学过程管理等方面的支撑作用不断显现，创新教育服务模式并重构教育
生态体系业已成为网络学习空间的发展进路。

第三节　网络学习空间应用案例

近年来，随着网络学习空间在满足资源供给与提供学习支持两方面的巨大优

势逐渐得到人们的广泛认可，越来越多的组织和机构都开始参与到网络学习空间的开发与建设中。依据建设主体的不同，网络学习空间可以被分为三种典型建设类型：以大学为建设主体的网络学习空间、以教育行政部门为建设主体的网络学习空间、以社交软件应用为核心的个体网络学习空间。下面将对这三种类型的网络学习空间的典型案例进行简要介绍。

一、以大学为建设主体的网络学习空间典型案例

OpenLearn 平台是以大学为建设主体的网络学习空间的典型应用。2006 年 10 月，英国开放大学首次推出 OpenLearn 平台（图 2-4），为全世界的学习者提供了海量优质的教育资源。借助该平台，学习者能够免费获取来自认证机构的在线教育资源，并支持学习者基于自身学习需求对所获取的资源进行再利用、再分享等。具体而言，OpenLearn 平台面向全球学习对象[①]，包括个体（如教师、学习者、研究者等）和群体（如组织机构等）等并提供以下功能。

图 2-4　OpenLearn 平台首页

---

① 李玲静. OpenLearn：一个可持续的开放学习系统[J]. 现代教育技术，2010，20（4）：77-80.

一是提供不同学习环境。OpenLearn 平台提供了学习空间（learning space）和实验空间（lab space）两种学习环境。其中，学习空间主要面向学习者，而实验空间是用于满足教育工作者对"开放教育资源"的持续性建设和修正以及彼此合作需求的研究平台。

二是提供多样化学习资源。为了满足学习者多样化、差异化的学习需求，OpenLearn 平台为全球学习者提供了涵盖了文、理、工、商等 15 个学科的学习资源。此外，OpenLearn 平台中的每一门课都设置了相应的学习活动。

三是提供在线学习工具。为了优化使用者的学习和工作体验，OpenLearn 平台开发了一系列简单可操作的在线学习工具，例如，帮助学习者建立知识间关系的离线思维导图工具 Compendium、Cohere，满足学习者在线撰写学习日记需求的自主学习空间，以学习论坛和学习俱乐部为代表的学习社区，以 FlashMetting（FM）为代表的视频会议工具以及创建实时视频日志（播客）的 Flashvlog 等。学习者可以通过相应的使用指南掌握这些数字化工具的基本操作方法，利用这些工具优化自己的学习体验。

四是支持学习者开展个性化学习。OpenLearn 平台给学习者提供了便利的个性化学习环境。首先，OpenLearn 平台提供了编辑功能，支持学习者根据自己的学习需求、习惯、喜好对个人网络学习空间进行个性化设置，提升了个体学习的有效性。其次，OpenLearn 平台根据课程内容的难度，将在线课程划分为由入门、中级、高级再到研究生的四个不同等级，学习者可以根据自身学习水平直接选择相应难度的课程，提升学习的灵活性和自主性。最后，OpenLearn 平台为学习者提供了自动记录学习经历的功能，如记录学习者已经完成的学习单元、已发布的学习日志等，让学习者可以随时查阅相关内容[①]。

探索、尝试和学习是 OpenLearn 平台在运作过程中体现出的三个典型特征，也是关于 OpenLearn 平台在使用开放教育资源（open educational resources，OER）时呈现出的成功理念。OER 本身是一种专业性很强的资源，但是学习者未必是专业人士，如何吸引他们是帮助学习者有效利用资源的第一步。从社会性学习转向正规学习，这个过程本身就是一种教育方式的转变。学习者在这个过程中所表现出的信心不足，是影响其学习效果的最大障碍。面对这一问题，

---

① 余燕云，詹春青. 开放学习的典范——英国开放大学 OpenLearn 评析[J]. 现代教育技术，2011（3）：10-14.

OpenLearn 平台向学习者传输这样一种理念：当学习者正在探索、尝试这些在线学习资源时，他们正在取得学习上的进展；当学习者已经具有足够的学习信心时，OpenLearn 平台会就他们下一步应该如何学习提供相应提示，帮助学习者注册成为一个正式的英国开放大学的学习者①。

学习档案是一种帮助学习者了解自己学习历程和成就的有效途径。OpenLearn 平台设计了主页模块以承担电子学档的功能。学习者可以在此功能下编辑个人信息、设置个人形象、设计照片墙、发布短篇或长篇日志、展示个人作品等。

二、以教育行政部门为建设主体的网络学习空间典型案例

国家中小学智慧教育平台（https://basic.smartedu.cn/）是隶属于国家智慧教育公共服务平台（https://www.smartedu.cn/）的子平台，它在原国家中小学网络云平台的基础上进行了升级改造，并于 2022 年 3 月 28 日正式上线运行②。该平台面向教师、学习者、家长等不同主体，以不同使用主体的个人网络空间为核心，充分聚合各类数字教育资源，打造 10 大关键应用场景，并在不同应用场景下提供多种类型的教育服务。

国家中小学智慧教育平台支持使用者免费注册对应身份的个人网络学习空间，使用者可以通过手机号或监护人手机号注册普通账户或学习者账户，并登录具有对应功能的个人网络学习空间。该平台支持使用者加入现实就读的学校班级群组，进而获得更加具有针对性的教育服务。国家中小学智慧教育平台中个人网络学习空间的功能大致包括个性化设置、消息通知、班级群组、自主学习等。

第一，个性化设置功能。使用者登录个人网络学习空间后，可以查看、修改和更新自己的基本信息，还可以上传个人的个性化头像。

第二，消息通知功能。使用者可以通过导航栏中的消息按钮，进入需要查看消息的师生群、家校群等线上群组，在群聊天记录中查询相关通知，也可以通过

线上群组内聊天的输入框上方的快捷按钮进入。

第三，班级群组功能。班级群组为现实班级中的使用者提供了线上互动空间，使用者可以在班级群组中开展学习者评价、课后服务、打卡、在线练习等多类活动。

第四，自主学习功能。使用者可以基于教师通过平台发布的学习任务单制定个性化学习计划，并在平台导航栏中的"资源"模块查找相应的视频课程、课件、电子教材等；完成自学计划内各知识点的学习后，使用者可以在班级群组中与其他用户交流沟通，或通过"在线练习"模块进行巩固练习。

三、以社交软件应用为核心的个体网络学习空间典型案例

各类社交软件以其良好的开放性、交互性等技术优势，正在与教育教学相互融合，成为以学习者为主体、支持师生之间虚拟互动的网络学习空间。微信公众平台是支持任何人应用的社交平台，其主要功能包括自动回复、群发功能等，能够为学习者提供个性化的服务与泛在的学习资源。它集社交、通信、圈子、群组管理于一体，是移动互联时代最主要的信息传播平台之一，迅速成为连接个人、设备、生活、教育、社会的智能连接器，成功地构建了移动互联环境下的整体统一、多样丰富、开放循环、协调可持续的"互联网+"生态系统[①]。

不同的教学软件提供的教学功能不同，这是由教学软件自身的功能决定的。基于微信公众平台的功能以及借助微信的通信功能，微信公众平台的模块设计图如图2-5所示。

第一，用户管理功能。在编辑模式下，用户管理提供了用户分组、修改备注以及浏览用户账号信息等基本功能，通过用户的分组、性别、地区来设置群发消息的用户范围，以实现更精确的消息推送，方便教师对学习者进行管理。

第二，素材管理功能。在素材管理功能下，教师可以进行资源的编辑、预览与删除等操作，这些资源便是指教师向用户推送的学习资源。

第三，自定义菜单功能。点击自定义菜单按钮可以进行菜单导航设计，菜单

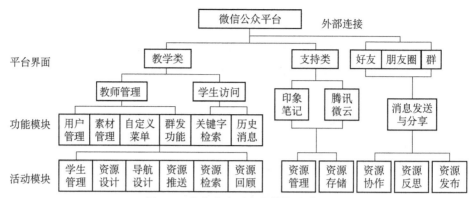

图 2-5　微信公众平台的模块设计图

或者子菜单内容可以设置为发送消息、跳转网页和跳转小视频等。

　　第四，群发功能。教师可以通过微信公众平台向学习者发送学习资源，群发的学习资源没有人数限制，但只能发给粉丝，不支持发给非订阅用户，目前支持群发的内容有文字、语音、图片、视频和图文消息。

　　第五，关键字检索。自动回复功能中包括关键词自动回复，对于向学习者发送的学习资源，教师可以设置相应的关键词。学习者在搜索学习资源时，可以根据关键字进行检索，实现"对话即服务，对话即搜索"的服务。

　　第六，历史消息功能。教师群发的消息都可以通过历史记录来进行查找，便于学习者对学习资源进行回顾。

　　第七，相关支持服务。学习者通过关注支持类公众号，可以与小工具进行互通，如关注"印象笔记"和"腾讯微云"，能够实现资源的管理和存储。

　　第八，通信功能。微信的通信功能包括添加好友、建立微信群和发布朋友圈三种形式。添加好友可以使师生进行一对一的交流。微信群的建立为师生和生生提供了一对多的交流方式，可以使学习者与教师随时进行小组学习与讨论，保证了每一位学习者的发言权，有利于学习者进行协作学习。朋友圈可以为学习者提供资源分享的功能。一旦在朋友圈中公开发布资源，所有的微信好友都可以进行评论。

第三章

网络学习空间的设计与构建

网络学习空间作为数字化学习环境下的一种新型学习形态，为教学方式的革新与学习路径的拓展注入了新的灵感。本章首先从网络学习空间的建设目标出发，明晰对其构建应遵循的基本原则，梳理其应具有的四类基础功能，并形成网络学习空间构建的一般流程。其次，按照网络学习空间功能与价值取向的不同，将其划分为以学习者为中心的网络学习空间、以教育教学活动为中心的网络学习空间以及支持教与学发生的网络学习空间，并详细论述了构建每一类网络学习空间的系统设计需求、技术选择和整体技术架构。在此基础上，针对三种不同类型的网络学习空间，提出基于不同技术支撑，包含基础设施层、平台建构层、应用服务层等多个层级的网络学习空间的构建模型。最后，对支撑网络学习空间的相关理论进行了梳理，并从学习资源、学习服务、教学方式、教学评价等多个角度提出了不同学习理论对于促进网络学习空间设计及有效应用的指导原则及相关建议。不同学习理论从不同视角为网络学习空间的有效应用提供了支撑，对于优化网络学习空间中的教与学活动、学习环境，促进网络学习空间中的参与主体不断发展等具有重要的借鉴意义。

第一节　网络学习空间设计的基本思想

一、技术和需求双向驱动的设计理念

我们可以根据网络学习空间运行载体的不同将其分为广义和狭义两种。广义的网络学习空间泛指所有支持在线教学活动的平台和载体，如 MOOC（massive open online courses，大规模开放在线课程）平台、教育云平台等。在广义的范围界定下，如果各类社交平台能够为教学活动提供虚拟空间，那么其也能够被纳入网络学习空间的范畴。狭义的网络学习空间特指搭建于特定的教育服务平台并为教与学活动提供支撑的虚拟空间，如国家智慧教育公共服务平台等[①]。

网络学习空间的建设目标是以持续革新的技术要素为基础，以教育场所中物理空间和虚拟空间的有效融合为支撑，以个人学习环境和公共学习环境的有机统一为依托，以满足学习者个性化学习需求为准则，从而支持学习者高阶思维的发展。因此，网络学习空间的建设与应用要充分考虑技术迭代和学习者个性化发展需求，如表 3-1 所示。

表 3-1　网络学习空间的技术要素、技术应用对学习者发展需求的支持作用

学习者发展需求	网络学习空间技术要素	网络学习空间技术应用
参与小组活动	即时通信（instant messaging，IM）技术、虚拟白板	小组工作空间
查看电子化材料	文字、图片、视频等存储技术	电子档案袋
视听觉需求	图像数据库、媒体编辑应用程序	屏幕共享
交互需求性	多样性资源音视频互动技术	单人/多人对话

---

① 杨现民，赵鑫硕，刘雅馨，等. 网络学习空间的发展：内涵、阶段与建议[J]. 中国电化教育，2016（4）：30-36.

二、网络学习空间的设计原则

（一）系统性原则

网络学习空间的构建应遵循系统性原则。一方面，网络学习空间应是系统内部各要素相互关联、相互作用，共同为学习者高阶思维发展提供系统性环境支撑的有机整体；另一方面，网络学习空间内部的各类要素应具有整体一致性，即以一致的目标为共同指向，进而协同发挥效用。

（二）模块化原则

网络学习空间的构建应遵循模块化原则。从内部来看，网络学习空间是具有不同功能的各个模块为实现共同目标的有机组合。在构建网络学习空间时，应充分体现学习者的主体地位，感知学习者的学习行为，为学习者提供多样化的信息技术工具支撑。因此，设计的每一个功能模块都要有特定的功能，并且能够根据学习者的学习需要，选择多个模块进行功能整合，从而满足学习者的学习需求。

（三）个性化原则

网络学习空间的构建应遵循支持学习者个性化发展的原则。设计与构建网络学习空间的核心是为学习者提供个性化的学习环境，进而促进学习者高阶思维的发展。因此，网络学习空间应支持学习者实现个体学习与发展的个性化管理。

（四）交互性原则

网络学习空间的构建应遵循交互性原则，即支持学习者与其他要素开展交互。教学交互是指学习者与外部学习环境相互交流、相互作用，进而追求自身发展的过程[①]。网络学习空间中的教学交互可分为学习者与学习内容的交互、学

---

① 陈丽，王志军. 三代远程学习中的教学交互原理[J]. 中国远程教育，2016（10）：30-37，79-80.

习者与教师的交互、学习者与学习者之间的交互以及学习者与界面的交互①。因此，网络学习空间应具有交互性特征，即支持人与内容、人与人、人与界面的交互。

（五）可扩展性原则

网络学习空间的构建应遵循可扩展性原则。网络学习空间能够对各类信息进行处理与分析，并基于学习者的发展特征主动向学习者提供相关的学习支持服务。然而，信息技术在不断的迭代与优化过程中持续发生着改变，网络学习空间应当保持面向技术的可扩展性，从而支持添加或外接拓展新技术和新产品。

三、网络学习空间的基础功能

数字化教育资源、交流与对话、管理与决策三个子系统是网络学习空间的重要组成部分，三个子系统在应用过程中分别演化出提供数字化教育资源、支持人机交流与对话、实现智能化管理与决策等基础功能②，并且共同支持学习者满足个性化发展需求。

（一）提供数字化教育资源

数字化教育资源是承载具有教育价值信息的信息化载体，知识是其中最有意义的信息，为学习者提供数字化教育资源是网络学习空间得以存在和发展的基础。随着信息技术的不断更迭与优化，数字化教育资源的表现形态会发生变化，如 Web2.0 技术的出现使得原有的数字化教育资源走向开放与生成，各类交互式资源被广泛应用。

---

① Moore M G. Editorial：Three types of interaction[J]. American Journal of Distance Education，1989，3（2）：1-6.

② 贺相春，郭绍青，张进良，等. 网络学习空间的系统构成与功能演变——网络学习空间内涵与学校教育发展研究之二[J]. 电化教育研究，2017（5）：36-42，48.

（二）支持人机交流与对话

支持人机交流与对话是网络学习空间的基础功能之一，为学习者与系统界面之间实现信息沟通提供了通道。学习者可以通过输入设备（如键盘、话筒、触控一体机等）输入交互信息，网络学习空间则可以通过输出设备（如显示器、音箱等）为学习者提供外显信息。

（三）实现智能化管理与决策

智能化管理与决策是指网络学习空间基于数据库技术、大数据分析技术、人工智能技术等为学习者提供的管理、分析、判断、推送等服务，具体包含对学习者的个性化分析、资源个性化推送、以最优方式满足学习者需求等。

（四）促进学习者个体发展

满足学习者个性化发展需求、促进其高阶思维发展是网络学习空间存在与发展的最终目标。提供数字化教育资源、支持人机交流与对话、实现智能化管理与决策等基本功能能够帮助学习者习得知识、培养技能、提升能力，并最终促进学习者个体发展。

第二节 网络学习空间构建的技术选择

按照网络学习空间功能与价值取向的不同，我们将其分为以学习者为中心的网络学习空间、以教育教学活动为中心的网络学习空间以及支持教与学发生的网络学习空间三类。构建不同类型的网络学习空间需要不同的信息技术作为支撑。在本书中，信息技术是构建网络学习空间的基础，物理技术（如照明、声场等）暂时不被考虑在内。

一、以学习者为中心的网络学习空间构建的技术选择

构建以学习者为中心的网络学习空间的基本原则是优先考虑学习者的发展需求，为促进学习者的发展提供支持与帮助。

（一）系统设计需求

构建以学习者为中心的网络学习空间的前提是网络学习空间多样化的设计能够支持各类学习（如自主学习、团队合作等）发生以满足学习者个性化的学习需求。该类网络学习空间重点关注学习者个体的发展需求，尽管设计与构建的形式多种多样，但是其最终目标是促进学习者个体的发展。

（二）技术选择

在以学习者为中心的网络学习空间中，学习者可以借助各类终端随时随地获取所需信息与相关学习支持服务。

1. 无缝切换的学习终端设备

手持设备、桌面设备等各类移动学习终端业已成为学习者开展各类学习的媒介和工具，各类工具通过互联网相互连接，从而形成相互关联的设备生态系统。表 3-2 和表 3-3 分别展示了各类终端设备的应用特点及其在不同教学场景中的适应性。

表 3-2　各种终端设备的应用特点

设备	便携程度	操作方式	输入方式
手机	很好	触摸	多样
平板电脑	很好	触摸	多样
笔记本电脑	一般	键盘、鼠标	键盘输入
台式电脑	差	键盘、鼠标	键盘输入
电视机	差	遥控器	遥控器

表 3-3　各种终端设备在不同教学场景中的适应性

设备	教室	宿舍	实验室	户外实习	路途中
手机	√			√√	√√
平板电脑	√√	√√	√	√√	√√
笔记本电脑	√√	√√	√√	√	√
台式电脑	√√	√√	√√		
电视机	√√	√√	√√		

注:"√"表示该终端设备能够适应不同教学场景;"√√"表示该终端设备在该教学场景中具有较强的适应性

2. 有序对接的移动学习平台

以学习者为中心的网络学习空间支持多种场景和多类学习任务之间的自由切换,从而形成自由切换的无处不在的学习空间。这一应用功能的实现是以不同平台之间共享学习资源、对接学习进度、融通学习数据、实现跨平台自动同步等双向一致性为前提的。

3. 有机整合的各类应用功能

差异化的信息管理与数据处理系统导致不同平台、不同终端等之间无法兼容,用户需要在不同平台或系统中来回切换、频繁操作。为此,在泛在互联时代,以学习者为中心的网络学习空间更需要对各类平台中的多种应用功能等进行一站式管理与调取,这些应用功能包括综合信息门户服务、信息服务、互动服务、任务服务、课程管理服务、支持服务等。

(三)整体技术架构

以学习者为中心的网络学习空间的整体技术架构主要包括移动学习平台和网络教学平台,如图 3-1 所示。其中,移动学习平台包含移动学习平台客户端和移动学习平台服务器端;移动学习平台客户端包含移动 APP 端(学生版和教师版)和微信公众号。

1. 移动学习平台服务器端

为客户端提供服务的一端被称为服务器端。网络学习空间的移动学习平台服务器端能够实现与客户端的交互。服务器端虽然没有直接与网络教学平台相互连接,但是两者共用相同的数据库与资源库。

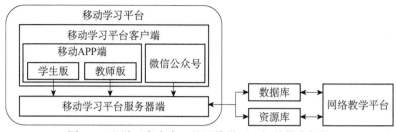

图 3-1 以学习者为中心的网络学习空间的技术架构

2. 移动 APP 端（学生版和教师版）

移动 APP 端（学生版/教师版）是网络学习空间的移动学习平台客户端的重要组成部分。它是安装在移动终端上、支持师生开展教与学活动的第三方应用程序，能够发出调用某种服务的请求。教师和学习者分别以不同身份的 ID 登录进去，系统可以为不同角色人员提供针对性功能。

3. 微信公众号

微信公众号是基于微信平台、面向特定人群的账号，以此账号为中介，能够支持特定群体通过文字、声画、音频等开展群体性沟通。网络学习空间中的微信公众号能够支持学习者和教师通过基于微信平台的特定账号登录学习空间，访问在线学习资源和进行交互式学习活动。网络学习空间需要将师生微信中的虚拟身份与学校中的真实身份对应起来，当学习者使用微信公众号访问学习空间时，系统可自动完成对学习者身份的识别，学习者无须登录即可获取学习空间的访问权限。微信公众号通过与底层数据库对接等技术手段将分散在各处的课程相关资源整合到一起，根据微信适用标准，利用微信平台跨平台功能对文本、音频、视频进行统一处理，将处理后的资源通过网络学习空间提供给师生。依托微信平台的数据分析、处理功能，微信公众号还能够支持教师获取学习者的学习进度、状态和成果等信息，并根据学习者的具体学习情况制定相应的学习计划、提供个性化的学习支持服务。

二、以教育教学活动为中心的网络学习空间构建的技术选择

构建以教育教学活动为中心的网络学习空间的基本原则是优先考虑各类教与

学活动发生的技术条件，通过支持多类型教育教学活动的发生，从而促进学习者高阶思维的发展。

（一）系统设计需求

以教育教学活动为中心的网络学习空间应为学习者提供开放的教育服务体系，具有以下四个基本特征：融合性、消费驱动的个性化服务、汇聚性和协同性[①]。不断丰富和智能化的技术环境是开放的教育服务体系的重要支撑。在技术环境的支持下，网络学习空间能够支持计算机支持的协作教学/学习活动、基于在线教育资源的自主学习活动、师生同步参与的问题解决活动等多类教育教学活动的发生，并最终促进学习者高阶思维的发展。

（二）技术选择

以教育教学活动为中心的网络学习空间是促进学习者在参与各类教育教学活动中培育自身的自主探究学习能力、问题解决能力、批判性思维、创造性思维等并使其不断发展的有效途径。云计算与云服务、教育云平台是构建该类网络学习空间的主要技术。

1. 云计算与云服务

云计算是一种基于互联网的运算方式，是分布式计算（distributed computing）的一种表现形式。发展至今，云计算已经演化为基于互联网按需可扩展的各类资源与服务[②]。云服务是以云计算为基础的应用性程序，能够为使用者按需提供虚拟化的服务内容，如数据访问、存取、计算等。通过云服务，无数线上用户可以同时共享网络云中的海量资源。

从类型上来看，云服务可以分为公共云、私有云、社区云与混合云四种[③]。公共云强调面向公众开放，是大型云服务供应商用于处理大规模用户的线上数据和服务请求的一种云服务，典型应用包括网络云盘等；相较于公共云而言，私有云由企业或事业单位独立部署，面向特定对象服务且不对外开放，能够通过管控

---

① 陈丽. "互联网+教育" 的创新本质与变革趋势[J]. 远程教育杂志，2016（4）：3-8.
② 秦晓娜. 基于改进蚁群算法的云计算资源分配研究[D]. 广州：华南理工大学硕士学位论文，2014.
③ 刘玮，王丽宏. 云计算应用及其安全问题研究[J]. 计算机研究与发展，2012，49（S2）：186-191.

数据开放范围有效保护私有资源、数据安全和服务质量；社区云是以特定地域范围为边界的云服务，能够为用户提供特定的服务内容，满足用户的共性需求，进而提高共享效率；混合云是上述各类云服务的集合，能够通过灵活组建以发挥各类云服务的优势。

云服务的层次结构包括基础设施即服务（infrastructure as a service，IaaS）、平台即服务（platform as a service，PaaS），以及软件即服务（software as a service，SaaS）三种。针对 IaaS，服务供应商通过在云上构建软硬件资源池，按照租赁的方式为用户提供基础设施服务，典型如阿里云等；针对 PaaS，服务供应商将软件研发平台本身作为一种服务交付给用户，通过整合开发与运行环境、基础业务与监控流程的开放平台，为用户构建功能完善、高定制化的服务中间件，支撑各种软件服务安全稳定运行，从而加快应用服务的开发与部署进程，典型如 Google App Engine 等；针对 SaaS，其指向云环境里提供的具体软件应用，用户不需要为基础设施、平台等付费，只需要租赁相应软件即可，典型如电子邮件等。

2. 教育云平台

教育云平台本质上是云计算的一种特殊应用形式，其目的在于依托云计算强大的数据处理、数据储存等功能为师生提供优质的教育资源和教育服务，满足个体化教学活动的需求[①]。它是由区域教育部门为服务特殊对象而部署和运行的教育信息化公共服务平台，能够基于教育教学活动参与者的特定需求提供相应的工具软件包或应用功能，如数据存储、展示分享等。同时，它能够支持多终端访问和跨平台运行，实现不同平台之间的数据统一。

（三）整体技术架构

1. 依托教育云平台的网络学习空间技术架构

教育云平台依托云计算、物联网感知技术、数据挖掘技术等新型信息技术以实现空间物联化、感知化、智能化，形成一个统一、开放、灵活、个性化、生态化的网络学习空间[②]（图 3-2）。

---

① 卢蓓蓉，任友群. 中国教育信息化的云中漫步——教育云建设的困境及探析[J]. 远程教育杂志，2012（1）：62-67.

② 庞敬文. 个人学习空间构建的模型及应用研究[D]. 长春：东北师范大学博士学位论文，2016.

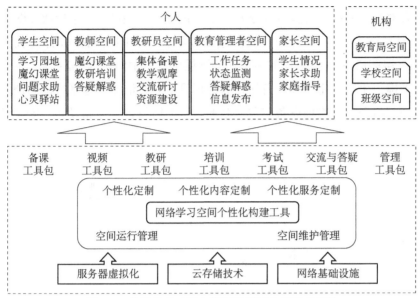

图 3-2 依托教育云平台的网络学习空间技术架构

依托教育云平台的网络学习空间能够实现以下功能：①支持教学资源精准化。教育云平台的云端上存储着海量的教与学资源，学习者可以根据个人学习需求主动选择或被推送相应资源，以实现对教育教学资源的精准把控。②支撑学习工具虚拟化。学习者在网络学习空间中可以自由调用各类虚拟学习工具进行学习，以此激发学习兴趣。③提供服务个性化。教育云平台提供了多样化的服务支持，从而为学习者提供良好的学习体验。④空间交互智能化。交互过程智能化能够有效促进学习共同体的形成。

国家中小学智慧教育平台是以教育云平台作为技术支撑的典型案例。该平台主要采用云计算技术、移动通信技术、物联网技术等，汇聚国内名校、名师及企业开发的教育教学资源，为学校、教师、学习者提供满足个性化教学与学习需要的优质资源，探索不同教育教学应用场景，并实现不同应用场景下不同教育服务的体系化集成。

2. 依托私有云技术的网络学习空间技术架构

私有教育云平台通常只提供云计算三种服务模式中的两种：IaaS 提供计算、存储和网络等资源的基础设施服务；SaaS 提供教学、实验、流媒体、在线测试等教育应用服务。

私有教育云平台层次模型可分为 SaaS、IaaS 和物理设备三个层次（图 3-3）。最上层为 SaaS 层，主要为用户提供包括教学管理、问卷调查等各类教育云应用。SaaS 层能通过 IaaS 提供的接口访问下层资源。中间层为 IaaS 层，主要作用在于借助虚拟化软件将物理设备转化为虚拟设备，并依托管理系统动态调配平台中的各类虚拟资源。物理设备层包含服务器、网络设备、存储设备、安全设备等物理设施。

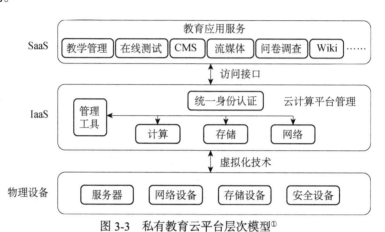

图 3-3　私有教育云平台层次模型[①]

注：内容管理系统（content management system，CMS）；Wiki 软件，支持内部人员储存、共享、协作和创作，能够将内部成员的知识集中至一个地方，典型例子为维基百科

三、支持教与学发生的网络学习空间构建的技术选择

（一）系统设计需求

构建支持教与学发生的网络学习空间需优先考虑系统性和模块化原则，通过有序接入各类模块从而促进教与学整体形态的系统变革。这类网络学习空间在中小学、高等院校和职业院校的教育教学过程中均有着广泛的应用，能够为学习者提供丰富的信息资源，接入更大范围的学习共同体，实现知识协作与共享并最终实现教与学形态的系统变革。因此，构建支持教与学发生的网络学习空

① 曹丽，姜毅，杨晓刚. 面向高校的私有教育云平台构建与应用研究[J]. 实验技术与管理，2018，35（1）：161-166.

间应以兼容各类应用模块的学习管理系统为支撑，从而为实现教学形式革新提供基础。

（二）技术选择

学习管理系统也被称为课程管理系统（course manage system，CMS），能够覆盖教学全过程，集课程创建、资源建设与管理、交流互动、统计分析、评估评测于一体，可以促进学习生态系统的良性循环，帮助学习者发展复杂认知能力，同时也是教学质量保障体系的强力支撑。Blackboard、Moodle 和 Sakai 是三款得到广泛认可和普遍应用的学习管理系统。

1. Blackboard

Blackboard 是由美国 Blackboard 公司开发研制的数字化教学平台，主要包含以下五个模块：①课程内容模块。该模块作为核心模块，主要供教师发布和管理学习资源，包括课程层面信息、课程主要学习内容、作业练习、网站链接等。②课程交流模块。该模块提供了一些用于师生以及生生之间协作交流的工具，如课程公告、任务、日程表、讨论板等。③课程选项模块。该模块主要用于管理整个课程网站、课程资源以及课程的显示界面等。④考核评估模块。该模块主要由成绩指示板、课程报告、完成的课程成绩等组成，教师可以在该模块中编辑测验并通过平台查看每个学习者的成绩与具体学习情况。⑤用户管理模块。该模块主要用于用户注册、创建小组、管理小组活动等。

Blackboard 能够支持百万级用户并保证大规模并发处理，其在讨论管理、同步工作、自动测试管理、学习者跟踪等方面具有显著优势。同时，第三方开发者能够利用 Blackboard 提供的网络应用程序编程接口（application programming interface，API）和网络服务（web service）扩展其功能，甚至实现定制化服务。然而，在社会性软件的整合方面，Blackboard 对于支持第三方插件和提供公共API 则存在局限。同时，Blackboard 作为一款商业产品，需要收取足够费用以覆盖公司开发成本和运营成本，多数资金并不充裕的机构由此对其望而却步。综上，Blackboard 比较适用于大型团体而非个体，如高校等。

2. Moodle

Moodle 意为"面向对象的模块化动态学习环境"，是一个开源的课程管理系统。Moodle 使用了超文本预处理器（hypertext preprocessor，PHP）技术架构，默认的数据库是 MySQL，也支持其他结构化查询语言（structured query language，SQL）类型的数据库，可以跨平台使用，支持 Windows、Mac 和 Linux 等常用的操作系统。

Moodle 在技术架构、安全、性能等方面表现稍弱，但在内置工作和可用性方面表现不俗，尤其是在学习者参与、课程传递、内容制作、用户操作、内容组织以及适应多种学习活动等方面表现都比较优秀，易于安装和使用。因此，Moodle 平台比较适合应用人数适中、对于安全性能要求不高的用户使用，例如，适用于教师个人设置课程，或者小规模学校开展线上教学管理工作等。

3. Sakai

Sakai 发端于美国印第安纳大学、密歇根大学、斯坦福大学和麻省理工学院发起的一项开源学习管理系统开发项目。它能够通过一组及以上的软件工具帮助师生创建用于协作的系统，具有开源组件丰富、响应式设计、国际化支持、站点自定义等特征。Sakai 的技术特征决定了它在灵活性、个性化等方面具有显著优势，有利于支持师生协作学习或师师协同工作，特别是研究性学习以及科学研究工作等。与 Moodle 相比，Sakai 的安全性能更强，但是其安装和使用较为复杂，阻碍了部分信息素养不足的用户。因此，Sakai 更适用于以学校或者研究机构为单位的用户，而非教师个体，其在高校及研究机构中的应用较为广泛。

三款学习管理系统在支持教师、学习者开展线上交互方面各自具有特点与优势，三者各项交互功能的对比如表 3-4 所示。

表 3-4　Blackboard、Moodle 与 Sakai 支持用户交互的功能比较[①]

功能	Blackboard	Moodle	Sakai
通知	1. 通知标题及内容　　2. 通知允许在公开站点内显示 3. 支持陈列选项设置及链接附件　　4. 通过电子邮件可接收通知		
	可按照时段（今天/过去 7 天/过去 30 天等）查看全部通知	无	显示通知项数（5，10，20，50……）
日程	1. 教师和学习者可在在线课程日历上添加事件　　2. 教师可在课程公告页面发布公告		
	无	学习者可通过订阅的 RSS 得知课程材料的更新与变化	

① 张汉玉，穆肃，任友群. 学习管理系统的社会性交互功能比较——基于对 Blackboard、Moodle、Sakai 的调查与使用体验[J]. 现代远程教育研究，2013（2）：38-44，52.

续表

功能	Blackboard	Moodle	Sakai
作业	1. 支持设置分值和起止日期 2. 允许链接本地文件 3. 可追踪查看修订次数	可通过电子邮件向学习者发送教师更新作业的提醒	
		1. 支持多种格式上传 2. 支持设置大小及数量 3. 可通过电子邮件发送提醒 4. 可对"发送评分请求"等选项进行设置；教师可决定学生提交后能否二次修改	1. 支持设置起止日期及最迟提交时间 2. 支持多种传输方式提交 3. 支持教师设置评分方式 4. 允许教师批量评分
成绩簿	1. 可显示主要信息（作业类别、分数、百分比、字母、文本、完成/未完成等）及部分细节内容 2. 支持上传或调用成绩中心的数据，并借助智能视图等方式面向选中用户发送成绩报告	1. 支持教师划分作业类别并分别生成评分报表 2. 支持多种形式分数计算 3. 支持多种方式显示成绩 4. 支持学习者查看各个作业的不同评分	1. 为教师提供显示学习者姓名、参与课程及作业成绩的学习者名册 2. 为教师提供课程成绩，包含班级、小组以及个人分数
投票	支持教师添加单项选择题、填空题、多项选择题、简答题、论述题、排序题、判断正误题、匹配题、评定等级、选词填句、智力问答等题型，教师也可以从题库中选择相关测验，并将其分发给学习者	1. 支持教师限制学习者投票次数和投票的有效期 2. 允许教师选用多种方式公布结果 3. 支持显示未回答的题项 4. 仅支持选择题作为问题呈现形式	1. 支持教师设置投票的有效期 2. 支持教师设置答案选项项数 3. 仅支持选择题作为问题呈现形式
测验	1. 支持的试题类型：多项选择题、多重答案题、匹配题、填空题、简答题、问答题，试题可包含其他媒体素材（如图片、视频、音频） 2. 教师可以创建自评；教师可对测试限制时间；教师可允许学习者多次尝试，允许学习者浏览已做测试；教师可指定是否反馈正确答案；教师可创设个人测试题库；教师可创设系统测试题库；教师可在外部导入支持问题与测试互用性（question and test interoperability，QTI）规范的试题；系统提供测试分析数据 3. 系统支持监考测试 4. 问题与答案顺序随机产生，支持排序题、计算题等，可自定义问题类型		
	系统为问题与答案中的数学公式提供 MathML 编辑器	可自定义问题类型	系统为问题与答案中的数学公式提供 MathML 编辑器

（三）整体技术架构

不同的学习管理系统的课程编制过程存在差异，但其在应用时的整体技术架构基本一致。以 Blackboard 平台为例，在该平台上开发课程需遵循以下步骤：第一，创建账户，开设课程。首次使用 Blackboard 平台的课程开发者/应用者需要向本地系统管理员申请账号，该账号适用于后续其开发或应用的所有课程。第二，设计课程。网络课程教学设计与规划是保证网络教学成功最重要的一步，可以参照 ADDIE［analyze（分析）、design（设计）、development（开发）、implement（实施）、evaluation（评价）］模型对课程进行科学合理的设计。在分析阶段，需要澄清教学问题、确定教学目标、确定学习环境以及学习者的现有知识和技能；设计阶段是基于分析阶段而绘制的课程蓝图，这个阶段涉及评价工具、教学主题/内容分析、课程计划和媒体选择；开发阶段的主要工作是根据设计要求创建课程，并对课程进行反复迭代与修正；在完成课程开发并开展相关测试后，部分学习者可以参与到实施阶段中，课程管理人员在这一阶段应随时监视课程情况；在评价阶段，课程开发者可以从多个角度收集反馈内容，并基于评价结果改进课程。第三，整理素材，包括收集、整理、添加和上传课程相关的教学课件、教学材料等。第四，发布课程。按照 Blackboard 平台的应用要求，教师需发布包含课程相关信息（如课程介绍等）、课程基本信息（如课程目标、教学参考书等）、互动教学模板（如答疑区等）、在线测试模块（如课后练习、自测等）等内容。第五，管理与维护课程。教师发布课程后，接下来的工作主要是课程的管理与维护，包括管理和维护课程的相关通知、信息、资源，课程的在线活动、在线讨论、课程评价等，这是一项长期的工作。

第三节　网络学习空间构建的理论模型

一、以学习者为中心的网络学习空间构建模型

以学习者为中心的网络学习空间模型的支撑环境涵盖了两大平台：一是面向 PC（personal computer，个人计算机）用户的网络教学平台；二是面向手机用户的移动学习平台。移动学习平台具体细分为移动 APP 端与微信公众号端，其底层构建依赖于一个数据与资源整合转换的系统。经过该系统处理的数据和资源，被

集中存储于统一的数据库与资源库中。无论是通过移动设备还是 PC 设备，用户均需借助统一的身份验证机制来访问平台。该平台具备跨平台课程构建与学习功能，能确保教学任务与活动在不同设备间实现平滑过渡，支持教学数据智能化同步和离线学习，并且能够无缝集成第三方移动应用（图 3-4）。

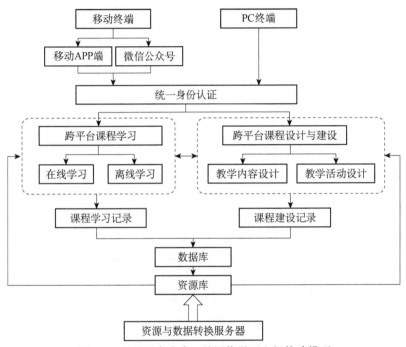

图 3-4 以学习者为中心的网络学习空间构建模型

二、以教育教学活动为中心的网络学习空间构建模型

以教育教学活动为中心的网络学习空间模型融合了云计算体系结构与面向服务的架构（service-oriented architecture，SOA）设计理念，具体由以下层级构成：基础设施层，即 IaaS 层，该层部署了大规模的基础设施与虚拟化资源池；平台构建层，即 PaaS 层，该层级构建了统一的服务中间件及基础教育服务平台；应用服务层，即 SaaS 层，该层级实现了教育应用服务及其服务中心（图 3-5）。此模型的特点体现在如下方面：支持多租户弹性服务获取，促进师生、教育管理者多

方面的协同合作；服务具备高度灵活性，可根据需求进行配置、伸缩，实现持续演进与扩展；支持海量教育资源的分配与共享，以及大规模教育应用请求的并行处理能力。在基础设施层，其结构可细分为物理设施、资源池和运行实例三大组

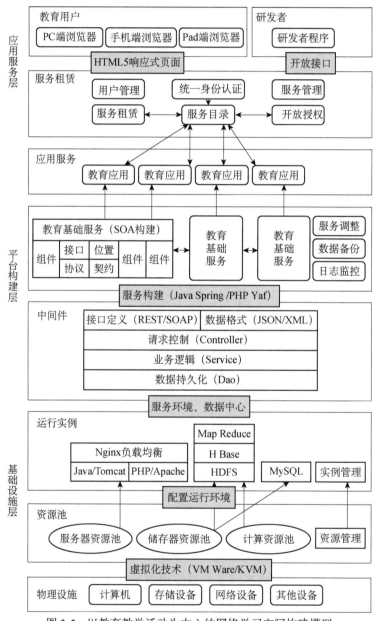

图 3-5 以教育教学活动为中心的网络学习空间构建模型

成部分。该层利用高速网络互联分布式的大规模计算机集群、存储设备集群等硬件资源,通过虚拟化技术,构建起服务器资源池、储存器资源池及计算资源池,并设立资源管理,以实现资源的有效调度、配置与计量。平台构建层则包含中间件与基础教育服务两大模块。中间件为所有教育服务提供了标准化的数据访问、请求控制、业务逻辑处理及数据持久化框架。在此模型中,每个服务接口均按照特定格式发布,并采用特定数据格式进行服务交互。对于访问请求,首先通过Controller 层进行请求控制,随后调用对应的 Service 层服务对象,执行具体业务逻辑,最终通过 Dao 层访问底层数据存储中心,实现数据的持久化存储。应用服务层主要负责实现教育服务内容的用户访问,基于平台构建层提供的基础教育服务,采用 Bootstrap 前端框架与 jQuery 交互技术,开发出多样化的 Web 形式教育应用服务。每个教育应用均是对下层基础教育服务接口的组织与整合,可能涉及多个基础教育服务组件的调用。

三、支持教与学发生的网络学习空间构建模型

为学习者提供真实的学习体验是构建支持教与学发生的网络学习空间的重要起点。在信息技术的支持下,教室不再是学习空间的唯一形式,作为"数字土著"的新一代学习者,他们更倾向于随时随地获得学习体验,并在持续的合作与互动中获得激励,这意味着学习正在变得越来越社会化和非正式化。与教室等正式学习场所的特征相反,支持教与学发生的网络学习空间旨在使学习者能够对资源进行自由访问和与同伴进行顺畅互动,其构建模型如图 3-6 所示。

支持教与学发生的网络学习空间包含正式学习发生的物理空间和非正式学习发生的在线学习空间。其中,在线学习空间包含虚拟社会空间、虚拟学习空间和虚拟个人空间三个部分,支持各类应用设备与程序、移动设备、学习者自带设备等接入。具体而言,学习者可以通过交互式白板或笔记本电脑、手机、平板电脑等设备接入在线学习空间,进而实现同步/异步交流、收发电子邮件、编写博客、图片管理、检索在线资源、参与课程学习、管理个人信息等多种功能,并为教与学活动的发生提供基础保障。

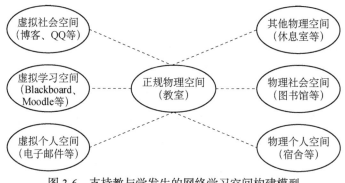

图 3-6　支持教与学发生的网络学习空间构建模型

第四节　基于学习理论的网络学习空间设计与应用

一、基于联通主义学习理论的网络学习空间设计与应用

（一）联通主义学习理论中的知识观

在联通主义看来，知识存在于连接之中，是一种连通化的知识（connected knowledge）。按照变化速度分类，知识可分为"硬知识"（hard knowledge）和"软知识"（soft knowledge）；按照类型区分，知识可分为"知道关于"（knowing about）、"知道如何做"（knowing to do）、"知道成为"（knowing to be）、"知道在哪里"（knowing where）、"知道怎样改变"（knowing to transform）。联通主义学习的知识是一种软知识，其中包含"知道在哪里"和"知道怎样改变"两种类型。知识具有流动性、生长性等特征，其在流动中持续增长和逐步发展。寻径和意会是学习者在复杂的网络环境中凝聚碎片化、分布式信息的核心方式。当遇到新的资源时，个体能够通过寻径和意会的过程建立信息之间的连接，从而促进知识的流动与生长，并在此过程中建立个人学习网络。这一从网络中获取知识的过程遵循着从简单到复杂的路径。此外，知识不仅可以驻留在人类的大脑中，还可以驻

留于诸如网络等非人类的器具中，并且技术能够促进学习。

（二）联通主义学习理论中的学习观

联通主义学习理论主张，学习过程本质上是构建连接并形成网络的过程，这涵盖了内部的神经认知网络、概念性网络以及社会交往网络。在该理论框架下，学习网络模型将部分知识流的处理与阐释任务分配给了网络上的各个节点。因此，个体无须逐一评估和处理每条信息，而是应着手建立一个技术增强型的个人学习网络，该网络由可信赖的人和内容节点组成。学习者需汇集相关节点，并依靠这些节点来获取所需知识，而认知活动则由网络整体来支撑。此时，学习的本质超越了个人范畴，连接性成为推动学习者获取更多知识的关键。联通主义彰显了"分布式认知"（distributed cognition）的观念，并倡导"通过关系促进学习"（learning by relationships）的理念。

（三）联通主义学习理论对网络学习空间设计及应用的指导

1. 构建学习共同体，增强教学交互

分布式学习中的"孤独感"往往导致个体的学习意愿下降，如何增强学习者参与网络学习的持续性是亟须解决的问题。基于联通主义学习理论，学习者的学习通过意会和整合来重构知识经验结构，聚合更多的节点，并与节点中的知识进行联通，从而不断发展个人学习网络，实现个体学习的持续性。知识获取与个人网络建构的过程中包含了丰富的认知和情感参与，因此，在网络学习空间的教学过程中，加强学习者学习的情感付出，培养学习者对团体的信任感，通过一系列的教学活动催生个体对网络学习空间学习的归属感、构建学习共同体等是降低学习者"孤立感"的有效举措。学习者与学习同伴、学习资源、学习环境等共同组成学习共同体并实现交互式学习，使知识节点与实际生活中的具体情境相结合，让学习者亲身体验学习场景，促进学习更加情境化，从而提高教学效果。

2. 优化教学资源，激发学习动机

学习动机是促进学习者参与网络学习的主要动因，是学习者对知识节点连接

的影响因素，有利于促进学习者构建个人学习网络。在此之前，网络学习空间的教学资源是引发学习者学习兴趣的关键。根据联通主义观点，为了激发学习者的学习动机、提高学习效果，可从以下两方面对教学资源进行优化。第一，教学资源应具有多样性。丰富的教学资源能够让学习者在广阔的知识海洋中遨游，有利于提升学习者学习的主动性和适应性，使他们寻求适合自己的学习资源，丰富他们对知识的内在需求。第二，教学资源应具有时效性。在互联网时代，知识信息更新速度快，网络学习空间的教学资源也应更加注重时效性。处于前沿的知识能够更为有效地满足学习者不断变化的学习需求，并由此激发学习者的学习动机。只有不断地优化、更新教学资源，学习者才能在第一时间获得最具前沿性的知识。

3. 创新教学方式，优化网络连接

随着教学环境从线下转为线上，变革传统教学方式是开展线上教学的必然趋势。因此，在网络学习空间中，教师不再沿用原有的教学方式，而是结合各专业的具体实际设计教学情境，创造性地设计符合学习者发展特征的新的教学方式。根据联通主义学习理论的观点，教学过程中的创新必定是对知识节点的灵活联结，进而构建出新的学习网络。在网络学习空间中，若能实现学习者新的学习网络连接，那么其个性化的学习也将随之产生，最终学习者将其在创新网络中获得的创新知识应用于实际，真正的知识创新就此实现。基于此，网络学习空间中的教学方式应基于学习者特征、专业特色等不断优化，并将具体实际问题体现在网络学习空间的教学过程中，提高教学效率，实现教学创新。

4. 完善评价体系，检验教学质量

网络学习空间的教学评价是检验学习者学习效果以及教师教学质量的重要手段。随着隐性知识越来越重要，成绩作为单一的评价指标已难以全面衡量学习者的个体发展。从联通主义学习理论的观点出发，网络学习空间的评价体系应具备多元性，能够从多种角度、全方位地对主体进行评价，具体包含学习者学习成绩评价、教师教学评价和课程体系评价。其中，学习者成绩评价包括教师评价、学习者自评和学习者互评。多维度、多视角的评价体系能够更加全面地检验教学质量。

二、基于社会学习理论的网络学习空间设计与应用

（一）班杜拉的社会学习理论——三元交互理论

班杜拉（Albert Bandura）认为，古典行为主义学习理论中的"刺激-反应"模式无法解释人类所有的学习现象。因此，他将人的主体因素引入行为的因果决定模型中，并将学习由个体的内在封闭活动拓展到社会人际层面活动。他认为，来源于直接经验的一切学习现象实际上都可以依赖观察学习而发生，其中替代性强化是影响学习的一个重要因素。基于此，班杜拉提出了经典的三元交互理论，指出行为、个体以及环境三者之间互为因果，三个要素相互交错、相互影响，并形成了三种相互作用的基本模式[①]。

环境作为一种潜在因素，能够影响行为。三元交互理论认同环境对行为具有影响，且能在特定情境下发挥决定性作用。然而，这种影响是隐性的，只有当人与环境因素相互作用，并由适当行为触发时，环境的影响力才得以显现。在行为显现之前，鉴于个体周遭环境内发生的各类事件常遵循一定规律，因此，人们能依据与环境的互动经验总结出这些规律，并预测特定情境下的行为结果，进而调整自身行为。人类能辨识环境事物的规律性，意味着他们无须通过直接接触事物来积累经验，而是可以通过观察他人行为以调整自身行为。此外，人与环境的相互作用共同塑造了行为。人既非完全受环境支配的被动体，也并非绝对自由的行动者。环境中的外部因素会作用于个体的自我调节机制，并通过这一过程促进自我反应能力的构建与发展。环境、人与行为构成了一个多向关联、交互决定的动态系统。

（二）维果斯基的社会学习理论——文化历史发展理论

在社会文化中，以活动为导向的情境中学习，才是自然的和最有意义的，这一观点已得到越来越多的研究证实[②]。维果斯基（Lev Vygotsky）强调从产生

---

① 娜仁，杨成. 基于班杜拉的交互决定论谈网络教学中的交互[J]. 现代教育技术，2005，15（1）：21-23，27.

② 戴维·H. 乔纳森，等. 学习环境的理论基础[M]. 郑太年，任友群译. 上海：华东师范大学出版社，2002：91-93.

认知的社会与文化背景来理解认知发展的重要性，认为人的学习与发展往往发生在与其他人的交往与互动中，并且通过"工具"的中介作用帮助个体解决问题和达到目的①。

工具制造的过程中凝聚了人类的社会文化知识经验，即一种间接经验的累积，这促使人类的心理发展轨迹超越了生物进化的界限，开始受到社会历史发展规律的深刻影响。据此，维果斯基从个体发展与种系演化的双重视角，深入剖析了心理发展的本质，并提出了文化历史发展理论。该理论阐述了个体心理发展的历程，强调了在教育与环境双重塑造力下，个体心理机能由低级向高级逐步转化的过程。

低级心理机能是个体在发育早期通过直接与外界环境相互作用而呈现的特征；高级心理机能是人所特有的，处于人的控制之下并且源于社会。内化是个体低级心理机能向高级心理机能发展的主要机制。通常而言，内化过程的实现主要借助于人类的语言，只有掌握了语言工具，才能将直接的、低级的心理机能转化为间接的、高级的心理机能。低级心理机能向高级心理机能发展存在随意机能的不断发展、"抽象–概括"机能的提高、心理结构的复杂化和心理活动的个性化四种显著表现。

（三）社会学习理论对网络学习空间设计及应用的指导

以班杜拉的三元交互理论为基础来分析网络学习空间中的交互活动可以发现，一切交互活动都围绕着学习者展开，只有当学习者能够与网络学习空间中的多方进行交互时，网络学习空间中的学习才会获得更好的效果。例如，学习者与学习者之间的交互活动主要是针对学习内容的研讨、情感交流等，指向提高学习者参与网络学习空间应用的积极性；学习者与教师的交互活动主要立足于利用虚拟交互帮助学习者解决疑难、提高成绩，同时增强学习者网络学习的归属感和自信心；学习者与学习内容之间的交互活动主要通过知识内化完成，是学习者掌握知识、形成技能的主要方式，这个过程需要学习行为和环境的通力合作，以促进交互活动的有效发生。

---

① 沈映珊. 认知建构主义与社会建构主义在学习观的分析比较[J]. 现代教育技术，2008，18（S1）：21-23.

维果斯基的文化历史发展理论强调了学习者之间的主体间性，表明学习伙伴应对当前的任务有某种程度的共同理解，能够在现有环境中通过交流与合作共同构建问题的解决方法。以维果斯基的文化历史发展理论为基础来看待学习者个人网络学习空间的应用，一方面，个人网络学习空间给学习者提供了可以互相交流、讨论的环境与平台，能够满足学习者依靠文字、图片以及符号等文化工具进行交流互动的需求；另一方面，个人网络学习空间以 Web2.0 技术为核心，支持学习者将自己的知识与观点进行外化，便于他人将这些观点内化到自己的知识体系中，完成知识的重构与更新。

三、基于泛在学习理论的网络学习空间设计与应用

（一）泛在学习理论概述

泛在学习指向"人人、时时、处处"的学习泛在性，许多学者将其与数字化学习、移动学习进行了对比（表 3-5）。在信息量日益剧增的现代社会里，泛在学习的灵活性满足了学习者在新时代下对信息获取的需求[1]。泛在学习不仅带来了技术文化的革新，还引导了学习者文化形态的改变，其终身性、全民性、广泛性、灵活性和实用性等特点以及其对真实情境、知识建构的强调都是泛在学习的显著特征[2]。因此，我们可以把泛在学习看作数字化学习和移动学习的延伸，它不仅是数字化学习和移动学习功能优化的集中反映，更是多种学习形式长期可持续发展的未来必然发展阶段。

表 3-5　数字化学习、移动学习、泛在学习三种学习形式的比较[3]

类别	数字化学习（E-learning）	移动学习（M-learning）	泛在学习（U-learning）
学习场所	放置联网计算机的指定学习场所	具有移动通信设备且具备无线上网条件	任何地方
学习工具	联网计算机和特定软件	移动通信设备和软件	智能化通信设备

① 　张浩，汪楠. 新时代下的学习新模式——泛在学习[J]. 电脑知识与技术（学术交流），2007（13）：271-272.
② 　肖君，朱晓晓，陈村，等. 面向终身教育的 U-learning 技术环境的构建及应用[J]. 开放教育研究，2009，15（3）：89-93.
③ 　刘富逵，刘美伶. 关于泛在学习研究的思考[J]. 软件导刊（教育技术），2009（2）：5-7.

类别	数字化学习（E-learning）	移动学习（M-learning）	泛在学习（U-learning）
学习支持	通过网络系统获取	通过无线网络系统获取	根据学习者所处环境自动获取
学习终端	PC、笔记本、TV 等	智能手机、ipad 等	PC、可穿戴设备等

泛在学习的基本学习模式可分为非正式学习、准正式主题学习和正式学习。其中，非正式学习是指在当今泛网时代，"生活即学习，学习即生活"已成为一种必然，个体的自我学习将贯穿生命始终。准正式主题学习是指学习者基于本人的动机和爱好，围绕一个经过结构化的主题进行学习，其学习过程、学习资源等受到特定机构的规约，但是不具备强制性的考核标准。正式学习是指基于学习资源和教师的正规、正式的学习，MOOC、SPOC（small private online course，小规模限制性在线课程）等远程教育是典型的泛在学习环境下的正式学习。

（二）泛在学习理论对网络学习空间设计及应用的指导

1. 储备海量的泛在学习资源

在泛在学习环境中，学习者并非被动接收由教师及专家预设的课程内容与活动，而是能积极参与到系统的成长与演进中，吸纳多元化的知识与智慧，贡献个人的学习经验、见解，实现共同的知识建构，"群建共享"学习资源，最终形成一个可以无限扩展的资源生成链。因此，泛在网络学习空间需确保资源能够动态生成并持续进化，允许用户协同编辑资源，并能共享学习过程中产生的新信息，保障学习的持续性与资源的循环利用。借助语义分析功能，网络学习空间能够实现使相同或相似的主题形成联结，并构建逻辑关系明晰、关联度好的资源网络[①]。此时，原来相互独立的学习资源就转化成了一整套逻辑清晰的结构化的组织管理模式，课程中的视频、随堂测验、课后练习、线下实践活动等有机相连，形成一条流畅而贯通的学习路径，即学习链[②]。网络空间中的节点是彼此关联的，空间个体既是知识的消费者，也是连通者和创生者[③]。他们能够借由学习空间的人际

---

① 黄光芳，吴洪艳，金义富. 泛在学习环境下 SPOC 有效教学的实践与研究[J]. 电化教育研究，2016（5）：50-57.

② 沈励铭，朱宁. 职业院校网络学习空间的改进策略[J]. 宁波教育学院学报，2019，21（4）：13-16.

③ 张丽霞，朱霞霞，秦丹. 连通主义视域下的教师个人网络学习空间知识共享与创生策略[J]. 中国电化教育，2019（6）：37-43.

连通功能与其他节点建立联系，进而构建学习共同体。共同体中的所有个体都可以编辑、加工、分享同一内容，由此形成不断循环的网络，确保各类资源在其中的有效流动、进化与更新①。

2. 提供个性的泛在学习服务

学习交互服务是指网络学习空间通过整合多样化的交互应用程序，为使用者开展学习交互活动提供支撑，有效解决了当前多数网络学习空间由于缺乏情感支持，导致学习者共同目标与信念缺失，进而出现孤独感、学习兴趣降低等问题。此外，那些拥有相似信仰、价值观念、目标追求及兴趣爱好的学习者，能够借助虚拟社区的情感联结，构建起具有和谐稳定的网络社会结构、支持共同完成某些任务的共同体。网络学习空间可以基于其收集到的数据进行分析和构建模型，为学习者提供种类丰富的可视化分析结果，如教学与学习行为分析、学习者认知水平分析、学习者综合素质评价等，以支持教学的评估、诊断、预设与决策。

3. 掌握先进的泛在支撑技术

网络学习空间可以记录、跟踪学习者的所有信息，并为学习者精准画像。基于学习者画像，网络学习空间能够自动为学习者推荐适合的学习共同体，融合彼此的学习群体空间，最终实现整个泛在学习网络系统全方位的共享。

个性化推荐是一种基于用户个性化特征而主动推动满足其需求的信息资源的推荐技术。其运行机制如下：首先，基于用户信息构建个性化的兴趣模型；其次，在广泛的信息资源库中搜索与模型相匹配的资源并生成推荐，以精准满足每位用户的个性化需求。

教育数据挖掘（educational data mining，EDM）是数据挖掘技术应用于教育领域而衍生出来的一个概念，其不断发展使得网络学习行为数据获取的难度相对降低。国内学者开发的自动化语义分析功能可以有效缓解人工审核的人力和时间成本，并且大幅度提高了数据分析的效率②。

---

① 张丽霞，王丽川. 论连通主义视域下的个人学习环境构建[J]. 电化教育研究，2014（12）：63-67.

② 劳传媛. 网络学习空间在线讨论语义分析工具的实现与应用[D]. 武汉：华中师范大学硕士学位论文，2019.

——— 第四章 ———

网络学习空间的创新应用模式

　　网络学习空间的应用最终指向的是为有效学习提供强有力的环境支撑。在新的网络环境中，学习已经脱离了简单的在刺激与反馈间建立联系的研究范式，进入一个强调人、技术与环境等多个要素协同作用的新研究阶段，涌现出分布式认知、群体认知以及全球脑等学习理论，为网络学习空间的应用提供了新的研究与实践视角。在本章中，我们将立足新的学习理论创建网络学习空间中的教学模式，研究内容包括三个方面：第一，对分布式认知理论、群体认知理论以及全球脑理论的内涵进行梳理；第二，在分布式认知理论、群体认知理论以及全球脑理论的框架内，对网络学习空间应具有的核心功能、构成要素以及能够完成的学习活动等问题进行论述，探讨利用这些理论支持网络学习空间应用的可行性；第三，在前两部分研究的基础上，完成不同理论支持下的网络学习空间教学模式构建的理论研究。

第一节　基于分布式认知理论的个人网络学习
空间教学模式

一、分布式认知的理论概述

分布式认知作为认知主义领域的一项新进展，突破了传统二元论模式的局限，树立了一种全面审视认知现象的新范式。它借鉴了认知科学、社会学等理论基础与研究方法，主张从由个体、其他个体及人造物品共同构成的功能系统层面来认知现象。分布式认知尤为关注那些在单一个体分析层面难以察觉的认知现象以及个体与技术工具在执行特定任务时的相互作用。它是涵盖认知主体及其所处环境的综合系统，是包括所有参与认知事物的新的分析单元，是对内部和外部表征的信息加工过程①。

分布式认知的概念从正式提出起就展现出蓬勃的生命力。首先，分布式认知采纳了一种全新的分析视角，该视角囊括了认知活动中的所有相关要素，并基于这些要素在认知加工过程中的功能性联系，构建了一个功能系统的框架。此框架揭示了不同媒介间表征状态的关联性，促进了表征媒介之间的协同作用。其次，分布式认知着重指出，认知现象不仅局限于个体内部，还广泛分布于个体参与者、人造物品以及内外部表征之间，进一步延伸至媒介、文化、社会乃至时间维度。再次，该理论还凸显了物质环境对认知活动的重要影响。最后，分布式认知强调了沟通、共享、人与人/人与人造制品之间的相互依赖以及人造制品在分布式认知中的关键作用。

分布式认知理论将学习环境视为动态系统。在该理论视角下，个体认知系统的复杂性根植于各组成部分间的互动能力，它们彼此依存、协同工作以达成目标，而单一部分难以实现这一目标。此外，分布式认知理论强调知识的外部表征

---

① 任剑锋，李克东. 分布式认知理论及其在 CSCL 系统设计中的应用[J]. 电化教育研究，2004（8）：3-6，11.

和思维可视化的重要性，将学习者的观点以文字、图片、视频等方式进行表征，能够有效促进学习者之间的学习成果共享。个体间的交流与共享是实现分布式认知的必要条件。个体内部存储的知识与经验如果不加以共享，则无法构建起分布式认知体系。因此，只有当个体将自身知识以语言、文字等形式进行外化表达时，这些知识才具备了交流与共享的基本条件。

二、分布式认知视角下的个人网络学习空间

（一）基于分布式认知的个人网络学习空间教学模式构建的可行性

个人网络学习空间是以 Web2.0/3.0 为技术基础构建而成的。借助分布式的观念剖析发生在个人网络学习空间中的学习活动可知，分布式认知不仅内嵌于学习者个体之中，更强调个体之间、个体与各种技术工具以及学习环境之间依托交互而彼此生成，关注学习过程中的知识共享、社会互动以及个体内部认知活动与外部技术和资源之间的互融互补。将分布式认知理论作为网络学习空间教学模式构建的理论基础，其可行性体现在以下两个方面。

第一，分布式认知理论为个人网络学习空间强调的"学习是一个系统化交互过程"提供了支撑。分布式认知理论强调，主体的意义存在于主客体的交互活动之中。网络学习空间作为一种在线学习环境，能够支持使用者开展不同类型的交互。在个人网络学习空间中，个体充当着知识交流与转换的基础单位，他们通过知识可视化，将内在的心理表征转化为可供他人识别的外部表征，进而积极参与到网络学习空间的知识循环流动中（图4-1）。

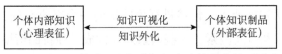

图 4-1　个人网络学习空间中知识交流的基本单元活动

第二，分布式认知理论为个人网络学习空间强调的"学习是一个工具沉浸式的体验过程"提供了支撑。在分布式认知视域中，认知广泛分布于各类媒介中，认知活动可以被看作在媒介间传递表征状态的一种计算过程。随着大数据、人工智能等先进技术的普及应用，大量认知工具能够用于替代人脑内的思维和计算过

程。个体在网络学习空间中也需要运用大量的工具作为完成认知活动的"外部媒介",帮助使用者获取并处理海量的学习资源、参与在线交流与合作、完成个体知识的自我建构,并促进个体知识的表征转化。在这一认知过程中,工具成为认知活动的一部分,实现了完成认知任务的转载、降低个体认知负荷等功能,展现了认知的留存效应,并由此改变了个体大脑的运算结构与方式。

(二)基于分布式认知的个人网络学习空间结构分析

人是网络学习空间中的主体,所有学习活动围绕人而展开。认知广泛分布于个体和个体之间,也分布于资源、工具等制品之中。它们不只充当认知的载体,更是认知生成的重要源泉。情境为开展学习活动提供了相应环境。综上,个体、资源、工具和情境共同构成了个人网络学习空间的四大核心要素。

在个人网络学习空间中,所有参与学习活动的成员均被视为个体元素。其中,学习者占据核心地位,是网络学习空间最重要的主体。资源元素作为学习过程中不可或缺的知识载体,对应分布式认知理论中的外部媒介,促进了知识的传递与共享。这些资源既可以来源于师生的原创,也可以由其他网络学习空间的共享所得,展现出高度的动态性与流动性。工具元素被界定为学习过程中辅助学习者达成学习目标的外在认知工具,被归属于分布式认知理论中的"人工制品"范畴。根据功能的不同,这些工具可被细分为认知协作工具(如论坛、电子邮件,便于个体间交流)、认知负荷转移工具(如计算工具,能有效减轻个体认知负担,使其能专注于更复杂的创造性任务)以及认知可视化工具(如概念图,能将学习者的内隐知识外显化)[①]。情境作为与学习主题紧密相连的具体化场景,对于促进认知发展和激发学习动机至关重要,是个人网络学习空间不可或缺的组成部分。在分布式认知框架下,情境被视为认知的一个组成部分,其中融入了特定的文化、社会背景及时间因素,这些因素共同构成了独特的情境脉络。

(三)基于分布式认知的个人网络学习空间的功能分析

分布式认知视角下的网络学习空间构建了一个以学习者为核心的学习环境,

---

① 刘俊生,余胜泉. 分布式认知研究述评[J]. 远程教育杂志,2012(1):92-97.

同时容纳并鼓励教师的参与和指导，其功能更加个性化、情境化。因此，个人网络学习空间的核心功能可概括为以下三个方面。

1. 个人网络学习空间支持学生建构个人知识网

个人网络学习空间的首要功能是支持学习者构建个人知识网。个体知识的构建需要获取大量的资源，个人网络学习空间中多样化的信息不仅包含教师预设的教学内容、学习者基于个性化学习特征而获取的通过网络推送的资源，还包括教与学活动中生成的动态性资源。知识广泛分布于网络学习空间内，包括但不限于非正式的对话、讨论、习题练习及笔记记录等。学习者不仅能浏览个人网络学习空间内的知识，还能将其与相似内容及其他学习者的空间进行关联。通过借鉴他人的知识成果与学习偏好，学习者能够梳理并完善自身的知识体系，进而构建并丰富个人的知识网络。例如，某些网络学习空间采用"标签"的方式来标记同类知识，通过搜索"标签"，学习者能够轻松关联到其他空间中的同类知识，从而扩展自己的知识体系。个人网络学习空间支持知识的多元来源、广泛分布与有效联通，充分满足了学习者学习课程内容及构建个人知识网络的需求。通过这些学习活动，学习者能够有效地构建个人知识网络，进而提升自身的认知水平。

2. 个人网络学习空间支持学习者完成社会性交互

基于分布式认知理论构建的个人网络学习空间是一个动态的系统，认知分布于人与人相互作用的社会网络之中，社会性交互能够有效促进群体智慧关联。区别于其他的网络学习环境，个人网络学习空间为学习者提供了相互联系的学习环境，身处其中的学习者能够通过与他人互动和交流而形成社会网络。例如，学习者能够添加教师或者其他的学习者为好友，双方进行即时在线通信，或者使用留言板、电子邮箱进行延时通信，也可以通过论坛、聊天室等方式开展群体沟通，群体成员都可以发表自己的见解。

3. 个人网络学习空间支持学生进行资源共享

在个人网络学习空间中，各类资源以分布式的方式储存于人和工具之中。教学内容、交流讨论的文字性材料、图片、链接等都可以作为网络学习空间中分布式储存的资源。当学习者访问这些分布式资源时，被存储的信息得以有效利用与共享，进而呈现出一种持续开放且再生的状态，用以促进个体认知能力的提升。网络学习空间中的资源始终能够支持共享，学习者可以通过浏览他人网络学习空间中的资源来获取知识。个人网络学习空间不仅显著提高了学习者获取资源和信息的速度，还使得资源和信息的整理变得更加便捷，有效促进了个人知识和公共知识之间的交流与共享①。此时，学习者作为群体智慧的贡献者，被鼓励分享和贡献自己的知识。

网络学习空间应具有资源推送功能，用以保障各类生成性资源能够及时被其他学习者接收。基于此，网络学习空间可以应用 RSS 信息推送技术，以实现对空间内生成资源的有效分类与管理，并根据不同学习者个性化的学习偏好，为他们及时推送不同的生成性学习资源②。

三、基于分布式认知理论的个人网络学习空间应用模式设计

根据分布式认知理论可知，认知涌现于系统内各部分的交互行为中，认知元素共同发挥作用。个人网络学习空间可以被视为一个认知系统，认知活动分布于人与人、人与资源、人与环境等多元化的交互之中。基于此，分布式认知视域下的学习活动被划分为自主学习和社会性学习两类，它们既可以独立开展，也可以共同发生。本书以网络学习空间的基本功能和其中发生的两类学习活动为基础，构建了适用于正式学习和非正式学习的基于分布式认知理论的个人网络学习空间教学模式（图 4-2），该模式包括前期准备、活动实施以及反思评价三个阶段，能够将学习者的自主学习与社会性学习有机融合并贯穿于整个过程。分布式学习环境作为一个动态系统，其各个阶段及环节均能根据学习者的实际需求进行灵活调整与重构。

（一）前期准备阶段

前期准备阶段能够为后续活动实施阶段提供基础。在该阶段中，要基于网络学习空间的结构和功能，并结合教学目标的实际要求，制定切实可行的学习计

① 陈媛. 微内容的自组织学习模式研究[J]. 开放教育研究，2014，20（1）：35-41.
② 万力勇，赵呈领，黄志芳，等. 用户生成性学习资源：数字化学习资源开发与利用的新视角[J]. 电化教育研究，2014（5）：53-58.

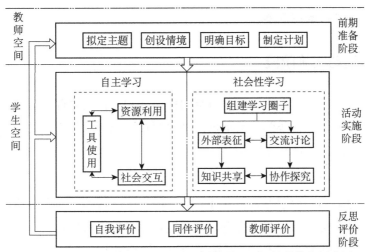

图 4-2　基于分布式认知理论的个人网络学习空间教学模式示意图

划。具体来说，此阶段包括拟定主题、创设情境、明确目标和制定计划。

1. 拟定主题，创设情境

学习主题区别于教材目录及与之对应的课程主题，是围绕整体性的学习内容所设计的具有综合性、发散性的题目，能够采用多样化的学习方式和学习策略进行深入探究，其初衷在于激发学习者的发散性。针对不同的主题，教师构建了不同的学习情境，且这些情境都与学习者的现实生活情境紧密相连。与学习者相关联的学习情境能够有效激发他们的学习动机，同时也能激活其认知结构中的已有知识，进而促进新旧知识之间的联结。

2. 明确目标，制定计划

学习目标是各类学习活动有效实施的前提，清晰且具体的学习目标能够帮助学习者了解学习的最终指向，并为其学习过程提供指引。自主学习活动的学习目标强调学习者与网络学习空间中的各个要素之间的主动交互，主动性是关键。社会性学习活动的学习目标聚焦于知识表征并生成群体性智慧。

学习计划是对学习活动全过程的整体性规划，能够用于指导和制定阶段性的学习活动。合理的学习计划具有激发学习者动力、监督学习者学习过程的作用。在网络学习空间中，线上学习者具有更多的学习自主权，学习计划能够帮助他们有效规划学习过程，避免其游离于教学内容之外。因此，学习计划需要对学习任务、起止时间等进行规约。在教与学的过程中，学习者也可以基于自身阶段性发展对学习计划进行动态调整。

（二）活动实施阶段

在活动实施阶段，个人网络学习空间作为技术平台支撑自主学习活动和社会性学习活动发生。这两类学习活动可以独立存在，也可以相互交叉开展，充分体现了学习过程的动态性和发展性。

1. 自主学习过程

自主学习活动是由学习者自发开展的，他们可以借助教师预设的教学内容、提供外链的教学资源等，基于自身学习情况自主安排学习计划和学习进度。自主学习活动是非线性的（图4-3），具体包含以下几个方面。

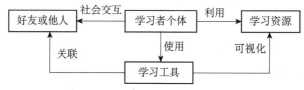

图 4-3　基于资源和工具的自主学习

（1）利用学习资源

学习者与学习资源开展双向交互，是在网络学习空间中开展自主学习活动的必要过程，旨在实现信息获取①。网络学习空间不仅能够帮助学习者获取更加多样化的教育资源，更重要的是能够通过支持学习者进行分享从而生成新的资源。具体来说，学习者获取数字资源的方式主要包括以下五个途径：由教师提供规范化的教学内容或与教材相关的资源；学习者基于过往学习主动分享的资源；其他网络渠道外链的资源；教与学活动中动态生成的资源；网络学习空间资源库中按需推送的资源。

学习者主要通过专题类学习资源、试题类学习资源、开放性网络资源实现资源交互。专题类学习资源是指基于学科知识且与之具有相似主题的学习资源，这些资源通常由教师预先上传至网络学习空间，部分资源也可由学习者借助经验分享、资源共享等分享至平台。试题类学习资源是与学习专题相互对应的资源，能

---

① 潘庆红. Web2.0 环境下学习行为的基础——网络自主学习形态研究[J]. 中国远程教育，2012（11）：35-39，95.

够用于评估学习者的学习成效。试题类学习资源通常也具有动态性，学习者在参与测验后，系统会动态生成错题库资源。开放性网络资源通常是指外链的各类网站、电子书等，这些资源能够帮助学习者"一通万物"。

分布式系统能够支持资源的广泛分布和无线扩展。祝智庭等在其研究中提出了一种数字化教育资源建设的新型实现机制——"网众互动生成机制"，它是指网络用户共同创建、使用、分享资源，汇聚集体智慧，其动力主体为个人[①]。在基于分布式认知构建的网络学习空间中，资源的价值不仅源于创造者，更来源于每一个个体在建立连接、双向交互的过程中所展现出的群体性智慧，他们共同为资源共享和群体智慧的生成贡献力量。

（2）利用空间中的学习工具

个人网络学习空间提供了大量的学习工具，这些用于促进学习者认知探索和认知思考的学习工具，都可以被视为认知工具。在本书中，工具被划分为以下三类：认知协作工具、认知负荷转载工具、认知可视化工具。这些工具超越了简单的信息传递功能，与学习者具有同等的地位，各自承担起特定的认知职责，与学习者形成了一种表征交互的协同关系。

在个人网络学习空间中，学习者借助各类学习工具开展学习的途径如下：①获取知识。学习者利用信息检索工具，能够获取海量的信息与知识。②共享知识。学习者利用各类认知工具分享观点，进而实现知识共享，如参与论坛中的主题讨论。③连接网络系统。个人网络学习空间中的工具可以将网络学习中的各要素联结成完整系统，使人与人之间的互动增强，促进知识共享的延伸与扩展。例如，即时通信工具能够帮助学习者在协作过程中及时交换信息。④辅助评价。个人网络学习空间中的评价工具，如电子档案袋等能够优化传统评价方式，通过追踪学习者的学习轨迹以提供过程性数据。

（3）社会交互

自主学习并不是孤立的学习，适度的社会交互同样至关重要。社会交互是指学习者依托网络学习空间及其中的各类工具，与其他个体或群体发起沟通，目的在于通过协商讨论解决问题。根据对师生在线互动中语言模式的研究，广泛性问题（如"什么""为何""如何"等）占据较高比例，这类问题对于锻炼学习者的

---

① 祝智庭，许哲，刘名卓. 数字化教育资源建设新动向与动力机制分析[J]. 中国电化教育，2012（2）：1-5.

思维能力、提升其认知水平尤为有益①。因此，在社会交互环节中，学习者应重视提问策略，以便有效获取信息。实现社会交互的方式较为多元，包括发送即时消息、留言或通过电子邮件请求协助等。

2. 社会性学习过程

社会性学习活动的核心在于整合不同学习者的观点以构建群体的智慧关联。个体可通过两种途径参与社会性学习：一是分享可以表征的知识；二是建立学习社群。两类途径都需要以构建包含人与人、人与物之间的多重社会性关联为前提，在此基础上才能实现知识共享。因此，基于群体智慧的社会性学习活动主要包括组建学习圈子、交流讨论、外部表征、知识共享、协作探究等，这几个过程是相互交织、共同推进的（图4-4）。

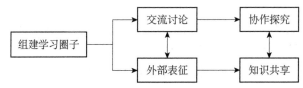

图4-4 基于群体智慧的社会性学习过程

（1）组建学习圈子

分布式认知理论关注各要素间的相互作用，发生交互的前提在于实现网络学习空间之间的互联互通，以确保不同网络学习空间内的人员、资源及工具能够相互可视与访问。因此，要使学习者与同伴、教师、学习组织等建立关联。学习者可以通过"加关注"或"加好友"实现个体与个体之间的单向或双向关注。针对群体性关联，一方面，具有共同学习目标的个体可能基于某个共同感兴趣的主题组成群组；另一方面，学习者可以以公开的方式发布资源，进而吸引对该主题有兴趣的人并相互关注，形成关于某个资源的学习圈子。

（2）交流讨论

交流有利于学习者解决学习过程中的问题，促进个体知识建构与习得社会技能②，并与其他个体产生认知交换③。交流的内容来源于个体既有的知识经验，同时也汲取自个体在网络学习空间中参与自主学习获得的新知。在网络学习空间

---

① 孟庆军. 国外基于网络学习的社会交互研究透视[J]. 外国教育研究，2007（10）：76-80.

② 钟志贤，张琦. 论分布式学习[J]. 外国教育研究，2005（7）：28-33.

③ 周国梅，傅小兰. 分布式认知——一种新的认知观点[J]. 心理科学进展，2002（2）：147-153.

中，学习者之间的交流形式多样，包括但不限于借助即时通信工具沟通、在论坛讨论区组织研讨、通过留言板交换意见等。以下是小组交流讨论的基本流程。

第一步，为学习做准备。学习者在开展小组学习活动之前，要了解自己的学习风格、认知风格等，并且确保自己具备一定的沟通技能、人际交往技能等。同时，要了解组内其他成员，建立起基于信任、尊重及理解的团队关系至关重要。明确群体共同学习目标后，学习者应设定个人目标，并据此采用适宜的学习策略。

第二步，发表观点，协商讨论。小组成员围绕学习任务进行分工，在各自整理相关资料后，通过发表观点、协商讨论等方式开展互动交流。此阶段为群体知识增长与智慧凝聚的关键环节，学习者能够通过吸纳他人观点，进而完善自身想法。

第三步，进行及时监控。在小组学习过程中，对学习进度的监控与调整不可或缺。组员间应相互监督，避免懈怠与敷衍，定期进行组内过程性评估，以检验每位学习者的学习成效与努力程度。这一步也可用于评估小组是否达成阶段性学习目标。

（3）外部表征

表征是对符号进行记录的过程。信息技术的不断进步催生了外部表征的概念，这一概念指的是利用工具将思维以脱离个体头脑的外在形式（如文字、图片、视频等）表现出来①。在网络学习空间中，为了促进知识的共享与群体智慧的凝聚，有必要将学习者的见解或学习成就转化为外在的表征形式。知识的外部表征涵盖知识视觉化表征，如采用文字、图像、思维导图等可视化符号来传达抽象的符号含义。此外，学习者在空间内发布的任何信息，如观点、感悟、作业等，均构成其外部表征。学习者应主动在网络学习空间中表征知识，并可利用各类学习工具（如标签、笔记）对知识进行分类与组织，以确保知识条目条理清晰，便于日后检索所需信息。

（4）知识共享

知识并非静态地存储于个体思维中，而是一个动态的关系过程，体现为交流沟通的活动，而学习正是在这些交流互动引发认知变化时发生的。分布式认知理

---

① 朱永海，张舒予. 知识视觉表征：知识可视化的实践途径[J]. 电化教育研究，2013（8）：17-23.

论着重指出，群体间共享相关信息是确保任务得以顺利完成的基石①。在网络学习空间中，知识共享主要通过知识的获取与互通两种方式实现。知识获取也可被称为享受知识，是学习者接收外部知识，通过个人的理解、内化过程，将其转化为个人知识体系的一部分，并在此基础上孕育新知②。此过程不仅深化了学习者对知识的领悟，还促进了知识的累积与群体智慧的丰富，推动了知识的边界拓展。知识互通则是指学习者之间进行知识的传递、交换与转化，网络社会的知识互联性有效弥补了单个个体知识的局限性。

（5）协作探究

网络学习空间为学习者提供了一个支持协作探究的学习环境。当学习者面临难题或期望与同伴协同完成学习任务时，他们能够在自己的网络学习空间中邀请其他学习者加入，共同解决问题并参与协作探究。在此过程中，学习者之间持续开展交流研讨、信息共享，深入探求知识真谛，每位成员都贡献其智慧。此过程包含观点的展示、对他人成果的了解、所需资源的共享、相互反馈的提供等，并最终促成了群体共识的达成。

（三）反思评价阶段

反思和评价是学习过程必不可少的阶段。反思贯穿着学习过程的始终，个人网络学习空间中的工具为学习者开展反思活动提供了多样途径，学习者可以通过写日志、批注等方式进行反思。评价主要包括自我评价、同伴互评和教师评价，用于评估学习者的学习成果。自我评价是个人网络学习空间中的主要评价方式，能够从学习者个体视角真实准确地反映其学习情况。学习者可以基于量规定期自评并撰写心得体会，开放的自评内容可以获得教师和其他同伴的反馈，并产生激励作用。同伴互评是实名开展的，同伴对学习者的评价有助于学习者提升自身的评价和反思能力。教师评价是指教师以评语的方式，真实地评价学习者的学习成果。基于个人网络学习空间的应用特点，本书从资源利用、工具使用等角度编制量规，作为评价学习效果的参考标准（表4-1）。

①　任剑锋，李克东. 分布式认知理论及其在 CSCL 系统设计中的应用[J]. 电化教育研究，2004（8）：3-6，11.

②　尹睿，彭丽丽. Web 2.0 个人学习环境的知识共享方式及评价[J]. 开放教育研究，2015（2）：78-88.

表 4-1　学生应用个人网络学习空间的评价标准

评价项目		评价等级		
		A（5分）	B（3分）	C（1分）
资源利用	按时学习导学资源			
	浏览、搜集文章等资源			
	发布、上传自己的资源			
工具使用	按时完成在线检测、课后作业			
	加好友，留言、收发电子邮件			
	编写、转发、点赞、收藏文章			
知识共享	与他人分享自己搜集的资源			
	与他人分享自己的成果			
	评论他人的文章或作品			
交流讨论	与好友互通信息			
	解答好友的疑问			
学习成果	在规定时间内提交作品			
	作品质量高			
总分	A（≥45分）		B（≥30分）	C（≥15分）

第二节　基于群体认知理论的个人网络学习空间应用模式

一、群体认知的理论概述

（一）群体认知的内涵与特征

众多学者采用诸如群体智慧、集体智慧等术语来阐述群体认知，对群体认知这一概念展开了深入探讨，并从多个角度诠释了其内涵。有研究者将群体认知视为群体在共同合作完成任务的过程中表现出的一种能力[1]，也有研究者把群体认知看作群体中的个体的认知协同过程[2]。表 4-2 归纳总结了国内外部分研究者所使用的"群体认知"相关术语及其概念。

表 4-2 国内外有关"群体认知"概念的界定

研究者	概念
Smith	群体智慧是指具有相同信念的群体在共同完成一项任务时表现出来的超强凝聚力与极高智慧[3]
Kaplan	群体智慧是指群体产生的大于个体智慧总和的智慧，体现为群体解决问题的能力大于个体，群体做出的决策比个体更准确[4]
甘永成	集体智慧是群体成员的个体智能经过发散、汇聚、凝聚和创造的过程而产生的，是群体进一步认识问题的能力[5]
黄晓斌，周珍妮	群体智慧是指群体成员利用个体已有的知识、技能与经验，与其他成员进行思维交互、互相启发、协同合作，从而形成优于成员个体的智慧[6]
刘海鑫，刘人境	通过网络将大量松散的个人、现代企业和组织集合在一起，通过互动或集体活动产生高于个体所拥有的理解事物和解决问题的能力[7]
苏寒	群体以及群体成员之间经过不断冲突、协作后，使自己的知识、技能转化成优于个体及群体的共享智慧，从而能够处理更难、更复杂的问题[8]
张赛男	集体智慧是利用个体的独立性与多样性，有意识地发展个体与集体之间的关系，强调学习者主动参与和彼此间的交互，是个体智慧在互动中创造生成的群体智慧[9]

---

① Smith J B. Collective intelligence in computer-based collaboration[J]. Journal of the American Society for Information Science，1995，46（10）：793-795；Leimeister J M. Collective intelligence[J]. Busuness & Information Systems Engineering，2010，2（4）：245-248；舒杭，王帆，蔡英歌. 面向群体智慧的新型微群教学模式的构建[J]. 现代教育技术. 2015，25（8）：19-25；张剑平，胡玥，夏文菁. 集体智慧视野下的非正式学习及其环境模型构建[J]. 远程教育杂志，2016（6）：3-10；刘海鑫，刘人境. 集体智慧的内涵及研究综述[J]. 管理学报，2013，10（2）：305-312.

② 杨移贻. 大学教师学术职业的群体认知[J]. 高等教育研究，2010，31（5）：52-55；王新民，汤兵勇，Xu L. 群体认知的马尔可夫链模型[J]. 东华大学学报（自然科学版），2001（3）：100-103.

③ Smith J B. Collective intelligence in computer-based collaboration[J]. Journal of the American Society for Information Science，1995，46（10）：793-795.

④ Kaplan C A. Collective Intelligence：A New Approach to Stock Price Forecasting[C]. Proceedings of the IEEE International Conference on Systems，Man and Cybernetics：e-Systems and e-Man for Cybernetics in Cyberspace，Tucson，USA，2001.

⑤ 甘永成. 虚拟学习社区中的知识建构和集体智慧研究——以知识管理与 e-Learning 结合的视角[D]. 上海：华东师范大学博士学位论文，2004.

⑥ 黄晓斌，周珍妮. Web2.0 环境下群体智慧的实现问题[J]. 图书情报知识，2011（6）：113-119.

⑦ 刘海鑫，刘人境. 集体智慧的内涵及研究综述[J]. 管理学报，2013，10（2）：305-312.

⑧ 苏寒. Web2.0 环境下的群体智慧及其在决策中的研究[D]. 合肥：合肥工业大学硕士学位论文，2013.

⑨ 张赛男. 基于集体智慧的开放学习资源聚合与分享研究[D]. 长春：东北师范大学博士学位论文，2014.

以上概念界定的侧重点有所不同，但群体认知源于协作与竞争已成为学者的共识。同时，群体认知不是个体智慧的简单叠加，而是通过个体间大量的互动和交流而生成的高于个体总体的智慧。结合已有研究，我们认为群体认知可以等同于群体智慧和集体智慧，并将其界定为：群体中的各个成员为了完成共同的学习任务，基于个体认知开展分享、交互、协作和创新，并在此过程中形成优于个体认知的群体认知或群体智慧。

在不同学者看来，群体认知可以被视作一种决策能力、一种创造性生产力、一种分布式计算过程、一种有关连结的智慧等①。尽管学者对群体认知的界定千差万别，但对其特征可以概括为准确性、动态性和完备性。

从群体认知的准确性特征来看，一方面，相较于单个个体的单一性视角，基于群体认知产生的社会性标签更具有复杂性，能够蕴含更多原本没有直接表达的内容。集体智慧在决策制定与预测方面的准确性同样明显。通过集体智慧达成的决策，其质量通常超越任何单一集体成员，乃至行业领域内专家的个人决策。在满足群体成员具备相关专业知识、信息充分，并且观点多元化的条件下，运用集体智慧进行预测，不仅能超越个人预测，还能达到与专家预测相当的高水准。

从群体认知的动态性特征来看，成员实时参与能够提升集体智慧的水平，确保其与客观现实保持同步的动态状态。集体智慧通过自动化生成，能够融合多媒体元素和社会性因素，展现出高度的动态适应性，从而成为一种更为高效的知识管理工具。

从群体认知的完备性特征来看，集体智慧源于众多不受时空局限、拥有多样知识和技能的个体，因此具有完备性。以维基百科为例进行研究可以发现，得益于其基于 web2.0 直接发布信息的应用模式，任何人可以在任何时空对维基百科中的内容进行编辑和管理。同时，其开放性、协作性的特征能够支持社群成员在共同协作下进行新知识的创造②。维基百科作为集体智慧的平台，显著提升了知识生产的效率，并带来了多方面的益处。

---

① 郁晓华，江绍祥. 在线教与学集体智慧的有效利用：学习分析的视角与架构[J]. 开放教育研究，2016，22（3）：98-106.

② 李纲，赵杨. 基于 Wiki 的组织内部知识共享[J]. 江西社会科学，2006（7）：50-53.

（二）群体认知的生成过程

群体认知的生成过程是成员之间相互作用的动态历程，这一过程实现了个体的分布式认知向共同体的集体智慧的跃迁。个体智能至群体认知构成了一个连续的发展谱系，其演进可细分为个体多元智能、合作智能、集体智能及群体认知四个层面。群体认知的螺旋式上升周期涵盖发散、收敛、凝聚与创新四个阶段，而群体中个体智能间的互动则体现为自我组织、交互连接、智慧聚集及共同创造四种形态。结合甘永成与祝智庭关于虚拟学习社群中知识构建与集体智慧发展的学习框架①，以及共创性学习的理论，我们认为群体认知在线学习活动中的生成过程如图 4-5 所示。

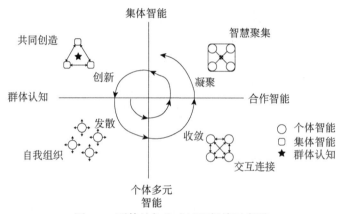

图 4-5　群体认知生成过程螺旋示意图

从个体认知发展到群体认知经历了"个体—小组—群体""低级—高级""弱小—强大"的发展过程，这一过程是动态螺旋上升的②。从群体认知的发展过程来看，其可分为发散、收敛、凝聚和创新四个阶段，整体过程起始于个体多元智能的发散，经由不相关的个体向群体内部成员之间建立联系的转变，成员之间通过互动与合作，孕育出合作智能。随后，在学习任务中，合作智能被应用于问题解决，进而凝聚成集体智能。集体智能在此基础上进一步创新，生成超越个体认

---

①　甘永成，祝智庭. 虚拟学习社区知识建构和集体智慧发展的学习框架[J]. 中国电化教育，2006（5）：27-32.

②　甘永成，祝智庭. 虚拟学习社区知识建构和集体智慧发展的学习框架[J]. 中国电化教育，2006（5）：27-32.

知简单累加的群体认知。此进程呈现出循环迭代的特点，持续推动认知向更高层次发展，形成了一个螺旋上升的循环模式。

1. 自我组织——发散

每位学习者作为具有差异性的独立个体，在学习能力、学习风格、学习偏好等方面存在区别。因此，针对同一问题，不同的学习者可以产生不同的观点，这些观点在学习者的持续交互过程中不断重新组织。在这个思维发散的过程中，不同学习者能够从不同角度对同一问题进行探讨、分析，个体思维又在与他人思维碰撞的过程中形成新的思想和新的认知。

2. 交互连接——收敛

交互连接是思维由发散到收敛的过程。学习者个体的差异性导致其对同一问题具有不同的看法和观点，不同学习者的思维在交流的过程中相互碰撞、相互延伸，并逐渐完善。观点冲突的过程即群体冲突。在这一过程中，教育者扮演着指导者的角色，引导讨论的正常开展，促使问题求解向收敛方向迈进，推动群体之间逐步达成共识。收敛思维指向在问题解决的过程中，个体借助已有的经验和认知结构，将海量的信息及可能用于解决问题的策略进行处理，从而将其逐步纳入有序的逻辑结构，并最终形成具有逻辑性的结论。与发散性思维相对立，收敛性思维的过程是一个由大至小、由面至点的过程，目的在于从海量信息中选择最优方案或形成最优结论。

3. 智慧聚集——凝聚

经过上一阶段思维的收敛聚合，原本碎片化的观点逐渐汇聚成整体性的观点，学习者的个体认知也在"发散—聚合"的过程中持续深化。此时，个体之间的互动和交流进入更高的认知水平，群体内成员围绕共同形成的整体性观点开展群体建构，将其加工处理为完整的结论，从而凝聚团队的集体智能。这一阶段是学习者个体和群体之间的双向交互（图4-6）：首先，个体与群体能够在多次交流协商过程中共享观点，将个体隐性知识外化为个体显性知识；其次，个体能够将零碎的知识组合化，并外显为所有人可见的知识系统，即形成群体显性知识；最后，群体显性知识能够通过内化成为群体隐性知识，并通过社会化过程被个体吸收，最终丰富学习者的个体认知。在此过程中，学习者个体知识体系的不断积累与重构丰富了群体的知识体系，与之相对应的是，群体智能的凝聚也促进了学习者个体认知的发展。

图 4-6   学习者个体与群体之间知识共享

4. 共同创造——创新

经过发散、收敛、凝聚三个阶段后，群体逐渐具备一个相对完备的知识体系。此时，群体确立了清晰的学习目标，构建了高效的问题解决策略，并展现出远超个体智慧简单累积的集体智能效应。在群体中，学习者需积极主动地进行探索性与创新性学习，不应仅满足于问题解决方式的获取，更应着重培养创新意识、锤炼创新思维及提升创新能力，以达到更高阶的思维层次。通过综合归纳多样化的观点，不仅能催生新的问题视角，还能促进新知识的创造，这一过程既加速了群体认知的形成，又有效激发了个人创新潜能与认知发展，最终实现了个体知识的创新与涌现。

二、群体认知视角下个人网络学习空间应用模式构建的可行性

（一）群体认知为个人网络学习空间中实现多向且深度互动提供支撑

"个人的认知结构是在社会交互作用中形成的"[①]，从这一视角来看，学习本质上是一种社会交往的过程。传统在线学习模式往往将学习者置于孤立、单向的学习情境中，导致他们的思维模式趋于单一，且学习过程缺乏即时反馈，进而影响了学习效果。相比之下，在基于群体认知构建的个人网络学习空间应用模式下，学习者不仅可以与内容进行交互，还可以与教师、同伴开展丰富的互动，思

---

① 张立新，张丽霞. 生态化虚拟环境的设计与开发[M]. 北京：科学出版社，2011：4.

维相互碰撞、彼此启发，由此促进了多维度且深层次的交流互动。

（二）群体认知为个人网络学习空间中优化问题解决策略提供支撑

群体认知对于问题解决具有积极作用。由于学习者个体间认知水平的不均衡，他们在审视问题的视角、理解问题的深度以及解题策略等方面均展现出差异性，这可能导致他们在问题解决过程中出现分歧。然而，群体认知能够弥补个体思维的局限性，通过集体智慧的融合，促使问题解决方案更加严谨且精确。

（三）群体认知为个人网络学习空间中促进知识创新和产出提供支撑

学习者基于某一共同的学习目标或学习任务形成共同体，共同体内的成员积极主动地探索并开展创造性的学习活动，为群体贡献其独特的智慧，实现知识的共享与协同构建。不同群体之间会出现多样化的观点碰撞，个体在整合并分析各类观点的基础上，能够衍生出新的问题，进而促进新知识的创造。这一过程不仅彰显了个体的认知能力，也推动了群体认知的拓展与深化。

三、基于群体认知理论的个人网络学习空间应用模型设计

设计基于群体认知理论的个人网络学习空间应遵循以学习者为主体，有针对性地满足学习者需求，鼓励个体与个体、群体、机器等充分互动，支持各类资源的开放存取等。基于个人网络学习空间的设计原则，参考以系统理论为中心的教学设计模式，本研究提出了如图 4-7 所示的基于群体认知理论的个人网络学习空间应用模型。该模型分为准备阶段、实施阶段和评价阶段。

（一）准备阶段

准备阶段的实施主体是教师，主要包括活动主体分析、课程内容分析和活动目标设计。其中，活动主体分析指向分析学习者的一般特征、初始能力和学习风格。学习者作为网络学习空间中参与各类学习活动的主体，其学习背景、学习动

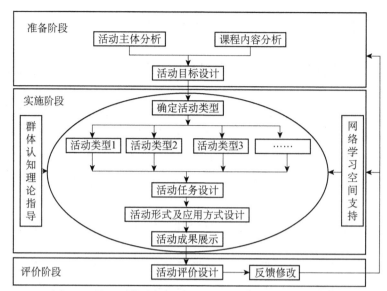

图 4-7   基于群体认知理论的个人网络学习空间应用模型

机、最近发展区等会直接影响教学设计者对教学内容、教学方法等的选择①。在课程内容分析部分，教师可以通过分析学习内容以确定课程的重难点及知识的内在逻辑。在此基础上，教师可以从知识、能力和情感三大维度来设计活动目标，不同的目标又可以被分解成具有内在关联的子目标。同时，不同学习活动的目标侧重点各有不同，如互动交流型活动侧重学习者协作意识的提升以及群体凝聚力、认同感的增强。

（二）实施阶段

实施阶段是应用个人网络学习空间的关键阶段，这一阶段的开展需要多样化的学习工具（如成长档案袋等）作为支撑。在这一阶段，需优先确定学习活动的类型，针对不同的学习活动，教师可以设计具有趣味性、挑战性的学习任务，或基于学习者学习过程中的问题需求设计动态性任务②。在此基础上，教师可以进一步设计活动形式及应用方式，在线学习活动形式包括聊天、互动评价、发帖、作业和测验等；应用流程包括操作序列、进度安排等。最终，学习者可以通过形

---

①   乌美娜. 教学设计[M]. 北京：高等教育出版社，1994：59-69.
②   刘静. 基于活动理论的在线学习活动设计——《数据结构》课程在线学习活动的设计与实践[D]. 保定：河北大学硕士学位论文，2009.

成性学习成果、总结性学习成果或两者相互结合等方式来展示学习活动成果①。在个人网络学习空间中，其学习活动大致可分为个体分享型、互动交流型、整合汇聚型和创造生成型，不同类型的学习活动所对应的实施过程有所不同。

1. 个体分享型活动

个体分享型活动着重于提升学习者的自主学习意识及培育资源共享的良好品质。在此类活动中，学习者以网络学习空间为支撑，将已有的资源、经验、学习成果等分享给其他个体或群体。这类活动不仅有利于知识的流动，同时也能够促进分享主体实现深度学习。网络学习空间中个体分享型活动的应用模型如图 4-8 所示，其应用流程包括确定学习目标、开展自主学习、分享个体成果三个环节，在每个环节，教师及学习者分别对应不同的活动。

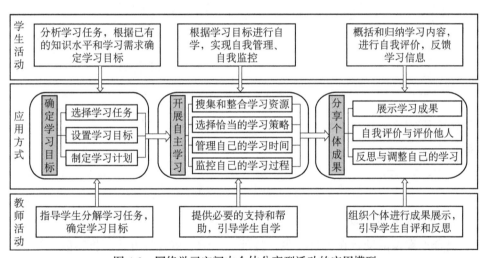

图 4-8　网络学习空间中个体分享型活动的应用模型

2. 互动交流型活动

在个体分享型活动的基础上，互动交流型活动得以展开。它侧重于群体间的交流与互动，适用于具有挑战性、学习者个体无法单独完成学习任务的学习场景。群体成员在分享个体认知的基础上与其他个体或群体开展互动交流，在持续的观点交织与思维碰撞中，学习者之间的了解和信任不断加强，学习者个体的思维活跃度、认知程度、批判性思维等进一步提升。在个人网络学习空间实时讨论

---

① 刘铭. 以在线学习活动为引领的开放教育教学设计尝试——以"大学英语"为例[J]. 电化教育研究，2013（6）：50-56.

与异步讨论工具的支撑下，互动交流型活动的应用模型如图 4-9 所示，其应用流程主要包括讨论主题的生成与确定、讨论活动的实施与开展、讨论过程的协商与修正、讨论结果的形成与完善，师生在不同阶段分别开展不同类型的活动以实现应用。

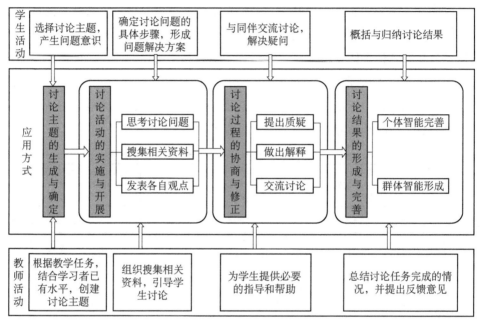

图 4-9　个人网络学习空间中互动交流型活动的应用模型

3. 整合汇聚型活动

整合汇聚型活动旨在通过收集、整理、归纳、聚合等方式，将零散的知识点构建成一个系统化的知识体系。此类活动以合作学习任务为基础，强调学习者之间的分工与合作，并以小组形式展示最终的学习成果。此类学习活动有利于解决个人网络学习空间中信息冗余的问题，能够有效增加学习者获取和筛选有效信息的能力，并提升群体学习的效果。个人网络学习空间的讨论区不仅可以完整地呈现讨论结果，同时也可以留存个体参与讨论的轨迹，使讨论过程可视化。整合汇聚型活动的应用模型主要包括组建合作小组，确定合作任务，以及设计合作学习活动、开展合作学习活动、展示小组合作成果、评价与反思五个环节，如图 4-10 所示。

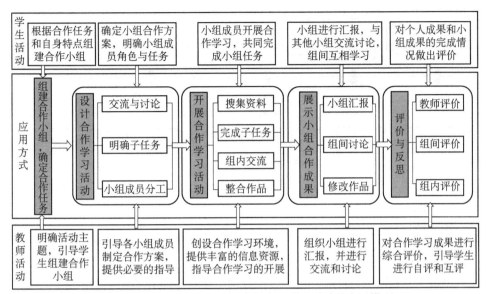

图 4-10　个人网络学习空间中整合汇聚型活动的应用模型

4. 创造生成型活动

创造生成型活动主要围绕问题探究任务展开，以问题解决为焦点，促进思维的扩散与知识的创新。此活动类型严格遵循"生成—内化—外显"的基本流程，促进了学习者隐性知识向显性知识的转化，并实现二者的循环互动。当学习者完成个体信息加工时，个体知识创生即发生，而当学习者处于某一群体内并基于知识交流协商时，群体知识创生就会实现①。群体知识创生是以个体知识创生为基础而展开的知识转化与流动过程，能够反向促进个体知识创生的发生。个人网络学习空间中的各类教育资源能够帮助学习者体会活动情境中的隐性知识；互动评价、讨论等功能能够促进人与人之间的交流互动，实现知识由内隐到外显的转换；知识共建功能可以支持个体显性知识的组合化等。创造生成型活动的应用模型主要包括创设问题情境、分析问题解决方法、自主探究、讨论交流、知识生成五个环节，如图 4-11 所示。

---

① 张立新，秦丹. 分布式认知视角下个人网络学习空间中有效学习的保障路径研究[J]. 电化教育研究，2018（1）：55-60.

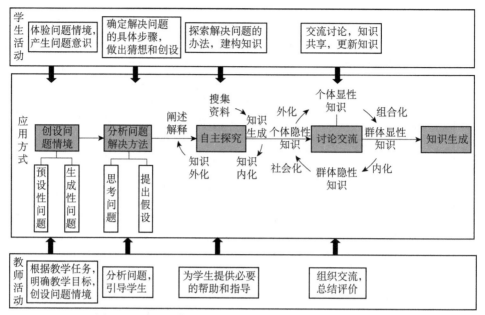

图 4-11 个人网络学习空间中创造生成型活动的应用模型

（三）评价阶段

学习成效评估设计关注的是如何衡量学习者是否达成既定的学习成果，这一过程涵盖了对学习活动过程的评价及活动效果的评价。换言之，活动评价设计的关键在于制定评估的策略、手段及准则，即确立活动评估的规范体系[①]。在网络学习空间中，学习者的参与度和投入度会对活动效果产生影响，而活动效果则通过具体的学习产出得以体现。在学习过程中，网络学习空间能够全面记录学习者的所有学习活动，生成个性化的电子学习档案。通过档案分析手段，我们可以统计学习者对学习资源的使用情况，如访问学习空间的频次与持续时间，论坛发帖数量，资源的浏览、上传及下载次数等，以此来评估学习者的参与度。

① 李炜，张润芝，张艳霞，等. 基于数字布鲁姆的国际汉语在线学习活动设计[J]. 中国远程教育，2016（4）：23-31，79-80.

第三节　基于全球脑理论的个人网络学习空间的应用研究

一、全球脑理论概述

（一）全球脑的定义与内涵

21 世纪初，《地球脑的觉醒：进化的下一次飞跃》一书中首次提出"全球脑"的概念①，包含生物神经网络与数字神经网络两种诠释角度。从生物神经网络的角度出发，全球脑是人类由个体到群落乃至整个社会共生的强大载体，也是群体智慧的最高级形式，其演化进程是人脑智能持续扩大的过程。人类社会中其他"细胞"，如人工制品、建筑等也被纳入全球脑之中，它们和人类个体与集群相互影响、不断演变。从数字神经网络的角度出发，信息基础设施与实体基础设施共同构成全球脑的传输通道，其飞速发展使得人、机、物在任何时间、任何地点的互联互通成为现实②。世界范围内各个要素、系统联系在一起，重新构成一个新的全球性系统，即地球神经网络。综上，全球脑作为一个整体大脑，能够将每一个个体的人脑作为基础单元（或称之为神经元），将计算机所构成的全球网络信息处理系统作为连接各个神经元的通路，将个体所产生的思想、观点以及各类人工制品作为传输的载体。

（二）全球脑的特征

全球脑的核心特征包括以个体大脑发展为核心、以群体发展为路径、以人机多元互联为依托，以及以自组织为动力。一方面，个体大脑作为全球脑产生、运

---

① 彼得·罗素. 地球脑的觉醒：进化的下一次飞跃[M]. 张文毅，贾晓光译. 哈尔滨：黑龙江人民出版社，2004：9.

② 贾益刚. 物联网技术在环境监测和预警中的应用研究[J]. 上海建设科技，2010（6）：65-67.

行、演化的基本独立单位，彼此之间的相互联结为全球脑内的信息流通建立了交互的通路，其智慧增长促进了全球脑智慧总量的增长；另一方面，群体发展能够为全球脑带来比单个子系统更强大的功能，并能够从把握个体大脑发展的方向，为个体智慧的提升带来全新的维度。

全球脑内的多元互联突破了以往思维联系中的收敛性和单向性，使得个体在相对独立的前提下同时具有发散性与交互性的特征。具体来说，在全球脑去中心化的分布式结构中，各个要素以分散和独立的方式加工、储存与传递信息，最终对结果进行汇总，使整体具有不同视角的发散性特征。同时，要素之间的交互方式不再是线性的，而是从各个角度进行激活扩展。

自组织是全球脑的本质特征与演化发展的根本动力，来源于系统本身的复杂性、开放性与非平衡性。其中，复杂性是实现全球脑自组织发展的基本前提：数字神经网络与生物神经网络的不断丰富发展，促使全球脑作为更上位的形态避免了线性或单一化发展。从开放性角度来看，各类参与要素不断进行交互，交互过程中所包含的输入与输出使得全球脑的总体能量得到平衡，从而使全球脑始终保持活跃状态并形成有序结构。从非平衡性来看，异质要素的参与使得全球脑内持续产生冲突，而全球脑解决问题的过程实质上就是对系统组织结构和运行模式进行自我完善的过程。

（三）全球脑的生成发展过程及运行机制

1. 全球脑的生成发展过程

全球脑的生成发展过程是个体智慧、群体智慧、个体之间的差异性与群体之间的共性自行组织与协调发展的过程。综合甘永成与祝智庭提出的集体智慧发展的学习框架[①]，以及张立新和朱弘扬提出的网络学习的生态属性[②]，全球脑的生成过程如图 4-12 所示。

在这一过程中，每一个个体大脑，即神经元彼此相互影响与相互作用，基于神经元之间的共性特征逐渐凝聚成群体智慧，而群体内部对于个体差异性的关照

---

① 甘永成，祝智庭. 虚拟学习社区知识建构和集体智慧发展的学习框架[J]. 中国电化教育，2006（5）：27-32.

② 张立新，朱弘扬. 论网络学习行为的生态属性及其提升策略——兼论全球脑与网络生态化学习[J]. 远程教育杂志，2015，33（2）：31-37.

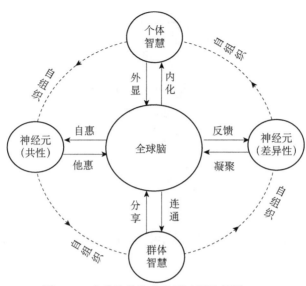

图 4-12　全球脑的生成发展过程示意图

也促进了个体智慧的进一步发展。个体智慧与群体智慧的发展以及神经元之间共性与差异性的不断扩大使得全球脑初具雏形，而个体智慧、群体智慧、个体之间的差异性、群体之间的共性与全球脑雏形之间的交互作用促进了全球脑的不断成熟与发展。

2. 全球脑的运行机制

全球脑的运行过程是一个螺旋上升的过程（图 4-13），在这一过程中，以吸收机制与分享机制为代表的信息交互是维持其动态运行的关键。吸收机制是指个体可以通过不断调整自身认知结构以接纳交互信息，这一机制是推动个体智慧有序增长的基础，也是实现信息交互从浅层走向深层的前提，其中包含自创生、自适应、自调控等。分享机制使得全球脑中的参与主体不仅是单一的"消费者"，同时也扮演了"生产者"的角色，是生成群体智慧、实现群体交互进而生成更高级形态的全球脑的根本保障。一方面，生物神经网络与数字神经网络之间持续的信息交互使得两者不断维持内容、物质、资源等的交换，原有结构与状态由于受到外部刺激而不断改变，这导致全球脑始终处于不平衡的耗散结构并具有自组织特征；另一方面，持续的信息交互使得相关的节点不断被激活，进而不断建立新的连接，全球脑逐渐从静态的神经结构发展进化为动态的功能结构。

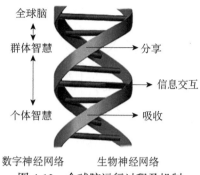

图 4-13 全球脑运行过程及机制

二、全球脑视角下个人网络学习空间应用模式构建的可行性

（一）全球脑有利于提升个人网络学习空间的活跃度

全球脑理论强调全球脑的整体的活跃状态来源于各级子系统的积极性，而各级子系统的积极性则依赖于它们的自由度，因此，具有自由性与开放性的个人网络学习空间能够推动全球脑始终活跃发展。同时，全球脑整体的活跃程度始终影响着个体神经元的活跃程度，并且两者呈现正相关的态势，这是由于个人网络学习空间中个体学习者参与的积极程度依赖于个体与其他要素之间的交互过程，而活跃发展的全球脑使得个体学习者始终处于交互状态，从而影响个体神经元的活跃程度。具体来说，在全球脑不断发展与进化的过程中，其中包含的个体数量、资源、信息、知识等也在飞速增长，个人网络学习空间作为全球脑中的一个要素无法孤立存在，而是持续地与这些不断增长的其他个体、资源、信息、知识等产生连接，从而发生交互，使得学习活动得以发生。另外，全球脑具有的自组织特征使得系统内部各个子系统之间能自行按照某种规则达成平均态的耗散结构，这一结构使得个体学习者在接收信息、资源、知识等的过程中必须剔除一部分过时信息（包括已有认知结构内的信息），使得更加实用与创新的信息、资源、知识能够外显出来。因此，个人网络学习空间的使用者在维持能量平衡的过程中完成了交互过程，从而增加了个人网络学习空间的活跃度。

（二）全球脑有利于个人网络学习空间与各要素之间多元互联

全球脑所具有的分布式去中心化结构使得每一个个体神经元都具有极强的可扩展性，能够兼顾深度和广度地与其他要素进行相互连接。从全球脑的生成过程来看，全球脑将不同的个体、群体、资源、环境、平台等各个要素进行直接或交叉的连通，任何一个要素都可以多角度地与其他要素发生关联。在基于全球脑理论的个人网络学习空间应用模式中，个体学习者可以无限制地与任何一个要素建立连接，也可以通过与某一个要素建立连接，从而和另一些间接要素构成关联，实现"一等于无限"的多向连接。全球脑的生成过程强调个体交互过程中的内化与外显，在基于全球脑理论的个人网络学习空间应用模式中，学习者不仅可以与学习内容发生交互，通过接收与整合的方式将新信息纳入自身已有的认知结构中，并通过外显行为对资源进行创生，从而使交互过程从浅层走向深层，也可以通过与其他个体、群体等进行交流协作，基于讨论过程中的即时反馈不断对自身认知结构与产出的新知进行调整，在思维碰撞中完成知识内化与外显的深度交互过程。

（三）全球脑有利于优化问题解决方案

从问题解决的角度着手，全球脑具有的分布式结构能够将复杂而难以解决的问题分解成较为简单的小任务。因此，在全球脑理论的指导下，一些复杂的学习任务可以被逐级分解，学习者在个人网络学习空间中完成简单的学习任务后，可以以合作整合的方式与其他个体共同解决复杂问题。例如，一整本英语书籍的阅读任务可以按照章节进行分解，个体学习者在完成对应章节的阅读后，可以通过与同伴交流了解整本书的大致内容。

站在优化问题解决策略的角度，一方面，个体学习者可以利用共性特征组建学习小组或学习共同体，建立更深入的连接，不断加强合作，以生成群体智慧并产生协同作用；另一方面，个体学习者由于学习水平、认知风格、解决问题方式等的差异而具备一定的个性化特征，这使得个体在解决问题时的视角较为单一而无法兼顾各个方面，通过不断交互合作而生成的群体智慧能够帮助个体学习者扬长避短，使问题的解决策略兼具全面性与多元性。

（四）全球脑有利于知识创生

全球脑理论认为，全球脑的生成与演进离不开系统内各个要素之间的深度交互，个体学习者利用个人网络学习空间搭建社交平台，并通过这一平台在与其他要素交互的过程中不断地将个体的资源、知识、经验等共享给全球脑内的其他个体及群体。通过分享与合作，个体学习者的智慧被不断汇聚在一起，思想不断碰撞进而产生灵感，最终生成新的智慧。同时，不断更新的资源与知识为全球脑注入新的活力，个体学习者通过对新知进行内化，从而推动更高质量的资源外显。因此，这一交互过程伴随着知识的流动与转化，是个体学习者与其他群体在知识不断内化外显、连接分享的过程中推动知识持续更新与创生的过程。

三、基于全球脑理论的个人网络学习空间应用模型设计

设计基于全球脑理论的个人网络学习空间应遵循吸收与分享相结合原则、培养个体智慧与群体智慧并重的原则、以实现系统自组织为导向的原则和以问题为导向原则，包括明确学习者个体之间的差异性与群体之间的共性特征，推动学习者兼顾个性化发展与全面发展；维持系统的开放性与非平衡态；以核心问题刺激学习者的求知欲与探究欲望等。综合全球脑理论中全球脑的生成过程与上述提及的设计原则，基于全球脑理论的个人网络学习空间应用模型如图 4-14 所示，其自组织特征促使各个环节始终保持涨落有序的耗散结构，各环节之间可以不断调整或动态重组并始终保持有序发展的非平衡稳态。

（一）前期准备阶段

在基于全球脑理论的个人网络学习空间中，前期准备阶段包括创设问题情境、明确活动目标以及学习者分析。问题情境是以真实问题为核心、与教学内容相互对应、帮助学习者建立生活世界与科学世界相互关联的学习环境，具有目的性和生动性，能够有效激发学习者的求知心理和学习动机。此外，具体而清晰的活动目标为学习活动的有效实施提供了有利条件，能够为参与者评价是否实现学习目标提供标准和依据。最后，在学习活动开始之前，教师应对学习者开展个性

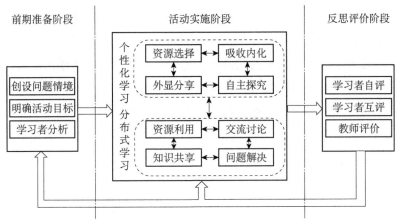

图 4-14 基于全球脑理论的个人网络学习空间应用模型

化分析，包括对学习者进行分析的时机、分析的方法、分析的内容等①，并为其提供充足的发展空间，避免过度干预，推动学习者向自组织发展。

（二）活动实施阶段

依据参与学习活动的学习者数量及活动目标侧重点的不同，学习活动可分为基于个体智慧的个性化学习与基于群体智慧的分布式学习两大类，这两类学习活动既可以独立开展，也可以交叉并行，如学习者在参与基于群体智慧的分布式学习时，也可以根据自身需要参与基于个体智慧的个性化学习，从而为群体学习提供良好条件。

1. 基于个体智慧的个性化学习

学习者存在的差异性是个体的基本属性，也是推动全球脑多元化发展的重要基础。基于个体智慧的个性化学习是学习者依据其个人特征与自我及外部资源主动进行交互从而达成螺旋式非线性回归的自组织调节过程，其中包含资源选择、吸收内化、自主探究与外显分享四个非线性环节。

（1）资源选择

个人网络学习空间中的交互主要发生在学习者和学习资源之间，学习者通过与学习资源之间的相互作用获取信息并创建连接节点。在全球脑理论的指导下，

① 王海燕，李芒，时俊卿. 课堂教学设计的学习者分析流程[J]. 中国电化教育，2001（5）：31-34.

个体的网络学习空间能够与全球脑内任意一个子系统产生连接。因此，学习者可以通过网络检索、图书馆系统等在全球范围内选择必需的学习资源，这些海量的学习资源能够为学习者提供全面的信息。另外，教师也可以为学习者提供与活动主题相关的特定学习材料，学习者可以以这些材料为中心，发散式地寻找其他相关信息。同时，学习者个体内部本身所具备的知识及过往经验也是学习新知识时可供选择的学习资源之一。除了选择已有的学习资源以外，学习者还可以在学习活动中动态生成新的知识，并使之成为下一阶段学习活动中的学习资源。

（2）吸收内化

吸收内化是指学习者将碎片化、未经处理的学习资源通过接收与整合的方式融入自身已有的认知结构中并进行更新、调整，从而使个体智慧得到发展的过程，其中涉及自适应与自反馈的过程。从自适应机制的角度来看，学习者调整自身认知结构并与外部所吸收的信息建立新的平衡的过程即自适应；从自反馈机制的角度来看，学习者对外界资源的合理利用需建立在其对自身具有清晰认知的基础上，吸收内化的过程也是个体自我反思的过程。

（3）自主探究

自主探究强调学习者对新获取的知识深度了解、融会贯通，不断激发自身的学习兴趣与学习动机，尝试性地解决问题并获得成功体验等。学习者的主动参与能为个体开展知识建构提供强大的动力，也能为学习的真正发生提供保障。自主探究过程涉及学习者个体自复制与自我调控的过程，学习者在与资源相互作用的过程中通过对外界信息、资源、知识等进行模仿与复制，从而促进对知识的理解并生成类似结构或功能的知识，学习者的自我监控、自我检查等调控活动贯穿整个过程。与内化过程中强调学习者对知识进行理解与主动建构不同，自主探究过程侧重于知识的应用，学习者在模仿、复制与反思的过程中对知识融会贯通、灵活运用，实现不同场景下的知识迁移。

（4）外显分享

个体学习者对知识的外显分享为其他个体、群体、教师等从全球脑中获取资源创建了新的节点，这也是全球脑中整体资源不断演进的关键。个性化学习中的外显分享实质上是一种创生的过程：学习者将学习活动中与之交互的资源、工具、知识、经验等与自身原有认知相互作用、整合创新，使具有个体差异性的知识、经验等从隐性化逐渐变得显性化，以生成新的资源。一方面，新生资源被补充至全球脑中并与其他资源产生交互，为全球脑的整体发展提供活力；另一方面，不断创生的资源反过来也会影响学习者在个性化学习中对资源的选择。因此，这一过程也是学习者自创生的过程。

2. 基于群体智慧的分布式学习

学习者的个体发展不仅取决于自身的发展水平，还会受到所在群体整体发展水平的影响。基于群体智慧的分布式学习是以分布的个体学习活动为基础而共同展开的生成性学习活动，其中包含资源利用、交流讨论、问题解决和知识共享四个非线性环节。

（1）资源利用

个人网络学习空间中基于群体智慧的分布式学习发生的前置条件是组建以完成共同的学习任务或具备相似的学习兴趣，促进学习者个体及集体共同发展为目的的学习群体。从主动构建学习群体的角度来看，学习群体的构建过程是一个不同的学习者个体因关注并选择相同的学习主题或相似的学习内容而连接到一起的过程。从被动构建学习群体的角度来看，学习群体的构建过程是，当一个共同任务被分解成不同的小任务并下发至各个学习者时，各个学习者通过共同达成总体学习任务从而建立连接的过程，本质上是学习者通过对资源进行合理的选择、处理、利用，从而完成学习任务的过程。基于此，个体对自主选择的资源、教师提供的资源及全球脑当中的资源进行充分利用是学习者与学习者之间建立连接、产生交互的前提，也是构建学习群体的关键。

（2）交流讨论

群体内部的交流讨论是学习者之间协同合作、产生交互的前提。群体学习活动的交流讨论中涉及个体自创生、自适应、自催化和群体协同合作等自组织过程。在小组展开讨论交流之前，每一个学习者作为一个独立个体，应为讨论做好准备。这一准备包括具有与讨论内容相关的知识储备，具备一定的人际交往能力、口语与书面语的表达沟通能力等。因此，在准备过程中，学习者应通过与外界资源的交互不断调整自身认知结构或产生新的认知结构，体现了自创生与自适应的自组织过程。在小组讨论过程中，群体内的学习者由于个体差异性，在面对相同问题时会有不同的看法及观点，此时的交流讨论不仅是个体学习者不断自适应以调整自身认知结构以及不断自创生以生成新的认知结构的过程，也是个体不断自反馈与自我调控以掌握学习进度，紧跟群体学习结构的过程。与此同时，群体作为一个整体，也处在自适应的过程当中：一方面，交流与讨论这一协同过程使个体之间的紧密度不断增强，个体之间的认知结构、群体内的资源和工具等发生深度交互，群体知识在讨论中得以建构，群体智慧得以不断生成；另一方面，群体可以通过过程性评价不断了解每一个个体学习者的学习进度及学习成果并进行调控，从而把握整体系统的发展方向和演化速度，在完成阶段性学习任务及目标的过程中使自身不断趋向有序。

（3）问题解决

教学不应简单地跟随学习者认知发展的自然过程，而应思考学习者在前期准备阶段中构建的具有不确定变量的问题情境如何能够充分激发个体学习者的学习动机，为个体独立完成学习任务及群体共同解决设定的问题提供基础。群体学习活动中的问题解决包含学习者呈现观点、群内共享资源、互相提供反馈、形成共识等过程，个体知识与群体知识之间产生深度交互，这涉及群体竞争与协同合作等自组织过程。从竞争这一自组织过程来看，个体在解决问题的过程中会生成不同的解决方案和学习结果，生成最优解决方案或说服其他学习者使其成为最优的过程就是一种竞争机制。站在协同合作这一自组织过程的角度，群体通过交流讨论取长补短，既能够不断优化简单问题的解决方案，也能够通过交互合作解决复杂难题。最后生成的解决方案是知识的外部表征形式，是指将群体的知识以外在显性的方式表示出来，这不仅更有利于生成群体智慧，也有利于为后续知识共享做出准备。

（4）知识共享

全球脑中的知识并不是固化于学习者大脑内或固定不变的，由于全球脑中的连接与交互无时无刻不在发生，知识也在交互过程中不断流动和生成。具体来说，在群体学习活动的过程中，群体内的所有学习者作为一个整体，将交互时生成的知识、经验、问题解决方案等以外显的形式共享给其他群体，在群体与其他群体的分享过程中不断形成新的智慧。此时，被分享出去的知识、经验、问题解决方案等成为群体与群体之间进行共享互联的连接点，只有被分享出去的节点才有被连通的可能性，而被分享的节点使得群体可以迅速通过某一节点实现对宏观系统的认知，同时被分享的节点也为群体及更宏观的系统发展提供了帮助并注入了活力。

（三）反思评价阶段

反思评价阶段包括学习者自评、学习者互评与教师评价三个部分，从评价的本质上来说，这是价值判断的过程，也是检验学习成果的有效方式。反思这一行为通过个体与群体的自组织过程（自催化）贯穿于整个学习活动的始终：个体学习者在反思中不断优化自身认知结构、调整学习方式，最终促进自身的发展；群体学习者在反思过程中达成对同一问题解决方案的共识，凝聚生成群体智慧。在个人网络学习空间的个性化学习中，学习者主要进行的是自我建构学习，即使是在相同的学习环境中，由于个体的差异性，不同学习者的学习内容、学习途径、学习方法都可能有很大差别，因此最为有效的评价是让学习者在真实的问题场景中完成一个真实任务或解决真实问题，并让学习者对自己的意义建构情况做出合适的评价。同时，个性化学习中的同伴评价与教师评价不能真正界定学习者的意义建构，其目的是促进学习者的自我评价。在个人网络学习空间的分布式学习中，学习者主要进行群体性建构学习，因此更加注重群体智慧的凝聚与生成。在该类型的学习活动中，同伴互评与教师评价能够在每一个学习阶段及学习过程中实现跟踪评价并反馈给群体，使群体能够及时发现问题，调整发展方向，制定其他学习方案，并最终判断学习活动是否达成预期目的和教学效果。因此，同伴之间的互评以及教师对学习者群体的评价有利于学习者与其他个体及教师建立连接，反思评价的过程加深了交互的程度。

第五章

基于网络学习空间的
学习活动设计与实践

　　为推动网络学习空间的深度发展，创新其应用与实践方式，促进教学方式与学习方式的变革，本章以探究性学习活动、合作学习活动、混合式学习活动以及问题解决型学习活动为切入点，在明晰各类学习活动的内涵、特征、构成要素、实施条件、一般流程的基础上，分析网络学习空间对于支持和优化各类学习活动所起到的核心支撑作用，以此为出发点，梳理并分析基于网络学习空间的四类学习活动的基本设计原则，并针对不同类型的学习活动构建基于网络学习空间的学习活动理论模型。为确保理论模型的有效性，本章分别在 ITtools3.0 平台、Blackboard 平台、蓝墨云班课平台以及 Moodle 平台中开展探究性学习活动、合作学习活动、混合式学习活动和问题解决型学习活动，并形成相关实践案例，进而为其他师生在网络学习空间中开展各类教育教学活动提供有益借鉴。

第一节　基于网络学习空间的探究性学习活动设计与实践

一、探究性学习的理论基础

（一）探究性学习的基本内涵

探究性学习最早可以追溯到苏格拉底的"产婆术"，即通过讨论、问答甚至辩论的形式来揭示学习者的认知矛盾，逐步引导学习者得出正确的答案，由此我们可以管窥探究性学习的影子。探究性学习作为一种教与学的实践方式被独立提出并自成一派要追溯到20世纪初期，杜威在批判灌输式教学的基础上提出了"五步教学法"，这一方法重视学习者的探究和思维训练①。随后，芝加哥大学施瓦布（Joseph Schwab）教授正式提出了"探究性学习"的概念，他认为学习者的学习过程与科学家的研究过程在本质上是一致的②。因此，学习者应像科学家一样发现问题、提出问题、解决问题，并在探究的过程中获取知识、形成技能、发展能力（特别是培养创新能力），增强自身的合作意识以及发展自己的个性。

探究性学习是指学习者以各学科或现实生活中的问题或任务为出发点，在教师的指导下开展形式多样的探究性活动，并以获取知识和技能、培养探究能力和应用能力、获得积极情感体验为目的的一种学习方式。探究性学习可以更好地帮助学习者掌握科学概念，获得科学探究能力和技巧，增加科学探究的亲身经历与体验。探究性学习的定义中包含以下三方面的含义：首先，探究性学习必须有一定的目标指引，目标可以是培养学习者的科学素养或者探究能力和技巧；其次，探究性学习应该在教师的指导下进行；最后，探究性学习不同于其他学习的本质特点是，它是学习者自主建构知识、获得意义的活动和过程。

---

① 马苏男. 基于网络学习空间的探究学习研究[D]. 兰州：西北师范大学硕士学位论文，2015.
② 韦冬余. 论施瓦布探究型课程思想[J]. 全球教育展望，2012，41（11）：31-37，43.

（二）探究性学习的基本特征

探究性学习具有问题性、自主性、引导性、实践性、研究性、过程性、开放性等特征。问题性是指探究性学习总是围绕问题展开，也总是从发现问题开始，通过围绕一定的问题展开探究活动，从而培养学习者发现问题和解决问题的探究能力。自主性是指学习者在探究性学习中可以自定探究目标、探究方案、探究策略等，并积极主动地开展探究性学习活动，它使得探究性学习完全区别于接受式学习。引导性是指教师在开展探究性学习时应积极引导学习者探索新知、促进独立思考、培养探究能力、推动自主建构。实践性是指探究性学习鼓励学习者主动体验和感受，用自己的双手去实践、合作、交流，让学习者在实践中学习。研究性是指教师在组织探究性学习的过程中应恰当运用一定的科学研究方法，遵循一定的研究程序，从而让学习者体会和运用科学研究的过程，用科学的思想和方法发现问题与解决问题。过程性是指探究性学习不仅是追求一种结论，更关注让学习者获得一种认知经历，从而使其不断积累与掌握解决问题的方法。开放性包括教学目标、学习内容、教学过程、教学时空、教学结果等多方面的开放性。

（三）探究性学习的构成要素

1. 学习者——探究性学习的主体

在探究性学习中，学习者是主体，是决定学习的质量和水平高低的内在根本动因。学习者要根据自身的需求和认知方式，确定自己的认知目标，并利用外部资源展开对问题的探究，在探究中不断地调整、改造和完善自己的认知结构与认知方式，从而在探究性学习活动中真正实现自身与外部资源的联系，将新知识内化到自身已有的认知结构中，切实提高自身的问题意识、创新思维和实践能力。

2. 教师——探究性学习的主导

教师群体肩负着培育社会新生代的责任担当。深入探究历史与现实可知，要培养出高素质的人才，必然需要高质量的教育作为支撑，而高质量教育的实现则从根本上依赖于教师队伍的高素质。在探究性学习活动中，教师担负着创设问题环境、指导和帮助学习者发现问题并进行自主探究的职责。探究性学习活动的开展，本身就是一种通过对科学研究过程的模仿来提高学习者的科学探究能力和自主创造精神的过程，在这一过程中，教师需要为学习者提供帮助和指导，从而为学习者的探究性学习创造条件，扮演着探究性学习活动的组织者、帮助者、引导者和合作者等角色。

3. 问题——探究性学习的客体

探究性学习的起点就是问题，没有问题就没有探究性学习。探究性学习的问题设计要符合探究性学习的特征，要充分调动学习者的思维，让学习者积极地分析问题、思考问题，进而寻找解决问题的途径。探究性学习的问题设置是至关重要的，在实践中，教师要区分什么是探究性的问题、什么不是探究性的问题；在设置问题情境时，要明确什么样的情境有助于学习者提出有探究价值的问题①。

4. 环境——探究性学习的媒介

教学环境是由课堂空间、课堂师生人际关系、课堂生活质量和课堂社会气氛以及信息资源等因素构成的课堂生活情境。它是影响学习者完成学业成绩或达到学习目标的一切物理因素、心理因素和社会因素的总和，具体包括教学设施、教学设备、教学材料、认知工具、学习者之间以及教师和学习者之间的人际关系或组织等。一个好的教学环境会深深吸引学习者的学习兴趣，让学习者积极主动地探索和求知，易于激发学习者的思维，因此，一个民主、合作的探究环境是实施探究性学习活动的必要媒介。

5. 思维——探究性学习的核心

探究性学习的核心目标就是培养学习者的科学素养，学习者通过探究不断提升自身科学素养的过程其实是一个科学思维变化的过程，也就是说，探究性学习的核心是培养科学的思维素质。探究的过程包括发现问题、提出假设、设计实验、得到证据、检验假设、反思与评价，这实际上就是一个科学的思维过程，通过不断探究来培养学习者的思维素养，从而不断转变学习者的认知结构，最终达到提升学习者科学素养的目的。探究性学习是培养科学的思维素质最有效的方法和路径，科学探究活动是思维的源泉。而科学探究是实践的第一步，是创新的必经之路。换句话说，只有通过科学实践，人脑中才会产生思维，创新的思维又会促进实践的发展，只有探究性学习才符合科学思维的发展规律，在探究情境中发现问题、产生兴趣、引发思维、努力解决问题，从而引发新一轮的思维。

---

① 高佩."探究性学习"的概念、分类及意义[J]. 现代教育科学，2003（6）：17-19.

（四）探究性学习的活动模式

1. 萨奇曼探究训练模式

萨奇曼探究训练模式是为培养学习者的创造性而提出来的一种活动模式，大致可分为以下六个阶段：①选择情境，提出问题。教师通过向学习者呈现问题情境从而激发其探究兴趣。②介绍程序，呈现问题。教师介绍探究过程中应遵循的规则、必备的环节等，并将需要探究的问题明确呈现。③提出假设，搜集资料。学习者进行大胆的设想，并根据假设收集资料。在这个过程中，学习者可以通过向教师提问的方式获取更多信息，但是教师只能回答"是"或"否"。若收集的资料无法证明或否定了假设，学习者需要重新设想，并重复资料收集工作。④验证假设，得出结论。在此阶段中，学习者可以通过实验、参阅其他资料等方式对假设进行检验，并得出相应结论。⑤解释理论，迁移引用。教师应对学习者得出的结论从理论层面进行解释，并进一步指导学习者将理论进行迁移应用。⑥反思过程，提高技能。这主要是指针对假设的提出和资料的收集过程进行反思，使学习者重新认识自己的探究过程①。

2. "5E" 模式

"5E" 模式包含吸引（engagement）、探究（exploration）、解释（explanation）、细化（elaboration）和评价（evaluation）五个步骤，强调科学探究与知识主动构建的统一，重视学习者已有知识和经验的作用，是一种致力于引起学习者学习兴趣的、有效的教学模式和教学方法②。

吸引是 "5E" 模式的起始环节，主要目的在于激发学习者的兴趣并引发其产生认知冲突。探究是 "5E" 模式的中心环节，这一环节的主要任务是引导学习者开展探究活动，教师应给予适当的指导和帮助，以保障学习者的探究总体方向是正确的。解释是 "5E" 模式的关键环节，主要任务是引导学习者对其探究过程和结果进行展示，并在此过程中对新的概念有更深入的理解。细化的目的在于引导学习者在新旧知识之间建立联结，并不断拓展新知的理解与应用。评价阶段是 "5E" 模式的关键一步，可选择形成性评价、总结性评价、学习者自评、同伴互

---

① 阮秀云，王后雄. 萨奇曼探究训练教学模式在化学教学中的应用[J]. 化学教与学，2016（2）：7-10.

② 胡久华，高冲. 5E 教学模式在我国的教学实践及其国外研究进展评析[J]. 化学教育，2017，38（1）：5-9.

评等多种形式。

3. BIG6 模型

BIG6 模型全称为信息问题解决模型（model of information problem-solving），最初伴随着探讨图书馆媒体专家的课程顾问角色而提出[①]。BIG6 的名称取自它的六个步骤的英文名称的首字母（B-I-G-S-I-X），如表 5-1 所示。BIG6 模型是一种以解决信息问题为主轴的过程模式，是针对特定的需求或任务进行查询、获取、使用、整合和评价的系统化过程。

表 5-1　BIG6 模型名称来源

缩写	英文名称	中文翻译	对应技能
B	be sure you understand the problem	明确所探讨问题	任务定义
I	identify sources of information	确定信息来源	信息查询策略
G	gather relevant information	获取相关信息	定位和获取
S	select a solution	选择解决方案	信息使用
I	integrate the ideas into a product	将观点整合到结果中	信息整合
X	examine the result	检查结果	评价

4. WebQuest

WebQuest 即网络探究学习模式，由美国圣地亚哥州立大学的两位教授伯尼·道格（Bernie Dodge）和汤姆·马奇（Tom March）首创。它是一种基于网络的、以探究为取向的探究性学习活动。在这种活动中，学习者使用的全部或大部分信息都是从网上获得的[②]。WebQuest 呈现给学习者的是一个特定的假想情境或者是一项任务，通常是一个需要解决的问题或者是一个需要完成的项目。在这个过程中，教师会为学习者提供一些网络资源，并要求学习者通过对信息的分析和整合得出解决方案。WebQuest 有短期和长期之分，短期的一般为 1—3 个课时，长期的可能要持续 1 周、1 个月甚至更长时间[③]。

5. 指导型探究模式

指导型探究模式能够将探究教学与传统教学的优势进行整合，需要教师做到

---

① 孙向东，种乐熹，胡德华. Big6 模型及其应用研究[J]. 图书馆学研究，2014（10）：25-32，40.

② 何克抗，曹晓明. 信息技术与课程整合的教学模式研究之五——"WebQuest"教学模式[J]. 现代教育技术，2008（11）：5-12.

③ 奚晓霞，罗会棣. 基于 WebQuest 的建构探究学习模式[J]. 电化教育研究，2004（2）：41-43.

以下几点：选择适宜探究的知识点、把握指导探究的尺度、引导探究过程循序渐进等。因此，该模式对于教师的专业素养具有较高的要求。例如，如果教师介入过早，学习者还没对探究进行深入思考，这就可能会阻碍学习者进行自主发现的学习，剥夺了学习者尝试和思考的机会；如果教师介入过晚，学习者可能长期处于一种无助状态，对自己失去信心，极易导致学习者产生厌烦情绪，从而使其失去对探究性学习的主动性。指导型探究模式一般可以划分为以下五步：①师生讨论问题，学习者在教师的指导下通过猜想产生假设；②教师设计情境，学习者发现问题；③设计实验，师生共同探索；④搜集数据，整理分析；⑤交流评价，拓展应用。以上就是指导型探究模式的一般过程，教师在这个过程中发挥了至关重要的作用。在将该模式用于实际的教学中时，教师还需要遵循具体的运用要求。

（五）探究性学习的优势

1. 探究性学习有利于培养学习者的创新素养

探究性学习为学习者构建了一个促进其进行深入探索的学习环境，该环境能有效唤起学习者的求知欲望与好奇心，进而培育其探究意识与实践创新能力。在这一过程中，学习者通过自主参与来获取知识，逐步塑造独立自主性，掌握科学研究所需的探究技能，并孕育积极主动的开拓精神，具体体现在以下四个层面。

（1）精神层面

探究性学习鼓励学习者以自己的视角观察分析、理解事物，发现问题、提出问题，并自主寻找解决问题的方法，最终获得结论。以上做法有利于培养学习者的怀疑批判、勇于探索、追求真理的精神。此外，科学探究精神的培养又能很好地激励学习者不断探索、发现问题、勇于创新。

（2）知识层面

学习者自主地进行探究性学习并不意味着对陈述性知识的回避和弱化，陈述性知识依然重要，有时陈述性知识甚至会成为学习者探究性学习的内容。而对于动作技能、智慧技能的程序性知识和关于这些技能运用的策略性知识等，学习者在探究性学习的过程中易于掌握，这些知识有利于学习者能力的形成和终身的可持续发展。

（3）学习方法层面

在探究性学习中，学习者的学习行为是科学探究的一般方法。在这样的活动中，学习者容易养成终身有用的探究习惯和意识，逐步掌握解决问题的思维方法和探究方式。

（4）能力层面

能力和方法是相辅相成的关系，能力依赖于知识，更依赖于方法；方法是通向能力的桥梁，是对能力起决定作用的因素。因此，方法是培养能力的核心，培养方法是提高能力的根本途径之一。所以，开展探究性学习活动也是培养学习者能力的过程。

2. 探究性学习是学习者多元发展的推动器

个性是指人所具有的一定倾向的、比较稳定的心理特征的总和。每个学习者在知识、智能、兴趣、特长、性格等方面都存在很大的差异，具有与他人不同的个性。在探究性学习中，学习者的学习活动是在个人视角观察、自主探索、独立思考的基础上进行的，允许学习者有不同的探究过程、不同的探究进度甚至不同的探究结果。正是由于探究活动的开放性和多元性，学习者的个性才得以张扬和发展，其发展也变得开放和多元。因此，探究性学习是学习者多元发展的推动器。

3. 探究性学习为学习者可持续发展提供可能

在现代化的今天，人的可持续发展显得尤为重要。探究性学习所具有的问题性、自主性、实践性、过程性、开放性和科学性的特征，决定了探究性学习的价值追求是鼓励学习者大胆思考、勇于创新、亲身实践。学习者通过探究性学习，培养了思考和思维能力，养成了发现问题、提出问题、分析问题、解决问题的能力，提升了科学素养和人文精神。这一过程提高了学习者终身学习的能力、自我调整的能力以及解决问题的能力等。因此，探究性学习是学习者可持续发展的重要途径。

4. 开展探究性学习是教师专业化发展的有效路径

在探究性学习的过程中，教师需对学习者进行引导与辅助，而这一过程要求教师自身拥有高水平的探究素养，这是实施探究性学习的基本前提。另外，鉴于探究内容、流程及结果的不确定性，探究性学习活动对教师素质提出了更高要求：教师需持有前沿的教育理念，具备强烈的探究意识，拥有深厚的知识储备与高超的能力素养，以及灵活的思维模式。这些需求客观上促使教师不断进行学习、研究、归纳与自我反思。因此，探究性学习活动的实施将极大地推动教师专业素养的提升与发展。

（六）探究性学习的一般流程

探究性学习是模仿科学探究的过程，指向培养学习者的探究能力与科学素养。通过实施各类学习活动以支持探究性学习开展的目的在于，让学习者学会像科学家一样发现问题和解决问题，进而提升学习者的问题意识和创新能力。在引导学习者参与探究性学习活动的过程中，学习者的体验比结果更重要，即探究性学习活动更加注重探究过程中学习者所展现出来的思维和表现，而探究结果只作为探究性学习活动的结论的呈现方式，并非活动实施的主要目的。基于前文梳理的探究性学习活动的理论基础，我们认为探究性学习活动的一般过程如图 5-1 所示。

图 5-1　探究性学习活动的一般过程

1. 发现问题

问题是探究性学习的开始，没有问题就没有探究性学习。在探究性学习中，学习者提出问题的能力也是探究性学习培养的关键，能否提出一个好的问题将直接影响探究活动的进程。这就需要教师根据学习者的特点和已有的认知规律，以及教学的任务等，创设问题情境，促使学习者打开思维的闸门。

2. 形成假设

在学习者发现问题后，就要进入"头脑风暴"阶段。在这一阶段，学习者要根据已有知识和认知对问题进行分析，然后对问题的答案做出假设。教师在这个阶段要做出正确的帮助和引导，以保证探究的总体方向保持不变，必要时还需要帮助学习者复习先前的知识。

3. 设计探究计划

在完成上一步后，就需要把注意力放到问题解决上来。在开始探究之前，学习者要针对问题和假设制定探究计划，主要包括如何对资料进行检索和获取、确定所需资料的范围以及如何获取资料等，还要对探究活动的流程进行规划，明确主次，最好列出优先顺序。另外，如何用所得资料证实假设也需包含在探究计划之中。教师应积极指导和帮助学习者制定计划，也可以指定资料的获取方式以供学习者使用。

4. 实施探究计划

在制定好探究计划之后，就进入到了实践阶段。在这一阶段中，学习者要根据已经制定好的计划，对问题展开积极主动的探究。在探究过程中，教师要对学习者的探究过程进行积极的引导，以让探究过程不偏离教学任务。

5. 分析与论证假设

在完成探究过程以后，学习者要根据已获得的资料进行分析、概括，从而得到能够证明假设的相关信息。学习者要在这个过程中筛选有用信息，并将这些信息进行提取、分类，然后进行重新整合，从而对假设进行论证。在此过程中，如果发现所得材料无法论证假设，就需要重新考虑探究计划的设计或者提出的问题是否符合所探究的情境。

6. 得出结论

在分析资料、证明假设之后，就可以得出本次探究活动的结论。探究活动的成果可以采用书面形式或者作品形式呈现，教师可以根据课程的需要进行选择。但是探究活动更加注重的是探究过程，探究结果只是表现探究过程，以及学习者对所学知识掌握情况的一种依据。所以，教师要更加注重学习者的探究过程，积极引导学习者对探究的所有过程进行反思，并鼓励学习者进行更加深入的思考，最终达到探究的根本目的。

二、网络学习空间对探究性学习的核心支持作用

探究性学习关注学习的自主性、开放性，注重学习资源的获取和利用，这与网络学习空间的特点不谋而合。同时，传统的探究性学习存在资源匮乏、资源获取方式单一、协作探究交流困难等方面的缺陷。因此，结合网络学习空间的功能特点，探究性学习的优势可以得到更好的发挥。

（一）网络学习空间为探究性学习的开展创造了简单、易用的条件

网络学习空间是学习者进行自主学习的场所，它在设计之初就考虑到了界面设计的易用性和交互性，以尽可能地满足学习者在操作方面易上手、熟练快的需要。网络学习空间的导航栏设计简洁、分类合理，可以较好地给学习者提供一个便捷的操作环境；在资源建设方面，网络学习空间作为一个集成性的资源中心，学习者可以快速地查找和获取资源；在资源共享和合作交流方面，网络学习空间也具有操作简单易用的优势。探究性学习是在网络环境下进行的学习活动，因此需要学习者具有一定的计算机基本操作技巧和资源检索技巧，但是面对庞大繁杂的网络世界，学习者还是很难掌握一些复杂的操作，网络资源的良莠不齐也导致学习者获取有用资源的难度增加。因此，网络学习空间的易用性和可操作性就为开展探究性学习创造了条件。探究性学习是一个需要学习者进行自主探究的学习活动，学习者在网络学习空间中可以更加方便地获取资源和保证资源的有用性，更加简单地实现交流协作，更加自主地开展学习。因此，网络学习空间可以为探究性学习提供一个便捷而又可靠的学习环境，有利于探究性学习活动的开展。

（二）网络学习空间为探究性学习提供了更丰富、更准确的资源

网络学习空间的资源共享服务模块不仅能够为用户提供资源检索功能，以满足用户个性化的资源需求，甚至可以为学习者推送适应性资源，实现教育资源的智能获取。探究性学习是一种基于资源的学习方式，需要大量的在线教育资源作为支撑。在开展探究性学习的过程中，学习者需要自主思考、钻研、获取资源并最终解决问题。在这个过程中，学习者获取的学习资源会极大地影响探究性学习的效果。一方面，学习者获取的资源越丰富，他们越能以多元化和深入性的视角看待问题，从而支持探究性学习从表面走向深层。在以强大的资源管理和交互共享功能而著称的网络学习空间中，学习者依托平台参与探究性学习活动，随时获取、搜集、下载各种形式的优质的学习资源，通过搜索功能更是可以实现对资源的快速定位，使资源获取更加便捷，资源内容也更加丰富。另一方面，面对海量繁杂的网络资源，学习者需要花费大量的时间对有效信息进行甄别，这将会极大地影响探究性学习活动的进展。而网络学习空间所提供的教育资源是经过教师筛

选的。因此，在基于网络学习空间的探究性学习中，资源的有用性和准确性将会得到必要的保障。

（三）网络学习空间为探究性学习提供了高效的协作学习工具

在传统的探究性学习中，学习者之间、师生的交流往往是以面对面的形式开展的。这种线下的交流方式不仅会受到时空的制约，同时也极易受到学习者个体差异、教师沟通技巧等的影响。网络学习空间中的学习交互服务集成了各类学习交互应用，诸如语音会议、视频会议等实时交互工具，以及内嵌在网络学习空间中的社会性交互社区、智能助理、智能伙伴等，以支持师生、师师、生生之间的交互活动。此时，人与人之间的交流不再受空间和时间的限制。同时，网络学习空间的虚拟性特征能够帮助一些较为内向的学习者克服交流障碍。网络学习空间能够平等地为所有使用者提供交流机会，营造和谐开放的交流氛围，支持每个学习者都积极参与到双向交互的过程中，推动其协作能力和探究能力的发展。

（四）网络学习空间的自主性有利于自主探究学习

自主性是探究性学习的基本特征。在探究性学习活动中，学习者从问题出发，自主地开展探究活动，自主地收集和获取资料，自主地解决问题。此时，学习不再是教师讲解、学习者被动接受的单一方式，探究性学习使学习者变得更加主动——学习者是探究性学习的主体，教师只是组织者和帮助者。学习者可以根据自己的需求积极主动地安排时间进行获取资料、分析问题等活动。网络学习空间是为了实现学习者的自主学习并推动教育模式改革的实名制学习空间，在网络学习空间中展开探究性学习将会更加突出学习者的主体地位，在活动中将会充分激发学习者的自主性，更好地实现学习者高级思维的发展。

（五）网络学习空间更高的参与性可以提升探究性学习效果

学习者的参与度与学习效果之间呈正相关。学习者的参与度是指学习者在行为、认知、情感三方面投入学习活动中的状态[①]。网络学习空间在引领教育服务

---

① 刘壮. 网络环境下探究性学习的指导策略研究[J]. 中国成人教育，2016（21）：14-17.

模式革新、促进教育体制机制改革、加速教育信息化转型升级等方面发挥着重要作用。在网络学习空间中，学习者具备更高的自主性，能够根据个人情况选择适宜的学习方式和进度。与传统线下学习相比，网络学习空间不仅能够提供更加丰富的资源，而且革新了教与学模式。因此，它能够有效激发学习者的兴趣，增强其参与度，进而优化学习效果。当在网络学习空间内开展探究性学习活动时，学习者的个人意愿与兴趣得到了最大限度的尊重和满足，学习活动的自发性显著增强，从而进一步提升了学习效果。

三、网络学习空间中探究性学习活动的理论模型

网络学习空间中的探究性学习活动的理论模型包含教师、学习者和网络学习空间三个不可或缺的因素。根据教学设计的一般流程和网络学习空间的功能特点，以及探究性学习活动中师生的教与学任务，本书构建了网络学习空间中探究性学习活动的理论模型（图 5-2）。

在网络学习空间中开展探究性学习活动，教师要对整个探究活动的开展进行精心设计。教师要依据学习内容和学习目标，结合网络学习空间的基本功能和探究性学习的基本特点对活动进行整体性设计，以突出各方的优势，得到最好的教学效果。结合探究性学习的一般流程，基于网络学习空间的探究性学习活动设计总体上可以分为三个阶段：活动分析阶段、活动实施阶段和活动评价阶段。

（一）活动分析阶段

学习活动设计是一个系统化的过程，因此在设计学习活动之前要对活动的主体和客体以及其他影响因素进行细致的考虑和规划，具体包含学习目标分析、学习内容分析和学习者分析。具体来说，根据布鲁姆的教育目标分类，学习目标可以被分为认知领域、情感领域和动作技能领域；学习内容分析关注学习内容是否适合开展探究性学习、学习内容的核心概念与重难点、学习任务的划分等；学习者分析包括对其学习态度、认知水平、学习风格等进行研判，进而为教师开展个性化教学提供基础。

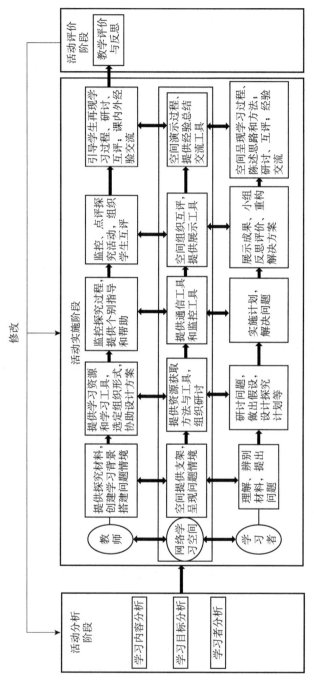

图 5-2　网络学习空间中探究性学习活动的理论模型

（二）活动实施阶段

相较于传统教学模式，依托网络学习空间实施的探究性学习活动展现出更高的灵活性。教学活动不再受限于特定的场所与时间，而是延伸至网络覆盖的任何时空。学习者可以根据自身需求，随时随地访问学习材料，或根据个人意愿与同学进行在线合作与研讨，具体可以分为以下几部分。

1. 搭建探究背景，呈现问题情境

在确定学习内容可以开展探究性学习之后，就要搭建整个探究的背景框架，一般是将探究问题放入真实的现实情境中。教师需要对问题呈现的情境进行具体设计，在呈现问题情境时，教师要充分考虑学习者的需求，问题情境要接近日常生活场景，能够激发学习者的探究兴趣，提高学习者参与学习活动的积极性。因此，教师要对问题情境的创设进行充分设计和思考，问题情境应当与学习者过往的生活经验以及现实生活相互关联，同时还需兼顾学习者的个体能力，并评估网络学习空间所提供的功能与工具是否能有效支持学习者完成既定的学习任务。

针对学习者而言，在这个阶段，学习者应登录个人网络学习空间，查看教师上传的有关材料（如视频、音频、文本等），通过自主或者小组讨论的形式，对网络学习空间中的材料进行感知和理解，从而提出探究问题。

网络学习空间作为呈现问题的工具，其主要功能是提供情境支架。网络学习空间呈现问题时可以采用多种形式，如视频、音频、文本、微课程或者多种混合方式等都可以作为问题情境呈现的方式。

2. 做出探究假设，制定探究计划

在该阶段，教师要选定组织形式。在探究性学习活动中，常见的组织形式有两种：自主探究活动和小组合作探究活动。教师要根据学习任务的难度、复杂性以及学习者的现有认知水平和能力来选择合适的组织形式。对于相对简单的问题，教师可以设计让学习者进行自主探究活动，这种形式需要学习者高度的自主性和主动性，因此问题情境的设计就更加注重激发学习者的学习兴趣；对于复杂的问题或者工作量较大的问题，教师就可以设计小组合作探究活动，这种形式要求小组成员之间有良好的沟通和交流探讨，因此教师要创设一个舒适、方便且平等的交流、探究环境，以促进学习者积极地展开探讨与交流。教师还需要协助学习者完成设计方案，要在网络学习空间中给学习者提供必要的学习资料和学习工

具，以引导学习者提出假设、制定探究计划。

学习者要利用教师提供的资源与工具，熟练运用网络学习空间的相关功能，仔细钻研思考，积极互动交流，大胆做出探究假设，并制定相应的探究计划。

在该阶段，网络学习空间的主要作用是给学习者提供资源获取的方法与工具，网络学习空间的资源服务就可以满足此阶段的功能需求。网络学习空间的资源服务包括资源获取、资源交易与资源推送等功能模块，可以为学习者提供资源获取和资源处理的方法与工具。

3. 实施探究计划阶段

在这一阶段，教师不仅需要为学习者提供活动案例，更需要积极参与学习者的空间活动，为学习者实施探究活动提供必要的指导和帮助，乃至个别化辅导。学习者需要尽快熟悉在网络学习空间中开展探究性学习活动的新型学习方式，并熟练运用相关功能模块实施探究计划、解决探究问题。网络学习空间能够通过通信工具实现学习者之间、学习者与教师之间的沟通，身处网络学习空间中的个体能够借助沟通互动模块实现实时交互。

4. 成果展示与评价阶段

在此阶段，教师要监控学习者的学习过程。教师可以通过教师端网络学习空间实现对学习者个人网络学习空间活动的全程监管，了解学习者的探究进度，还可以引入家长协同监管的模式，让学习者的家长通过家长端进行协同监管，共同监督学习者的探究活动过程。活动监管是为了让学习活动得以更有效的开展，是督促学习者按时完成任务的必然保障。教师还需要对学习者的探究过程进行点评，评价设计是学习活动设计的一个重要环节，通过评价可以有效地监管学习者的学习，调节学习者的学习行为与态度，以全面总结学习的效果[①]。教师要在评价中更加注重对学习过程的评价，也就是说，评价要面向探究性学习活动的全过程，而不是对学习结果进行单一评价，注重学习者的探究活动过程是探究性学习活动的一个基本特征。另外，教师还要注重多元化的评价模式，也就是注重评价主体和评价方式的多元化，评价主体既可以是教师，也可以是学习者家长，还可以是学习者自己。评价方式多元化是指运用如自评、他评、总结性评价、过程性评价等多种评价方式，以期对学习者进行多角度、全方位的评价。因此在这一过

---

① 杨开城. 学生模型与学习活动的设计[J]. 中国电化教育，2002（12）：16-20.

程中，教师要做到以下几点：①规定评价的主体，即谁来评价；②规定评价的内容，即评价什么；③规定评价的标准，即如何评价；④规定计分的方式，即如何得出成绩。此外，教师还要引导学习者自主展示学习成果和学习者之间的互评。

在此阶段，学习者需要展示自己的探究成果，并且对探究方案做出解释和说明，以方便其他学习者对探究过程与探究结果进行评价。同时，学习者也要对其他学习者的探究性学习过程与结果做出评价。在总结自身与借鉴他人探究过程的基础上，学习者要对自身整体探究过程做出自评与反思，审视自身方案的不足和需要改进之处，从而重构解决方案。

网络学习空间为师生提供了学习成果展示工具和学习者互评工具，其社区功能可以满足相关的需求。

5. 共同研讨，交流反思阶段

在此阶段，教师要引导学习者与其他个体之间开展深入的研究讨论，鼓励其展示自己的探究思路与重现探究性学习过程，并允许学习者之间展开互评。学习者应在这一阶段借助网络学习空间展示个体探究的思路与过程，积极与他人交流分享相关经验，实现共同进步。网络学习空间中的公共应用服务模块可以为此阶段的师生活动提供支撑。

（三）活动评价阶段

教学评价阶段主要是教师对基于网络学习空间的探究性学习活动设计和实施进行评价与反思，通过评价与反思，达到对课程活动和教学设计进行修改、补充和完善的目的。对基于网络学习空间的探究性学习活动进行评价与反思的主要目的是诊断学习活动的教学设计与实施是否达成了预期的学习目标，可以帮助教师了解和提高教学的效果与质量，为修改课堂教学方法和活动设计提供反馈信息，促进课程本身的完善。评价可从课程的探究思想、学习目标、主题内容、实施环节、组织和管理策略五个维度进行，如表 5-2 所示。

表 5-2　基于网络学习空间的探究教学模式评价表

评价维度	评价的主要内容
探究思想	基于网络学习空间的探究教学模式与学科教学是否相互促进；学习者通过探究性学习是否掌握了进行探究性学习的基本技能；学习者通过探究性学习是否使学科知识得到提升、拓展和深化

评价维度	评价的主要内容
学习目标	是否达到了预期的教学目标，学习者的素质和能力是否得到了提升
主题内容	探究性学习的项目设计、活动设计与学习类型的运用是否合理
实施环节	了解问题设置、活动实施、成果展示与评价等的开展情况及合理性，了解学习者在以上环节中遇到问题和困难的原因
组织和管理策略	了解学习组织形式和课程结构的设计、组织、管理和实施的相关情况及合理性

四、ITtools3.0 平台中探究性学习活动实践案例

ITtools3.0 平台是由温岭市第二中学的陈斌老师设计研发、在实践中经过众多一线信息技术老师的不断完善，逐渐形成的一个功能强大的教学平台。该平台以建构主义学习理论为依据，彰显了"以学习者为中心"的教育思想，在网络学习空间的框架下，设置了包括问卷调查、资源展示、互助合作、作业递交、作品互评、课堂评估及学情记录等在内的多个模块。它融合了备课、授课、自动批改、成绩分析及交流服务等多种功能，其主界面展示见图 5-3。教师可以根据具体教学需求，灵活选用相应的功能模块，为每节课构建独立的教学环境，同时为个性化教学与评价实施提供支撑。这不仅促进了学习者在智能化学习环境中的在线学习，还强调了网络学习空间通过技术整合教学需求，实现个性化、交互式教学的优势。在 ITtools3.0 网络学习空间中，学习者可以不受时间和空间的限制，实现自主学习。该网络学习空间的环境是自主的、开放的，可以为探究性学习活动的开展提供更加优质的资源和服务，有利于学习者的"自主-协作"学习，学习者的主动性和积极性将得到更大限度的保障。

（一）活动分析阶段

1. 学习内容分析

本书选择高中人教版信息技术选修课本第三章的"组建小型局域网"一节。这节课的主要内容是如何组建一个小型局域网，要求学习者学会小型局域网的搭建方法并且在实践中成功组建一个局域网，实现局域网的内部通信功能。这对于

图 5-3　ITtools3.0 平台学习者课程界面

学习者来说是具有一定难度的学习任务，需要学习者真正了解局域网的相关基础知识和原理，积极主动地动手操作，由此才能实现局域网的组建工作。该学习任务比较适合进行探究性学习活动，首先，学习者具有很大的学习和探索兴趣，有利于活动的开展；其次，小型局域网的组建可以培养学习者的自主探究能力和实践能力，充分发挥"自主–协作"学习模式的优点；最后，基于网络学习空间的探究性学习模式可以充分满足学习者课下自主探究获得基础知识和理论、课上动手实践体验的教学要求。

2. 学习者分析

现如今的高中生生活在数字化时代，本身已经具备了一定的信息素养，并且对计算机的基本操作相对熟练，对网络的认识有着先天的优势。在以往的学习中，学习者已经对网络的理论知识和基本特点有了一定的了解，并且对信息技术的学习表现出了一定的兴趣。这节课操作性较强，与生活联系比较密切，可以很好地满足学习者对探索和求知的需要，有助于培养他们的实践能力，因此，他们的积极性可以得到充分保障。此外，这节课工作量较大，并且有一定的难度，学习者很难独立完成，因此，这节课将采用小组协作探究的模式开展，以小组合作模式为组织形式，完成探究性学习活动，需要充分考虑如何分组的问题，小组之间的差异不能过大，分组要尽量做到均衡。由于学习者的信息技术能力不同，信息素养也存在个体化差异，教师分组时要注意小组的平均水平，尽量做到分组的相对公平。ITtools3.0 自带分组功能和选举组长等功能模块，教师可以依据此功能完成各小组成员的分配。

3. 学习目标分析

（1）知识与技能

认识局域网和局域网的网络拓扑结构以及组成局域网的硬件，并在此基础上组建一个小型的局域网；在让学习者掌握局域网组网知识的基础上，培养学习者的知识迁移和实践能力，从而提高学习者自主学习和解决问题的能力。

（2）过程与方法

通过教师在网络学习空间中的引导，学习者在网络学习空间中依托空间基本的功能通过小组协作的方式开展探究性学习活动，培养学习者的问题解决能力和探究能力，从而学会和掌握理论知识，并且提升自身的科学探究能力。

（3）情感态度与价值观

通过学习局域网组网过程，让学习者感受网络社会的奇妙，提高学习者的信息素养；通过科学的探究活动，让学习者了解科学探究的一般过程，培养学习者的探索创新精神和合作实践精神。

学习目标要在网络学习空间中进行公示，让学习者了解学习目标，有一个明确的学习方向，明确自身的学习需求以及有待提高的能力，从而激发学习者的学习动机。

（二）活动实施阶段

1. 创设情境，问题呈现

在创设情境与问题呈现阶段，教师要通过事先制作的导学案向学习者呈现这样一个情境：主人公小明是一位公司职员，他的老板需要他在公司内部创建一个小型局域网，以实现公司内部的通信和网络管理；此外，公司为了节省成本，只有一个上网的账号，如何通过一个账号实现公司所有电脑上网（这些电脑没有无线网卡，只能采用有线接入的方式），也就是说，共享网络也是小明需要解决的问题，如果你是小明，你会怎么做？在呈现问题阶段，教师可给予学习者一些基本的提示，比如，教师可以告知学习者实现内部互通、解决网络共享的问题就是创建一个内部局域网，以及学习者通过浏览哪些资料可以熟知局域网的组建方法，也可以给学习者提供一些如何获取资源的建议。

ITtools3.0 网络学习空间为情境的呈现提供支架，情境的呈现可以在 ITtools3.0 的导学案中完成，导学案可以用视频、音频等媒体辅助呈现，教师可以根据教学情况自行设计。

在此阶段中，学习者先通过个人账号登录 ITtools3.0 网络学习空间，获取这节课的学习内容和学习目标以及阅读一些现有的学习资料。之后，学习者在 ITtools3.0 平台中浏览教师准备好的导学部分的资料，理解、辨别材料，提出探究问题，也就是组建小型局域网的方法，以及共享网络的方法。

2. 研讨问题，设计探究计划

在研讨问题与设计探究计划阶段，首先，教师要选定学习方式，既可以是小组合作探究，也可以是自主探究，鉴于这节课程内容比较复杂，可以采用小组合作探究的方式。其次，教师需要利用 ITtools3.0 的分组功能对学习者进行分组，选出组长，并提供与组建局域网相关的资料和工具，协助各小组完成探究计划。

网络学习空间能够提供资源获取工具，以及师生、生生之间进行研讨的交流工具，ITtools3.0 的 BBS 讨论和学习者互助可以为学习者与教师服务。

在明确探究任务之后，小组成员就可以通过网络学习空间的即时通信工具展开讨论，确定小组的探究计划以及小组各成员之间的分工。此外，各小组成员之间也可以通过网络学习空间的论坛功能分享自己小组的探究计划，其他小组可以针对该计划提出一些建议，以达到相互借鉴、相互补充的效果。

3. 实施探究计划

在实施探究计划阶段，教师要监控学习者的探究活动。一方面，教师需要引导学习者积极参与学习；另一方面，教师应为学习者提供必要的指导。教师要注意学习者通过论坛、邮件、课堂讨论等多种同步或异步互动方式提出的问题，及时为学习者提供解答。

ITtools3.0 平台的小组合作模块、BBS 讨论功能模块和课堂求助功能模块等可以为学习者提供必要的帮助，有助于学习者进行组内研讨，并且有助于学习者通过搜集学习资源、观看教师准备好的辅助材料，如视频材料、音频材料等方式来促进探究计划的实施。

对于学习者而言，探究活动要在 ITtools3.0 平台中展开，各小组根据自己的探究计划，按照步骤有条不紊地进行探究性学习。学习者可以利用教师上传到网络学习空间中的资料，或者使用网络搜索引擎自行搜索资料，找出组建局域网的方法，遇到问题时可以使用 BBS 论坛或者课堂求助实时提问。小组成员要明确自己的职责，积极主动地完成学习任务，需要学习者探究和理解的主要知识包括如下方面：①网络规划。通过查阅任务要求和相关资料，在网络学习空间中完成对局域网的组建需求以及组建规模的概括；确定局域网的网络拓扑结构，学会拓扑结构的基本绘制要求，并绘制出具体的网络拓扑结构图。②确定硬件和软件。确定将要完成组建的小型局域网所需的硬件设备及其数量，包括传输介质、路由器和通信介质等；确定需要的软件，以及软件的使用和安装等，如网络代理软件等。③硬件设备的连接以及软件安装。将计算机与各设备之间连接起来，并在计算机上安装所需软件。④进行相关参数设置。对计算机进行相关参数的设置，以达到共同上网的目的，如设置计算机 IP 地址、路由器的参数等。⑤测试。测试的目的是测试局域网是否搭建成功、计算机之间是否连通等，一般采用 PING 命令完成；此外，还要测试所有计算机是否可以正常上网。对以上有关局域网组建的知识完全了解后，组内成员要对自己的探究结果进行总结和整合，最终形成一套可行的实践方案。

4. 教师点评，学习者互评

在教师点评与学习者互评阶段，教师要根据观察到的学习者在探究活动中出现的问题进行点评和总结，针对共性问题和难点问题开展相应的教学活动。教师还要组织学习者进行小组成果展示，组织小组间进行互评。教师要对探究的全过程进行评价，包括学习者探究的积极性、参与度以及在探究过程中解决问题的能力等。

在这一阶段，网络学习空间中的小组成果展示功能模块能够实现学习者的作品上传和成果展示，小组互评功能模块能够支持学习者实现小组互评。

学习者要在机房内根据探究的理论成果动手组建一个小型局域网，从而真正将理论变为现实。在实践结束后，各小组要展示学习成果，包括网络拓扑结构图、实物连接以及是否能正常上网等。每个小组都要轮流展示自己的学习成果，以及收集到的资料和小组的探究过程，其他小组要进行必要的补充并提出相应的建议，并且反思自己小组的不足。在此基础上，各小组开展小组自评与小组互评。小组自评力求客观公正；小组互评主要是对小组的方案和成果进行评价，学习者通过 ITtools3.0 平台的问卷功能对其他小组进行打分，分别对各小组的探究态度、网络拓扑结构图、实物连接情况、小组分工、协作交流五个项目进行评价，每一项的总分为 10 分，小组互评表见表 5-3。

表 5-3　探究性学习活动小组互评表

评价项目	评价标准	评价分数
探究态度	各成员对探究课题有较高热情和较大兴趣，能够认真完成探究任务	
网络拓扑结构图	网络拓扑结构图线路连接清晰、正确，缩略图使用正确，绘制优美	
实物连接情况	实物连接正确，各接口连接正确，使用线路和耗材较少，成本控制合理；能够实现设备的正常运转，使局域网互联互通	
小组分工	小组分工合理，任务明确、具体，并且组内成员紧密合作	
协作交流	主动与其他小组和老师交流，积极地提出问题或帮助其他小组	

根据评价结果和小组内对探究过程的反思，小组内要进行深入研讨，发现自身的不足和缺点，从而完善探究计划，重构解决方案。

5. 再现过程，交流经验

在再现过程与交流经验阶段，教师将组织各小组成员以书面文字的形式在 ITtools3.0 平台的 BBS 论坛中提交一份总结与反思，总结的内容是呈现自己的学习过程、陈述探究思路和探究方法，以及在此次探究中遇到的问题和如何解决问题等，最后要写出此次学习对未来学习的影响及对以后学习的展望。教师要对反思进行相应的引导，注重学习者对探究过程和学习方式的反思，以及对科学探究过程的认识，鼓励学习者将学习到的理论知识迁移并运用到现实生活中。在必要时，教师还需要对所学知识进行拓展和延伸，以满足学习者多样化的学习需求。

针对学习者活动，学习者除了要提交最后总结外，还被要求在论坛中浏览他人的总结与反思，并做出评论（可以是给他人的建议或者鼓励等），以他人为镜反省自身的学习过程，弥补自身的不足。

（三）活动评价阶段

教师对学习者在 ITtools3.0 平台上开展的探究性学习活动的实际情况进行反思与评价，在此过程中，教师可以根据表 5-4 中的五个评价维度进行评价。

表 5-4　基于 ITtools3.0 网络学习空间的探究教学模式评价表

评价维度	评价的主要内容
探究思想运用维度	基于 ITtools3.0 空间的探究教学模式与"组建小型局域网"这节课是否相互促进；通过这节课的学习，学习者是否掌握了探究性学习的基本知识与能力；学习者通过探究性学习是否使组建局域网的相关知识得到了提升、拓展和深化
学习目标维度	是否达到了这节课的课程目标，是否掌握了组建局域网的基础知识和技能
主题内容维度	探究性学习的项目设计、活动设计与学习类型的运用是否合理；ITtools3.0 平台能否满足教学需求
实施环节维度	这节课中"组建小型局域网"的问题设置、小组活动的开展以及成果展示与评价的开展是否合理；了解学习者在这节课的探究性学习中遇到问题和困难，以及原因
组织和管理策略维度	了解这节课的学习组织形式（小组协作探究）和"组建小型局域网"的课程结构设计、组织、管理和实施的相关情况及合理性

通过对以上五个维度的总结和反思，教师就可以全面地分析课堂的教学策略、教学方法和教学效果的合理性，从而对教学的各个环节做出必要的修改和补充，完善自己的教学设计，实现更加高效、智慧的课堂。

第二节　基于网络学习空间的合作学习活动设计与实践

一、合作学习的理论基础

（一）合作学习的基本内涵

合作学习是由斯莱文（Robert Slavin）于 20 世纪 70 年代初在美国提出，并在 70 年代中期至 80 年代获得重大发展的一种教学理论。合作学习在提升学习者学业成绩和认知水平、优化课堂社会环境氛围、促进学习者形成良好的非智力品质等方面实效显著，因此受到世界各国的普遍关注，并成为当代主流教学理论和策略之一。

国内外专家学者从不同角度对合作学习进行了界定。美国明尼苏达大学合作学习中心的约翰逊兄弟（David Johnson & Roger Johnson）等认为，合作学习是通过小组或团队形式，使学习者共同活动，以最大限度地促进自己以及他人的学习[1]。也有部分研究者将合作学习界定为一种课堂教学技术，指向促使学习者在团队中开展学习活动并基于团队成绩获得个体认可[2]。王坦教授将合作学习定义为以实现共同的教学目标为导向，以异质学习小组为基本形式，以团体成绩为评价标准，依托各要素之间的相互作用促进学习者学习的教学活动[3]。华南师范大学李克东教授和赵建华学者把合作学习定义为一种通过小组或团队的形式组织学习者进行学习的策略[4]。

综观国内外专家学者对合作学习概念的不同表述，合作学习的内涵通常包含以下五点：①围绕小组活动展开；②体现同伴之间的互助合作；③以共同目标为导向；④以小组总体成绩为评价依据；⑤由教师分配学习任务和控制教学进程。综上，合作学习的概念可以表述为：合作学习是一种以异质学习小组为基本形式，以小组成员合作性活动为主体，以共同目标为导向，以小组总体成绩为评价标准，共同达成教学目标的教学活动。

（二）合作学习有效实施的条件

若要在实践中有效地实施合作学习，需满足积极的相互依赖、面对面的促进性交互、强调小组中的个体责任、强调成员的人际交往技能以及小组自评等五个核心条件。

1. 积极的相互依赖

这主要是指教师通过创建共同的目标和奖励、共享资源和分配任务，从而在小组成员之间创建积极的相互依赖。这要求各成员意识到他们在合作小组学习中担负着一定的责任，即他们不仅要为自己的学习负责，也要为其所在小组的其他成员负责。在合作学习中需要提高学习者的自觉性，增强学习者的责任心，形成

---

① Johnson D W，Johnson R T，Holubec E J，et al. Circles of Learning：Cooperation in the Classroom[M]. Alexandria：Association for Supervision and Curriculum Development，1984：18.

② 盛群力. 小组互助合作学习革新评述（下）[J]. 外国教育资料，1992（3）：24-32.

③ 王坦. 合作学习的理论基础简析[J]. 课程·教材·教法，2005（1）：30-35.

④ 赵建华，李克东. 协作学习及其协作学习模式[J]. 中国电化教育，2000（10）：5-6.

合作小组成员间同舟共济、荣辱与共的观念，使得各成员自身和同组成员各方面的素质都能得到提高。

2. 面对面的促进性交互

合作学习强调学习者之间进行的交流，小组成员之间相互鼓励和支持、相互信任和促进，为取得良好成绩、完成总体任务、实现整体目标而共同努力。课堂中的小组合作学习在促进性交互方面通常表现为：学习者个体相互提供足够的支持和有效的帮助；交流所需的信息和材料；提供反馈信息；对彼此的结论进行质疑等。

3. 强调小组中的个体责任

个体责任强调小组成员要认识到每个人都必须承担一定的任务并尽职尽责，如果小组的任务仅靠个别人完成，小组的其他成员亦会采取袖手旁观的态度。同时，在个人发展方面，只有那些真正参与到小组学习中的学习者才有可能获得更多的学习机会并更快地得到成长，而那些没有参与到合作学习任务中的学习者则可能得不到或得到较少成长，因此要做到分工明确，责任到人。另外，教师应采取有效的评价方式，在评估小组整体成绩的基础上合理评价每个人对小组的贡献程度。

4. 强调成员的人际交往技能

合作学习是一种以学习者之间的有效交互为基础的学习形式，因此学习者必须具备人际交往技能，如组织能力、社交能力等。在合作学习中，如果教师把人际交往技能较差的学习者安排在同一学习小组中，那么很有可能会引发组内冲突，从而影响合作学习的效果。此时教师应给予正确的引导，通过自身的沟通能力、协商能力等，有效解决组内冲突。学习者只有掌握了一定的社交技能，建立并维护小组成员之间的相互信任，高质量的合作学习才得以进行。

5. 小组自评

小组成员必须采取自我反省的方式定期评价共同学习活动的情况，以保证小组活动的有效性。与此同时，小组成员之间也需要探讨怎样才能更好地完成目标和维持成员间的有效合作关系，对共同活动的成效进行评估。这种个体自评与组内自评能够使学习小组成员之间维持良好的工作关系，使组员对自己的参与情况有所了解，进而推动合作技能的学习，保证学习者在认知与元认知水平上进行思考，为强化小组成员的积极行为及合作学习产生的良好教学效果提供支持手段。

值得注意的是，仅仅把众多个体组成一个群体并让他们共同学习并不能产生有效的合作，要使小组合作学习的有效性得到保证，就需要在设计小组合作活动时充分考虑推动合作学习发生的条件。在网络学习空间环境下，合作学习活动同样强调积极地利用同步或异步的方式促进学习者之间的交流合作，与线下环境不同的是，合作学习活动可以借助网络展开，实现不受地域限制的"网络面对面"学习。

（三）合作学习的基本方法

1. 指导型

指导型合作学习聚焦教师在合作学习过程中的核心地位，一个典型的范例即学习者小组成绩分工法（students teams achievements divisions，STAD），这一方法是由当代合作学习研究的主要代表人物斯莱文博士创设的。该方法将成绩水平、性别和种族不同的学习者混合到四人学习小组中，通过教师授课、学习者组内自主学习（确保所有小组成员掌握教学内容）、独立参加个人测验三个步骤完成教学。在完成教学过程后，将学习者测试的成绩同他们在进行合作学习前的平均成绩进行比较，教师根据学习者超过他们先前成绩的程度，对每个小组进行打分，小组成员的分数相加构成团体分数，达到一定标准的小组可以获得认可、证书或其他形式的奖励[1]。

2. 过程型

过程型合作学习方法关注小组过程和技能的发展，美国明尼苏达大学约翰逊兄弟于 1987 年提出的共学法（learning together，LT）是典型代表，该方法被广泛用于各学科与各年级段的学习者[2]。这一方法要求学习者在 4—5 人的异质小组中学习指定的作业（assignment sheets），并在学习完成后共同上交一份作业单，按照小组的成绩接受表扬和奖励。该方法强调学习者共同学习前的小组组建活动和对小组内部组员活动情况的定期讨论。

---

[1] 何李来，邵景进. STAD 型合作学习简介：目标、模式、实施及评价[J]. 外国教育研究，2005（1）：60-62.

[2] 王晴. 培养积极的相互依赖：以一堂七年级班会课为例[J]. 全球教育展望，2010（2）：2.

3. 结构型

结构型合作学习的典型案例是卡甘（Spencer Kagan）的合作法，他为小组开展合作学习提供了一些可以迁移和应用的基本结构，这些结构又衍生出具体化的合作学习方法。卡甘提出了七类基本结构：①课堂构建结构，多用于提升课堂凝聚力和整体氛围；②小组构建结构，多用于改善和提升小组关系；③交流构建结构，多用于培养学习者的沟通交流能力；④掌握结构，多用于帮助学习者掌握基础的学科知识、简单技能等；⑤概念形成结构，旨在帮助学习者形成对某一事物的概念；⑥任务分工结构，要求团队成员分工承担任务或接收信息；⑦合作项目类型，以支持合作的项目为基本载体[①]。

卡甘的架构展现出高度的灵活性，学习者不必遵循固定的关键步骤，而是鼓励他们根据特定的教学目标和需求，在既有架构的基础上进行适应性调整。这种调整是师生基于具体问题共同作用的产物，因此往往更容易获得认可。架构的灵活性进一步促使每个新设计的结构更加高效且具有针对性，能够充分满足合作学习活动的需求。

4. 探究型

探究型合作学习方法强调针对复杂问题的小组探究性合作学习。该类方法的典型代表是由以色列特拉维夫大学教育心理学教授沙伦（Shlomo Sharan）及其夫人（Yael Sharan）创设的小组调查法（group investigation，GI）。它是一种普通的课堂教学组织计划，学习者需组成2—6人的小组，在小组中运用合作性探究、小组讨论和合作性设计开展学习活动。在从整个班级都学习的课程单元中选定某个子课题后，各小组再将子课题分解成个人任务，落实到每个小组成员身上，并开展必需的活动以准备小组报告。最后每个小组进行小组汇报，向全班展示他们的学习成果或者发现[②]。

---

① Kagan S. From Lessons to Structures—A Paradigm Shift for 21st Century Eduction[EB/OL]. https://www.kaganonline.com/free_articles/dr_spencer_kagan/267/From-Lessons-to-Structures-A-ParadigmShift-for-21st-Century-Education.（2004）.

② Sharan Y，Sharan S. Group investigation expands cooperative learning[J]. Educational Leadership，1989，47（4）：17-21.

（四）合作学习活动的一般流程

合作学习在以课堂教学为基本教学组织形式的前提下，教师通过引导学习者合作以实现人与人之间的互助，并借此增强学习者的学习动能，进而实现既定的教学目标。合作学习的一般流程如图 5-4 所示。

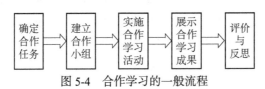

图 5-4　合作学习的一般流程

1. 确定合作任务

合作任务的确定为后续合作学习的开展提供了大致路线。因此，合作任务是进行合作学习的关键。教师在设计合作任务时，要保证该任务能够在有限的时间内完成，并且要适合学习者的年龄特点和认知水平。合作任务的难度应处于学习者的最近发展区内，既不能过于简单，也不能超出学习者当前的认知能力范围。合作任务的完成依赖于各种资源及合作小组的共同努力，从而真正激发学习者的合作意愿及合作热情，进而发挥出学习共同体的创造性，实现具有真实价值的合作学习。教师在确定合作任务的同时，需要引导学习者明确合作学习的意义和价值，提醒学习者准备学习材料，提前思考相关问题等。

2. 建立合作小组

划分团队或组建小组是开展合作学习的重要前提。在明确合作目标和合作任务的前提下，教师需要合理设定分组方式和配置小组人数。合作小组人数有可能直接影响成员参与度，人数过多可能导致每人承担的任务较少，或出现部分成员"搭便车"的现象，难以达成在合作学习中促进个体发展的目标；人数过少可能导致合作小组的整体效能受到限制。因此，通常来说，开展合作学习的小组人数通常为 4—6 人。分组方式通常包括学习者自由结组、教师指派结组和随机结组三种。

（1）学习者自由结组

在合作任务确定后，就需要列出合作学习的子任务，学习者根据自己的兴趣、爱好选择感兴趣的任务结成小组。该方法遵循自愿原则，由学习者自由结组。建好组后，应以组内成员共同感兴趣的任务为连接点，树立集体观念，使学习者意识到相互尊重、相互合作的重要性，了解合作学习的方法以及评价方式。该方式的优势在于充分尊重个体的选择权和自主权，能够有效激发成员在推进团队任务时的活力。然而，自由结组也存在一定的弊端，学习者对于组员的选择可能并非出于对任务主题的考量，而是基于伙伴关系是否亲密、任务分工是否减轻等，甚至可能出于从众心态。因此，在学习者自由结组的方式下，教师需要给予必要的引导：①在分组开始前，教师应充分强调合作学习与分组的重要性；②在分组开始时，教师应询问小组成员组建团队的原因；③在分组结束后，教师应结合自身对学习者的了解、课堂观察及选择情况，对分组做出适度调整，以确保合作学习的顺畅进行。在此过程中，教师需格外注意与学习者保持及时沟通。

（2）教师指派结组

教师指派结组是指教师基于对学习目标、合作任务和学习者特征的分析，将不同的学习者组建为合作小组。这一方式的优势在于教师能够从宏观层面了解每位学习者的特点，保障每个小组的学习水平和能力大致均衡。与之对立的是，学习者在这个过程中自主选择伙伴的权利相对受限。相较于学习者自由结组，尽管该方式下的合作学习有助于学习者迅速完成合作任务，但由于学习者被限定在既定小组框架内，其在全面促进学习者合作能力培养方面仍存不足。

（3）随机结组

随机结组是指借助特定工具实现分组的一种方式，学习者的分组既不是个人选择的结果，也非教师主观安排，而是遵循完全随机的原则。此方法的优势在于，它能促使学习者被随机分配至不同小组，进而推动他们在较短时间内相互了解、适应彼此，并协同推进学习活动。这一过程对学习者构成了挑战，同时也孕育了成长的机会。当与不熟悉的同伴携手完成合作任务时，学习者往往能突破固有思维模式，从而实现更佳的学习成效。举例来说，若"高水平"学习者被分到同一组，激烈的思维交锋将进一步提升他们的学习效果；相反，若"低水平"学习者组成一队，在缺乏强者依赖的情况下，他们的求知欲可能被激发，同样能促进学习进步。然而，该方法的不足之处在于，随机分组可能导致小组成员在兴趣、专长、性格及能力上的搭配缺乏协调性，进而可能对合作学习的顺畅进行构成障碍。

三种结组方式各自具备其优势与局限，应依据合作任务的具体内容及教学的实际需求决定分组方式。在特定情境下，教师可灵活地将上述分组策略相结合，以构建合作小组。

3. 实施合作学习活动

本阶段包括合作学习活动的组织安排、情境创设和资源设计。从合作学习活动的组织方式来看，可以采用课堂讨论、角色扮演、竞争、协同和伙伴等方式，通过组内成员的双向沟通与积极主动的合作学习完成学习任务。立足于学习成果视角，合作学习的最终成果既要体现群体智慧，又要充分彰显每位成员的个体特征。从组间关系来看，组间竞争有助于增强组内的协作力，提高学习效率。推动自主学习、合作学习和良性竞争相统一，能够有效规避个体对团队的过度依赖，有利于学习者的知识建构和良好内在品质的形成。

4. 展示合作学习成果

展示合作学习成果是合作学习中小组之间分享资源、体验成功的重要环节，通过展示互动交流，学习者之间可以相互取长补短，进而形成发展性学习机制，有助于培养学习者的赏析意识，学会尊重其他同学的学习成果。在完成合作任务后，各合作小组应准备展示材料，小组内部共享学习观点、协商论证，汇总并形成最终的合作学习成果以进行展示，各个小组针对学习活动过程中遇到的困难和问题进行讨论，以便及时处理未解决的问题。小组之间相互交流讨论、扩展新知，教师在各小组的交流展示过程中应及时地给予指导和反馈。只有充分发挥展示学习成果的有效性，才能达到合作学习的目的，进而实现高效课堂。

5. 评价与反思

针对合作学习评估，可采取多元化的评价策略。在评价方式上，可以将形成性评价与总结性评价相互融合；在评价主体上，应将教师评价、学习者自评和同伴互评相统一。评价手段与工具涵盖问卷、访谈记录、活动日志、观察技术、学习心得报告及多种原始资料，而评价标准通常在规划初期由教师设计。评价要求具体包括如下方面：首先，确保评价覆盖至合作团队中的每位个体；其次，评价不仅要审视团队的最终产出，还需依据成员对任务的差异化贡献进行分层评估，确保个人贡献得到准确认定；再次，重视阶段性与多次评估；最后，应理性看待非预设的学习产出。合作学习评估的关键指标包含以下几种：学习者在合作进程中的积极性表现；学习者的发言、助人行为、时间与精力投入，以及情绪状态等；团队成员间的协作动态；正向依赖度与团队归属感；合作学习的进展状态；讨论内容对任务解决的促进作用，阶段性成果的产出，个人职责履行情况，以及团队自我加工的能力；对个人贡献的专门评价；学习成果的展示与实效性，以及学习目标达成度。此外，学习者在合作学习中的所有表现，无论是正面表现还是负面表现，均值得深入反思与总结。对于学习者，评价构成了自我反省的学习契机；对于教师，评价则有助于总结教学设计的不足，进而持续优化与提升教学。

（五）合作学习活动的优势

在合作学习中，合作是课堂活动中的重要内容，是建立和发展集体观念的重要手段，合作学习的优势主要体现在以下几个方面。

1. 合作学习能够提高学习者的学习效率，优化学习效果

合作学习的过程是个体对独立学习的再认识、再提高，是对独立学习成果的归纳、反思和应用的过程。合作学习的轨迹为"独立学习—生成问题—合作交流—获得结论或形成新的问题—独立思考—融入自我知识库"。独立学习和合作交流交互作用，学习者的学习呈螺旋上升状态，使得同伴间的合作学习效果大于个体学习效果之和，这正是合作学习无可比拟的优势所在，合作学习是知识与经验共享、升华的高效手段，从而能够提高学习者的学习效率，进而取得相对理想的学习效果。

2. 合作学习能够激发学习者的学习动机，促进学习者的认知发展

在小组合作学习中，每个人都有均等的机会发表自己的观点和倾听他人的意见，使学习者有机会形成良好的人际关系和掌握更多的沟通技巧，形成融洽的合作氛围并达成相对满意的学习效果。合作学习使得学习过程更加愉快，也将使学习者在这一过程中学到更多的知识，从而促使学习者从"要我学"转变为"我要学"，有助于激发学习者的学习动机和学习兴趣，使他们成为学习的主人。在认知发展方面，已有研究表明，为了实现共同目标而相互合作的学习方式能够推动学习者在信息共享、冲突协商、评价反思等的循序过程中完成高级知识建构与认知能力发展[①]。

---

① 李志河，周娜娜，秦一帆，等. 网络学习空间下混合式学习共同体活动机制构建[J]. 中国电化教育，2019（9）：104-111.

3. 合作学习能够突出学习者的主体地位，培养学习者的创新思维

相对于单一被动的接受式学习，合作学习是一种有目标的研究性学习。在研究性合作学习中，研究课题的确定、研究方案的制定、研究途径与手段的选择，以及研究结果的呈现方式等，都由小组成员共同讨论与决定。在整个学习过程中，学习者始终拥有高度的自主性：学习者能够积极主动地参与学习活动，主动地发挥其创造思维进行学习，由此产生的学习效果不再是单纯停留在表面，而是对知识更深层次的理解与运用，此过程有利于激发学习者的创造潜能，培养学习者的创新思维。

4. 合作学习能够提高学习者的社交能力，增强学习者的学习自信

小组合作学习既是同伴之间双向交互、共同促进的过程，也伴随着双方的情感交流和心理连接。尽管学习者的性别、能力以及任务的性质等方面存在着差异，但是通过参与合作学习，学习者普遍拥有了更多的责任感和义务感，相互之间也更加关心，由此他们的社交能力得到了提高。社交能力是学习效率的"催化剂"，有了更大的能量和更高的效率，取得的学习效果也就更好，从而让每个学习者都有机会体会到成功的喜悦，增强了学习者学习的自信心。

5. 合作学习能够建立学习者的集体观念，培养学习者的团队精神

合作学习将个人之间的竞争转化为小组之间的竞争。学习者如果长期处于孤立、竞争的学习状态中，就很可能变得冷漠、自私、狭隘和孤僻。而在合作学习中，同伴之间的互动交流既可以帮助学习者克服自我中心倾向，也有利于促进学习者建立集体观念，培养学习者的团队精神，从而使学习者逐渐学会平衡竞争意识、竞争能力与团队精神、合作能力之间的关系。合作是现代社会成功的必要基础，具有良好合作能力和团队精神的个体不仅能够在团队中获得更好的学习成果，同时也能为今后个人的发展奠定良好的基础。

二、网络学习空间对合作学习的核心支持作用

建立传统教学环境下的合作学习存在一定的局限性，例如，课上合作学习的时间和地点受限、教师始终作为学习的主导者和中心、学习资源和知识共享相对

有限、评价方式单一等。网络学习空间作为一种集 Web2.0 技术和服务的网络学习环境，不仅能够突破传统学习的时空限制，共享海量网络学习资源，支持多元交互及评价，还能够提升学习者的小组合作能力，发展学习者的社交技能与培养学习者的信息素养。网络学习空间支持下的合作学习可以将合作学习的过程性成果保存下来并加以整理，把虚拟课堂作为现实课堂的扩展和延伸，有助于突破现实课堂在开展合作学习方面的局限。相对于传统教学环境下的合作学习，网络学习空间对合作学习的支持作用主要体现在以下几个方面（表 5-5）。

表 5-5　网络学习空间支持下的合作学习与传统教学环境下的合作学习对比表

维度		网络学习空间下的合作学习	传统教学环境下的合作学习
参与层次	参与广度	突破时空限制，参与范围广	受时空限制，参与范围较小
	参与深度	较深	较浅
教师角色	知识传授者	支持	支持
	教学主导者	支持	支持
	学习引导者	支持	/
	教学组织者	支持	支持
	学习伙伴	支持	/
	教学研究者	支持	/
	课程开发者	支持	/
学习者角色	学习者	支持	支持
	学习伙伴	支持	支持
	知识消费者	支持	支持
	知识创造者	支持	/
学习资源	教师教案课件等资料	支持课内外查看下载	仅课内可见
	教师提供的学习资料	支持课内外查看下载	仅课内可见
	学习者查找的学习资料	支持课内外查看下载	仅小组可见
	教学过程性资料	支持记录与共享	/
	学习过程性资料	支持记录与共享	/
	生成性资源	支持记录与共享	/
教学评价	教师评价	支持课内外	支持课内
	学习者评价	支持课内外	支持课内
	家长评价	支持课内外	/
交际技能		要求较高	要求较低
信息素养		有效提升	/

（一）网络学习空间支持下的合作学习参与范围更广、程度更深

在传统线下教学中，学习者在年龄、知识水平等方面大多具有一致性。尽管教师可以通过异质分组的方式来降低群体之间的相似性，但是在班级授课制的前提下，学习者之间的趋同性仍然不可避免。相较之下，在以网络学习空间为支撑而开展的合作学习中，参与成员在年龄分布、知识背景及能力倾向上呈现出多样化特点，群体之间的异质性大大增加。网络学习空间内的合作学习超越了地理界限，演变为一种突破空间边界的学习模式，这一转变显著加速了学习的社会化进程及社会的学习化趋势。

同时，线下环境中的合作交互大多以面对面的形式开展，交互过程中产生的信息是即时的。为支持学习者后续基于讨论内容进一步开展学习活动，小组内部需设立"记录员"以承担记录职责。对于"记录员"而言，他们在合作学习的过程中需要专注于信息的记录，有可能对其参与深度和个体认知发展产生影响。而在网络学习空间中，利用电子通信、文档存储与信息管理等技术手段，原本由"记录员"承担的任务被技术所替代，保障了所有参与者都能够专注地投入合作学习中。此外，网络信息资源以其丰富性和集成性，使得学习者能迅速完成资料搜集与整理等基础任务，进而能将更多时间与精力投入到高级认知活动中，进一步增加了参与的深度。

（二）网络学习空间支持下的合作学习使得教师角色更为丰富

传统教学环境通常指代线下物理教室。在这个传统线下环境中，教师以讲台为中心，学习者坐在教室中参与学习，这种群体之间相互隔离的教学方式会给师生双方带来心理上的距离感，使他们的交流难以顺利、平等进行。而网络学习空间支持下的合作学习活动发生在线上平台上，人与人之间空间距离的弥合能够帮助教师更好地融入学习者之中，使教学活动的开展更为自由和顺畅。

在网络学习空间中开展的合作学习中，教师可以成为学习者中的一员。教师在扮演知识传授者、教学主导者的基础上，还扮演着教学组织者、学习引导者、学习伙伴等角色，以协助学习者在网络学习空间下开展合作学习活动。网络环境支持下的合作学习极大地丰富了教师的角色。教师根据每一次学习活动的效果及

反馈，更加注重教学反思，不断总结经验，进而改进和完善教学，逐步发展为教学的研究者。在这个过程中，教师也开始更多地根据学习者的实际情况和需求设计课程，逐渐成为课程开发者中的一员。

（三）网络学习空间支持下的合作学习逐步使学习者成为知识的创造者

基于网络学习空间而开展的合作学习能够促进学习者角色发生转变，他们从知识的接受者与消费者逐渐演变成知识的创造主体。这一转变体现在从被动吸收知识向主动探索与创造知识迈进。举例来说，在网络学习空间的研究性合作学习过程中，小组成员共同参与讨论并决定研究课题的选择、研究方案的设计、研究路径与方法的采纳，以及研究成果的展示形式。这些变化得益于网络学习空间所营造的自由、开放学习氛围。在这样的环境中实施合作学习，学习者才能真正成为学习活动的主导者。网络学习空间颠覆了传统教学环境中师生角色的固定模式，真正实现了以学习者为中心。

（四）网络学习空间为合作学习提供丰富的学习资源，促进资源建设

网络学习空间为使用者提供了海量的优质教育资源，在以某一主题作为特定节点的连接下，大量同一主题的学习经验、学习成果得以汇聚，教师不再是教与学活动中唯一的资源提供者，任何参与者都可以随时随地通过网络学习空间上传资料，实现资源共享，成为资源的积极贡献者。此外，重要资源不仅可以保存在诸如 U 盘、硬盘等本地存储设备上，还能上传至网络学习空间的云端，这一转变促进了学习资源的数字化积累与管理。

（五）网络学习空间下的合作学习支持多元评价，不断自我完善

合作学习过程涉及多方协同参与，评价的精准性和公平性需要大量的过程性数据作为支撑。在网络学习空间中，依托科学的评价标准与强大的技术支持，教师可以通过深入分析自动记录的过程性数据，包括任务完成质量、难度、时间等，进而多维度地评估学习者在合作学习过程中的表现并监测其学习状态。一般

而言，学习者的过程性数据仅对教师及学习者本人开放，组内或组间其他成员无法查看，这种设置旨在激励学习者，帮助他们针对个人不足进行自我提升。与传统教学相比，网络学习空间下的合作学习评价不仅更重视团队精神和个人成就，平衡学业成绩与个人发展，而且将合作学习过程纳入评价中，尤其关注网络环境下的互动过程。公正合理的评价不仅能激发学习者的学习兴趣，提升其参与评价的积极性，还能促使学习者深刻理解正确自评与互评的重要性。家长同样被允许参与到学习过程及学习成效的评价中。

（六）网络学习空间下的合作学习提升学习者的社交能力，促进交流互动

小组之间无法实现合作的首要原因是成员无法有效合作，而导致这一结果的根本原因是他们缺乏合作必备的社交技能①。在面对面开展的合作学习中，合作学习仅需要基本的社交技能支持，包括表达、倾听及鼓励等言语与非言语技能。而在虚拟在场的网络学习空间中，学习者不仅需要良好的口头表达能力，更重要的是书面表达能力，用以将碎片化的个人观点准确、精炼地以文字方式表征出来。由此，学习者的社交技巧和言语交际能力将会得到显著提升。

在线下学习中，学习者之间的交流互动面临多方面的障碍。教师往往倾向于将自身角色定位为讲授者与控制者，导致学习者之间的合作转变为由教师严格掌控的有序过程。此外，实体环境中的人际关系，以及参与者的情感状态、态度倾向、性格特点、认知水平和表达方式等，均可能对合作学习的成效产生影响。相比之下，网络学习平台中的合作学习为促进交互提供了更为有利的条件。首先，线上交流消除了面对面交流所带来的压力，特别是教师无形中施加的权威感以及现实情境中情感态度和人际关系所带来的负面效应，为学习者创造了一个自由表达观点、流畅交流的环境。其次，对于在现实中不擅长表达或性格内向的学习者而言，网络合作学习提供了一个相对无拘无束的交流平台，他们可以灵活选择电子邮件、电子白板、即时通信工具、网络论坛等多种交互方式进行沟通，进而真正参与到互动之中。

---

① 曾琦. 合作学习的基本要素[J]. 学科教育，2000（6）：7-12.

（七）网络学习空间下的合作学习有利于提升学习者的信息素养

网络学习空间是以网络作为合作与交流的线上平台，对学习者的信息素养提出了一定要求。有研究者指出，学习者的信息技术能力对于在网络学习空间内成功实施合作学习具有显著的预示作用①。同时，如何利用网络技术与他人进行有效交流与讨论，以及如何对他人的见解做出合理评价，也成为线上学习者必备的能力。从这个视角来看，随着网络学习空间中合作学习的推进，学习者将被引入一个全新的、由技术驱动的学习环境，在此环境中，认识并应用技术成为保证学习得以顺利进行的必要条件，也构成了学习者新型学习能力不可或缺的一部分。

三、网络学习空间中合作学习活动的理论模型

在网络学习空间中开展合作学习活动，教师要对整个合作学习活动的开展进行精心设计。教师要分析学习者的个体特征、教学目标和教学内容，并结合网络学习空间的功能和合作学习的设计原则进行整体设计，以获得更好的教学效果。教师利用网络学习空间的基本功能设计整个合作学习活动的过程，学习者在完成合作学习任务的过程中不断提升自己的社交能力和信息素养。结合合作学习开展的一般流程，网络学习空间下的合作学习活动设计总体上可以分为活动分析阶段、活动实施阶段、活动评价阶段三个阶段，如图 5-5 所示。

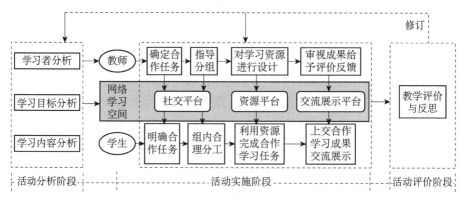

图 5-5　网络学习空间中合作学习活动的理论模型

---

① 张建伟，卢达溶. 关于网络协作探究学习及其影响因素的实证研究[J]. 电化教育研究，2002（8）：38-43.

（一）活动分析阶段

1. 学习者分析

合作学习的目标能否实现、预期的任务能否完成，在很大程度上取决于教师对学习者特征的掌握程度[①]。合作学习目标的难易程度是关乎合作学习成败的重要因素。如果过难，学习者经过共同努力不能完成，会影响学习者学习的积极性；如果过于简单，没有合作学习的必要，将影响学习者学习的兴趣。这些都会影响合作学习开展的效果。要想使合作学习的目标难度适中，教师首先要了解和分析学习者特征。分析学习者特征对组建合作小组具有重要意义，是合作学习活动设计中的重要环节之一，教师应充分了解学习者的一般特征、初始能力、学习风格等。

2. 学习目标分析

合作学习主题的确定和任务的设计要与学习目标有相关性和一致性。教师在设计教学活动时应紧紧围绕学习目标展开，合作学习主题和任务的设计要以学习目标为出发点和最终归宿。

根据布鲁姆的教育目标分类学说，学习活动目标分为三个领域，即认知领域、动作技能领域和情感领域。在设计合作学习主题和任务时，教师要依照该学习内容的学习目标，并结合学科知识、教学大纲以及学习者的知识技能、能力、情感培养目标等确定合作学习要达成的具体目标，即学习者在知识技能的掌握、能力的获得、情感等方面将有哪些变化。在此基础上，教师通过平台功能与学习者进行交流，让学习者明确学习活动目标。

3. 学习内容分析

合作学习并非适用于所有的学习内容，比如，有些学习内容和学习任务由学习者独立完成比运用合作学习更节省时间，也更利于培养学习者独立学习、思考和解决问题的能力。因此，在进行课堂教学中的合作学习活动设计时，应优先选择适合合作的、有合作价值的主题。在进行课堂教学设计时，教师不应被教材所束缚，要深入挖掘教材，对教材进行深加工和整合，将看起来孤立的知识点联系起来并为学习者呈现出来，合作学习的价值便也逐渐显现出来。

---

① 陈妙娥，黄英. 论基于合作学习的学习者特征分析[J]. 教学月刊（中学版下），2010（12）：27-30.

（1）分析教学内容的难度

教师对学习内容进行分析时，具有一定难度且对学习者具有挑战性的学习内容较适宜于开展合作学习。学习者很难通过自身原有的知识完成学习任务，但是能够在与同伴相互合作、资源共享的过程中尝试完成学习任务，并逐渐培养团结协作的精神。

（2）探索问题解决路径

不同学习者对于同一问题可能具有不同的问题解决视角和策略。此时，合作学习可以有效激励学习者之间拓展思路、相互启迪。基于此，教师应精心设计合作学习主题与任务，以激发学习者参与合作的积极性，确保每位学习者均能获得展示个人解题方法与见解的机会。

（3）拓展学习未来方向

人与人之间观点与经验的碰撞有利于扩展已有认知结构，教与学过程中的合作学习为此提供了有效支撑。小组内部或组间交流能够帮助学习者进一步拓展并加深对教学主题和内容的理解，进而为未来学习拓展新的思路和方向。

（二）活动实施阶段

1. 教师活动

（1）确定合作任务

根据教学目标，设计合作学习活动任务，注意学习者学习动机的激发与保持。合作学习活动的任务要具有序列性。所谓序列性，是指教师或小组成员为了完成共同学习任务而设计的多种学习活动的组合方式。设计合作学习活动的任务时，要注意学习活动的先后顺序、时间是否恰当、预期成果是否可行等。

（2）指导分组

团队是开展合作学习的基本单元，对所有参与活动的学习者进行科学分组是实现网络学习空间中合作学习活动的前提。分组时可采用教师指导分组的方法，即教师在学习者自由结组的基础上对不合理的分组情况进行调整，也可采用教师指派结组的方法，这时教师应遵循"组内异质，组间同质"的原则，充分考虑学习者的个体差异，合理划分小组，让大部分学习者都能切实参与到合作学习中去，并扮演一定的角色和承担相应的任务，让他们能有机会体会到成功的喜悦，从而提升学习者的学习积极性。

（3）对学习资源进行设计

教师在明确阐述完任务目标后，需要对相关学习资源进行科学合理的设计。学习资源大致可分为预设学习资源、相关学习资源和泛在学习资源。

预设学习资源即根据合作学习的要求，由教师预先制作的学习材料，包括文本、图片、视频和多媒体课件等资料，如合作学习指南、典型案例、可供下载的期刊文章以及视频资料等。这些资源能够起到为合作学习的开展创设特定的问题情境、引导方向的作用，通过预设资源的学习，学习者能够迅速进入合作学习的研究状态中。

相关学习资源即围绕合作学习目标，有确定搜索范围的相关材料，包括相关资源网站、书籍、报刊、杂志中的相关内容。这种资源可以由教师推荐，也可以由师生、生生之间在网络学习空间中的"小组文件交换区"相互提供。相关学习资源可以起到导航的作用，能够帮助学习者在所给定的搜索范围内尽快找到相关信息，为合作学习任务的完成提供帮助。

泛在学习资源即广泛存在的各种学习材料，如互联网上的信息资源，自然界和人类社会中所有的信息资源，凡是可以作为学习和研究对象的资源都可以包括在内。在上述两种资源学习的基础上，学习者通过泛在学习资源的利用，获得更为丰富的信息，从而为合作学习任务的完成提供更为广阔的思路。这种资源可以是由教师提供的，也可以是学习者经过自主探究寻求的相关资源，并将其上传到"资源共享区"，实现资源的共建与共享。

在建构主义者看来，学习者习得的知识并不是由外部直接给予的，而是学习者通过主动建构而获得的。因此，在合作学习过程中，小组成员不仅需要对预设资源和相关资源进行学习，更需要在搜索资源的过程中筛选有效信息，以完成学习任务，并在此过程中促进个体的知识建构。

教师在对学习资源进行科学设计的过程中应将任务细化并布置给不同的小组和个人。同时，教师还应设计学习活动监管规则，制定学习结果评价标准，规定评价的主体、对象和参照物，以便后续对学习者学习活动过程中的行为表现和学习活动结果做出客观评价，并在学习者合作学习过程中给予指导和必要的帮助。

（4）审视成果给予评价反馈

在这一阶段，教师指导、控制各小组进行合作学习成果交流，对各小组的学习成果进行综合评价并给予积极反馈。教师对学习者上交的学习成果进行审视，并对学习者在整个学习活动中的表现做出综合评价。

2. 学习者活动

（1）明确合作任务

在教师发布合作学习活动的任务后，学习者需进一步明确、界定小组的共同学习任务，这是开展合作学习活动的必要前提。

（2）组内合理分工

团队小组成员的确定并不等同于合作小组已然形成，小组成员之间如何协商沟通并确立分工合作机制是保障合作学习有序进行的关键要素。为实现小组成员的合理分工、紧密协作，防止部分成员游离于小组合作以外，可遵循"因材施教、能力匹配"的原则，采取"角色分配"策略，使每位学习者在小组中基于个体特征扮演不同角色。小组内部应明确设立组长、记录员、报告员、联络员等职务，并定期轮换角色，以促进每位学习者的积极参与。组长作为小组的核心，承担着领导、组织和协调的重任，其选任直接关系到小组合作学习的成功与否。组长的选拔通常有三种途径：一是由教师直接任命，挑选组织能力强、热情高、在学习者中有威信的学习者担任；二是由小组内部推选，在教师指导下成立小组后，由学习者自主选出组长，负责协调小组内外关系及学习活动的组织与管理，教师根据实际情况进行微调；三是采用激励策略，教师鼓励平时表现不突出、较少受到关注或性格内向的学习者担任组长，以此锻炼其领导能力，展现其潜能，同时增强其自信心和成就感。

在实际分组和安排角色时，要根据具体情况合理分配角色，必要时可以让一个人同时担任几个角色，也可以由几个人同时担任一个角色，还可以根据合作需要在学习中做出相应的改变。通常来说，一个小组中的具体角色主要包括如下几种。

1）小组长：该角色是小组人员组成的核心，他需要指挥小组按照学习要求分配任务以开展相关活动，同时，小组长还兼具协调小组成员间的关系并有序地组织全组人员开展讨论交流、组织对本组及成员进行总结和评价等职责。因此，具有较好领导能力、组织能力和合作意识的学习者比较适合担任组长。

2）记录员：负责对小组学习过程和结果进行记录。因此要选择学习态度好，对工作认真负责，同时记录速度快的学习者担任。但在网络学习空间中开展合作学习时，记录员的角色可以被网络学习空间的相关学习平台代替，从而使学习者投入到更有价值的合作学习任务中去。

3）报告员：负责重述小组讨论学习的主要结论，并汇报合作小组的研究成果，尽可能选择语言表达能力强的学习者担任。

4）联络员：负责联络其他小组，随时了解其他小组的进展情况和存在的难题，便于小组间的沟通交流。

5）总结者：总结合作小组在整个合作学习中的成绩和不足，针对课程的设计提出意见和建议。

（3）利用资源完成合作学习任务

学习者可以通过网络学习空间获取学习信息和资源，分析加工教师提供的学习资源、材料，首先尝试独自解决问题，将个人学习结果进行总结。小组内部共享学习观点、论证协商、汇总成果，小组间交流讨论、反复思考、扩展新知。

（4）上交合作学习成果交流展示

通过合作学习，各小组能够生成小组学习成果，这些成果可以选择在线下课堂进行展示汇报，也可以将其作为生成性资料上传至网络学习空间中。教师和其他团队的学习者能够针对学习成果提出意见建议，以帮助学习者改进学习成果。组内成员之间也可以对成员贡献等进行同伴评价，学习者个体可以对自己参与合作学习的过程进行评价与反思。涵盖多个维度的评价能够使学习者全面认识自身的长处与短板，从而促进其进行深入的自我反思。

（三）活动评价阶段

在合作学习的评价阶段，教师着重关注对合作学习过程的评价。因此，教师不仅应对小组学习成果进行评价，也要根据小组成员对整个任务的不同贡献做出分层考核、评价，正确评价小组成员个人的贡献。小组成员需要根据小组成员个体贡献度评价表（表5-6）的评价标准进行自评和组内互评，这样有利于激发小组成员最大限度地投入到合作学习活动中去，在贡献才智的同时学有所获。

表 5-6　小组成员个体贡献度评价表

小组组号		分工情况	小组成员个体贡献度			
姓名	学号		小组讨论交流贡献程度	资料收集和整理贡献程度	小组任务组织和协调贡献程度	小组成果的反思与改进贡献程度

注：评价等级：A 为"优秀"；B 为"良好"；C 为"一般"；D 为"不及格"

　　在合作学习活动结束后，要进行三方评价，包括教师评价、小组自评和互评。教师除了需要对各小组的表现进行评价外，还需要解决不同小组在开展学习过程中的共性问题，并对每一组的合作学习效果进行综合打分，明确其优点和不足，以帮助他们进一步完善整个合作学习过程。在开展网络学习空间中的合作学习活动设计时，在活动进行的每一阶段，如果发现不足之处，教师都要进行及时修订和完善。

　　除了教师评价外，学习者需要依据小组合作学习效果评价表（表 5-7）开展自我评价和成员互评。在所有小组的作品提交后，各组进入自评和互评阶段，每一小组都需要对其他所有小组进行评价，各小组需要在评价截止时间前完成所有评价任务。教师也需要对所有小组的学习成果进行评价打分，最后核定成绩，计算各组得分，完成此次评价。各小组成员在组间互评的过程中可以取长补短，进而为后续学习提供帮助。

表 5-7　小组合作学习效果评价表

评价内容			评分情况	
一级指标	二级指标	三级指标	分数	评语
小组分工（10 分）	分工情况（5 分）	分工明确，任务分配合理		
	任务完成（5 分）	成员能够认真地完成任务		
交流合作（30 分）	参与度（10 分）	成员积极参与小组活动		
	交流质量（10 分）	小组内交流激烈，能够通过交流解决问题		
	合作情况（10 分）	成员愿意参与合作学习，能认真倾听，互助互学，共享成果		

续表

评价内容			评分情况	
一级指标	二级指标	三级指标	分数	评语
小组汇报（60分）	作品内容（30分）	观点明确，条理清晰，内容完整，具有一定的创造性		
	制作水平（10分）	排版合理，界面美观，能恰当地使用多媒体元素		
	汇报表现（20分）	表达清晰，能在规定时间内完成，回答问题具有针对性		
总分				

四、Blackboard 平台中合作学习活动的实践案例

Blackboard 平台由美国 Blackboard 公司开发研制的数字化教学平台，并被广泛地应用于国外各个高校。国内 Blackboard 平台的规模化应用起始于 2007 年，其作为网络课程的重要平台而成为网络学习空间，是国内外网络学习空间应用的典型代表。Blackboard 平台为网络合作学习提供了极大便利，该教学平台中的讨论区、留存箱、课程任务、发送邮件、虚拟课堂、小组页面等功能为教师和学习者开展合作学习提供了众多选择。

（一）活动分析阶段

1. 学习者分析

"计算机网络"课程的教学对象是浙江某大学教育技术学专业的大二学生。经过大一的学习，学习者已经初步了解了计算机相关的专业知识，具有进一步学习相关知识、技能，并形成相关素养的强烈意愿与内驱力，可以有效完成教师分配的学习任务。同时，这节课是对学习者原有专业知识的扩展与延伸，学习者容易在新旧知识之间建立联结，从而实现迁移。相较于大一学习者，大二学习者的自主性逐渐增强，能够较好地完成小组合作中的教学任务。教师在进行分组时，要兼顾学习者的学习风格，将不同学习风格的学习者进行合理搭配，使他们在合作学习的过程中能够取长补短，将个人的聪明才智发挥到极致。

2. 教学目标分析

教学目标是师生开展任何教与学活动的根本导向，能够指导教师合理设计教学过程并引领学习者达成预期的学习成果。本书基于布鲁姆的教育目标分类法对这节课的教学目标进行分析，具体包含认知领域、动作技能领域和情感领域三个方面。

针对"计算机网络"课程，其核心教学目标是使学习者熟练掌握计算机网络的基础知识及技能，理解日常生活中网络设备及数据通信的基本原理，并培养学习者在网络上获取信息与传递信息的能力。这些具体目标详列于如表 5-8 所示的三维教学目标表中。

表 5-8 "计算机网络"课程三维教学目标

知识教学目标	能力培养目标	情感教育目标
掌握计算机网络的基本概念； 了解数据通信的基本原理； 了解常用网络通信设备； 掌握计算机网络的组成和分类； 了解网络的相关知识	初步具有局域网的应用能力； 能够连接和使用网络； 学会使用电子邮件； 能够利用网络获取信息	培养良好的信息素养； 树立网络安全意识； 建立社会责任感

3. 教学内容分析

合作学习活动的主题选择"计算机网络"课程的第一章第一节内容"计算机网络概述"，这部分属于基础性知识，学习者通过查找资料、交流讨论基本上就可以掌握本节内容，具有一定的合作价值。"计算机网络"是为高校非计算机专业开设的一门公共基础课，以培养学习者的网络知识和技术以及提高学习者的信息素养为目标。通过学习这门课，学习者可以掌握网络技术和网络安全，了解当下前沿的网络技术。在这节课的开始，通过合作学习的方式使学习者在合作交流中对当前计算机网络的发展形成大致的了解，有助于激发学习者对后续学习的兴趣和动机。

（二）活动实施阶段

在教学活动开始前，教师首先要确保所有学习者均已通过平台认证，并讲解平台每个模块的功能，让学习者熟悉 Blackboard 平台。第一节课的讲解可以让学习者熟悉 Blackboard 平台的基本功能。

1. 确定合作任务

教师通过 Blackboard 平台的"课堂任务"工具向学习者发布合作学习的学习任务：①请各小组查找资料，对"计算机网络""Internet""网络协议"等概念形成自己的理解。②各小组将合作学习成果以 Word 文档或 PPT 的形式呈现，上传至"虚拟课堂"区。此时，学习者在"课堂任务"区可以查看合作学习任务。

2. 建立合作小组

Blackboard 平台的管理人员负责帮助全部选课学习者完成注册并按班级划分。在特定课程中，教师所上传的教学材料仅对本班学习者开放访问权限，学习者仅需凭个人学号即可登录查看。教师在介绍完 Blackboard 平台的各项功能之后，会依据学习者的学情对班级学习者进行合理分组。随后，各小组内部推选产生小组长，由小组长负责将本组成员名单提交至平台（图 5-6）。此分组举措旨在促进后续课程中的小组讨论与合作学习活动。

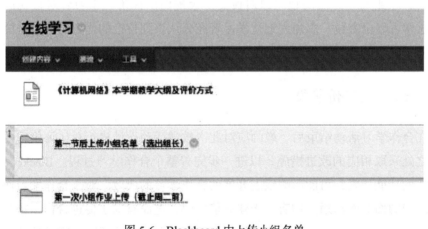

图 5-6　Blackboard 中上传小组名单

3. 实施合作学习活动

教师在明确阐述任务目标后，将对应的学习资源和材料上传至"留存箱"以便学习者下载查看，并将学习任务细化，布置给不同的小组和个人。由于合作学习的评价方式发生了变化，教师应向学习者说明课程的评价方式。在这种教学评价方式下，教师同样关注学习者对合作学习这一教学活动的态度，有助于鼓励学习者以积极的心态投入学习。这种教学评价的设计，关注学习者对合作学习的情感态度，有助于学习者以积极轻松的心态进行学习。在学习小组成立后，各小组长应再次确认本组成员是否已明确任务。在各小组成员都已明确任务后，各组成员便可利用 Blackboard 平台的"留存箱"中的资源，获取自己所需要的信息和资源，以完成合作学习任务。小组内部可以通过该平台中的"小组页面"功能共享学习观点和汇总学习成果。小组之间可以在该平台中的"讨论区"进行交流讨论，互相解答疑问，表达观点和见解，开阔视野，拓展新知。

4. 评价与反思

合作学习活动完成之后，各小组都会形成各自的合作学习成果，并将各组的合作学习成果上传至 Blackboard 平台中的"虚拟课堂"区进行成果分享。同时，各个小组针对学习活动过程中遇到的困难和问题，也可以在此进行讨论，以便及时处理未解决的问题，教师可以进行适时的指导。教师在对各小组上交的学习成果进行审视后应给予积极反馈，并对各学习小组在整个学习活动中的表现做出综合评价，以促进学习者更有效地学习。小组内部成员间可以对彼此的表现做出相互评价，小组与小组之间也可以对彼此的表现做出评价，学习者对自我进行评价。这样可以全方位、多角度地让学习者充分认识到自己的优势与不足，能够使学习者更好地进行自我反思。

（三）活动评价阶段

在合作学习活动结束后，教师应对此次教学活动设计进行总体评价，并针对不足之处采取相应的改进措施，以进一步完善整个合作学习过程。Blackboard 平台存在的功能局限，可能影响线上开展的合作学习的成效。对于合作学习而言，成员之间的面对面沟通更加有利于建立信任感，进而有助于促进合作，提升学习效率和优化学习成效①。而在网络学习空间中，线上教学环境可能导致教师监控不足、人与人之间的情感联系难以建立等问题，从而导致部分学习者游离于合作学习之外。同时，受传统教学理念的束缚，教学设施、技术及资源等的普及程度不高，以及教育工作者对新技术掌握有限等因素的影响，教师在运用此类教学平台时往往无法充分发挥技术效能，导致一些对合作学习具有显著促进作用的功能尚未投入应用。

---

① 黄怡凡. Blackboard 教学平台上的合作学习[J]. 现代教育技术，2009，19（S1）：169-171.

第三节　基于网络学习空间的混合式学习活动设计与实践

一、混合式学习的理论基础

（一）混合式学习的内涵

混合式学习最早起源于美国。1996 年，美国《培训杂志》发表了第一篇关于在线学习的论文，随后教育技术人员和培训领域工作者开始了对网络在线学习和培训的研究，逐步建立起关于在线学习的理论体系。进入 21 世纪后，随着网络的普及和在线学习的进一步发展，线上与线下相结合的混合式学习逐渐走进人们的视野。

国内外研究者总结和概括了混合式学习的实践经验，对混合式学习的内涵进行了广泛而深刻的探讨。有学者提出，混合式学习是"在'适当的'时间，通过应用'适当的'学习技术与'适当的'学习风格相契合，对'适当的'学习者传递'适当的'能力，从而取得最优化学习效果的学习方式"[1]。在这种观点下，混合式学习是一种基于学习者发展特点和发展需求，提供技术支撑、资源支撑、教与学方法支撑等，从而帮助学习者获得最佳学习效果的学习方式。北京师范大学何克抗教授认为，混合式学习的理想化是有机融合传统学习和在线学习的优势，既要发挥教师引导、启发和监控教学过程的主导作用，又要体现学习者作为学习主体的主动性、积极性与创造性，根据不同的问题和要求，采用不同的方式解决问题，借助不同的媒体与信息传递方式开展教育教学活动，最终达到效果最优化[2]。北京师范大学黄荣怀教授等在对混合式学习进行深入分析的基础上，认为混合式学习是一种已经存在的教学和学习形式或者策略，集体面对面的教学形

---

[1]　Singh H，Reed C. A White Paper：Achieving Success with Blended Learning[R]. ASTD State of the Industry Report，American Society for Training & Development，2001.

[2]　何克抗. 从 Blending Learning 看教育技术理论的新发展（上）[J]. 中国电化教育，2004（3）：5-10.

式比较适合传统教学，而以个别学习为主的在线学习形式则适合自主、能动的环境，将两者结合能够更好地发挥彼此的优势，从而取得更好的效果①。

尽管国内学者对混合式学习的理解不尽相同，但大家比较一致的观点是混合式学习是各种学习要素的有效混合，有利于资源的优化整合，有利于提高学习者的学习效果，是网络学习和传统课堂学习的相互结合和互补，是线上和线下有效结合的一种形式，它建构出一种既能体现学习者主动学习、积极探索、自我建构知识的主体作用，又能发挥教师引导、设计、启发的主导作用的全新学习方式。本研究认为混合式学习的内涵包括学习理论的混合、学习资源的混合、学习环境的混合以及学习方式的混合。

1. 学习理论的混合

混合式学习以多种学习理论作为支撑，包括行为主义学习理论、建构主义学习理论、人本主义学习理论等。在多重学习理论的支持下，混合式学习能够适应多样化的学习者、复杂化的学习目标、多元化的学习资源和学习环境要求等。

行为主义学习理论产生于美国，由著名心理学家华生（John Watson）在 20 世纪初创立。行为主义学者将学习过程视为刺激与反应的连接，主张学习源自个体对外界刺激的被动反应。在这种观点下，他们认为强化是学习者习得知识的关键，而在一定程度上忽视了外部刺激引发的学习者内部的心理过程，认为学习与个体内部心理无关。他们将学习者视为"黑箱"，学习是学习者在受到外部刺激时行为上发生的变化。因此，他们关注学习者行为的变化，以及如何促进学习者形成令人满意的行为方式。据此，学习被视为个体对外界刺激被动接受的过程，教师的主要作为是设计外部刺激，并根据学习者的反应及时调节外部刺激；学习者的任务则是对外部刺激做出反应，并在此过程中被动接收知识。此外，学习被视为一种渐进的过程，对事物的认识是从部分到整体的。基于此，在混合式学习中，应及时为学习者提供反馈并强化行为，使师生双方能即时评估知识或技能的掌握程度，进而有效促进正确学习行为的巩固，同时削弱错误行为②。

建构主义学习理论发展了早期认知学习论中已有的关于"建构"的思想，强调学习的实质是学习者在学习过程中主动建构的过程，并力图在更接近、更符合实际情况的情境性学习活动中，以个人原有的经验、心理结构和信念为基础来建

---

① 黄荣怀，周跃良，王迎. 混合式学习的理论与实践[M]. 北京：高等教育出版社，2006：78-80.
② 杨改学. 三种学习理论与现代远程教育[J]. 中国远程教育，2003（23）：25-27，45.

构和理解新知识。建构是对新知识意义的建构，同时又包含对原有经验的改造和重组。建构主义学习理论强调以学习者为中心，要求学习者由被动的接受者变成信息加工的主体和知识意义的主动建构者。在建构主义学者看来，知识是学习者在一定的社会文化背景下，通过与同伴、教师进行交互而主动建构的，不是由教师直接传授而习得的。在混合式学习中，教师想要帮助学习者进行知识的意义建构，必须做到以下几点：充分激发学习者的学习兴趣；创设合适的学习情境，为学习者提供新旧知识联结的线索；组织并促进学习者协作交流活动的开展，并在协作过程中进行积极、及时的指导①。

人本主义学习理论是 20 世纪五六十年代于美国兴起的学习理论，其主要代表人物是马斯洛（Abraham Maslow）和罗杰斯（Carl Rogers）等，他们将学习划分为有意义学习和无意义学习。学习的实质在于有意义学习。有意义学习是指一种使个体的行为、态度、个性以及在未来选择行动方针时发生重大变化的学习。它不仅仅是一种增长知识的学习，而且是一种与每个人各种经验融合在一起的学习，涉及个人的情感或意义。在有意义学习中，学习者的整个身心，如认知、情感活动等都投入其中，最大限度地调动了积极主动性，因而所学内容保持时间长，学习效果较好。人本主义学习理论的核心教育思想是"以学习者为中心"。人本主义认为，学习者有求知上进的潜能，有实现自我的内在学习动机。教师要做的是为学习者创造良好的教育环境，教师不是教学习者学什么、怎样学，而是提供学习环境、学习方法，由学习者自己决定怎样学。教师不是"指导者"，而是"辅导者"。这样既尊重了学习者的意愿，又能培养师生良好的人际关系，学习者也能够把自己的潜能充分发挥出来。在学习过程中，学习者要进行角色互换，师生之间、生生之间要积极互动，相互沟通、相互理解②。人本主义学习理论对混合式学习的研究具有指导和借鉴意义。在混合式学习理念下，学习者可以根据自己的兴趣和能力来选择学习内容和方式，不但学习者的学习积极性得到提高，而且通过协作学习活动可以促进学习者间的沟通交流③。

传播是人类社会普遍存在的信息交流的社会现象，是由传播者运用适当的媒

---

① 冯坤山，吴振强. 基于建构主义理论的四面体学习模型的构建[J]. 中国远程教育，2012（5）：46-50.
② 柳素芬，冯昭军. 人本主义学习理论在网络教学中的应用研究[J]. 软件导刊，2007（14）：30-31.
③ 侯艳. 浅析人本主义学习理论对当代教育的启示[J]. 辽宁师专学报（社会科学版），2014（1）：94-95.

体，采用一定的形式向接受者进行信息传递和交流的一种社会现象。教育与传播是密不可分的。教育传播既是传播的一个实践应用领域，又是传播的一大功能之一。教育传播是教师按照教学目标选定教学内容，通过各种传播媒体，向特定的教学对象传播知识、培养技能，帮助人们形成优良品质个性的教育教学的传播过程。混合式学习就是一种教育传播过程，在混合式学习中，除了传统的教学课本外，还加入了很多新媒体，如网络课件、视频在线系统、虚拟实验室等，这些新媒体在教育传播过程中发挥着不可忽视的作用。因此，在进行混合式学习时，教师要根据实际情况，按照学习者的需要选择合适的媒体进行教学，并且要考虑到各层学习者的接受能力和反馈情况；另外，要重视学科本身所具有的特点和教学规律，根据实际需要，综合运用各种媒体，充分发挥媒体的优势。

2. 学习资源的混合

教学资源是教学内容的载体，旨在为教与学活动的顺利开展提供必要的材料支撑。在传统线下教学中，教学资源通常涵盖教科书、课外读物、教学参考资料、教学简报等印刷品，同时也包含教师资源、教学工具及基础设施等。在学校教育场景中，教材作为课程内容的核心载体，不仅是教师与学习者课堂活动的重要依托，也是衡量教学质量的一个关键因素。教科书强调系统科学知识的传授，有助于学习者在较短时间内构建起知识结构与体系。因此，在传统线下教学中，教科书占据了学习资源的核心地位。然而，教科书的出版、流通及更新周期较长，难以匹配知识快速积累与更迭的步伐，致使学习内容易于过时。此外，大量的机械重复练习不仅拖慢了学习进度，还降低了学习效率。在传统教学模式中，教材几乎是学习者学习的唯一内容，是学习者获取知识的主要途径，但教材的单一性、滞后性等既不能满足学习者个体发展的需求，也无法适应时代发展的要求。随着现代信息技术的飞速发展，社会已步入数字化学习的新时代，这对传统学习方式构成了深刻影响，传统学习资源亦从纸质印刷材料向数字化形态实现了跨越式转变。数字化学习资源涵盖文本、在线视频、网络教学课件以及学习工具软件等多种类型。部分教学资源不仅提供每节课程的详细讲解，还包含了教师讲义、自学光盘、名师讲座、专题研讨及众多相关网站链接。数字化学习资源具备便捷获取、形式多样、资源共享性强、高度互动性等多重优势。

数字化学习已逐渐成为当前及未来教育的一种主要发生方式，能够通过提供多样化的学习资源随时随地响应学习者的需求。在此过程中，学习者不仅获取了广泛的知识，还锻炼了信息收集、分析判断及整合的能力，因此，加强数字化学习资源的建设显得尤为重要。然而，仅凭网络浏览难以确保学习成效。网络中信息的碎片化、学习者对视频图像的过度依赖及各类媒体的频繁使用，加之对能提供生动性信息的技术的偏好而忽视个体深度思考，都有可能对教学产生负面影响。相比之下，教科书依据课程大纲，系统地规划了学习进度、评估标准及知识间的关联性，体现了其独特价值。传统学习资源与数字化学习资源在优势上互为补充，前者之所长往往能弥补后者之不足，反之亦然。因此，在数字化学习盛行的当下，印刷材料仍扮演着不可或缺的角色。

为实现学习内容的多样化与多元化，确保教师与学习者享有更广泛的自主选择权，并兼顾地域差异及个体差异，促进印刷教材与数字化学习资源的有机结合显得尤为必要。学习者在利用学习资源时不应偏废其一，应将信息技术作为促进自主学习的认知辅助、情感激励及教学环境丰富的工具，全面融入各学科教学中。在使用学校提供的教材的基础上，教师应结合不断更新的数字化学习资源，使各类教学资源、教学要素及环节相互渗透、补充与融合，最终构建协调统一的有机体系，并形成强大的知识管理枢纽。

3. 学习环境的混合

理想的混合式学习始终以学习者为中心，其提供的多种功能支持学习者参与正式学习或非正式学习。混合式学习环境为学习者提供了进行混合式学习的外部条件，通常情况下主要由课堂学习环境和在线学习环境两部分构成。

课堂学习环境可以从课堂物理环境和课堂资源环境两个维度进行说明。从课堂物理环境这一维度来看，它是指教与学赖以进行的一切物质条件所构成的整体，是教学活动的物质基础。首先，物理环境会影响学习者的认知活动、智力活动的展开。开展教育教学活动需要适当的物理环境，如光线强度、环境温度以及颜色等，如果环境光线过强，会使人感到烦躁，甚至头晕；如果环境光线过弱，则不能引起大脑足够兴奋，从而影响智力活动的正常进行。其次，物理环境会影响学习者的情绪体验，如教室内墙壁的颜色对学习者的情绪有显著影响，浅蓝色和浅绿色可使学习者心情平静，而浅红色和深黄色可使学习者情绪激动。最后，物理环境会影响学习者的学习行为，良好的物理环境，如教室宽敞、安静，会使学习者的学习行为积极主动，有利于教学活动的展开；不良的物理环境，如拥挤、嘈杂，会使学习者的学习行为变得较为消极，进而干扰教学活动。从课堂资源环境这一维度来看，传统教学环境中承担教学信息传递的纸质教材以及电子文本、多媒体演示、视音频演示、网络资源等都属于课堂学习环境中的物质资源，但课堂资源中还包括教学人员、教学模式、教学策略、学习氛围等非物质资源。教师将物质资源和非物质资源进行有机整合，为学习者创造了良好的学习环境①。在混合式学习的课堂学习环境中，教师和学习者可以同处在真实的学习环境中，师生可以方便地进行面对面的交流，也可以利用电子资源进行教学和学习。同时，教师在讲课过程中灵活把握课堂，及时调整原来教学设计中的欠缺，或者及时抓住讲课中闪现的灵感，把新思路、新想法及时表达出来让学习者思考，这种方式有利于教师给予学习者及时的引导和评价，也有利于学习者主体地位的发挥。

在混合式学习下，教学不再受教室空间和教学实践的限制。学习者可以选择开放式在线学习平台和移动设备进行学习。开放式在线学习平台是指教师和学习者利用共同的网络平台完成教与学，此类教学平台可以提供资源库，便于学习者掌握和理解知识；可以提供作业平台，有利于教师对学习者的学习进行评估；可以提供问题交流区，有利于学习者和教师开展交流；也会根据不同科目的具体要求，提供各种特色模块供学习者学习。同时，学习者也可以通过手持移动设备与网络资源库进行连接，获取相关的学习资源，以进行学习。这样，学习者不仅可以获得平台资源库的知识，也可以更新自己的电子档案袋，并能随时把问题发到平台上寻求帮助。网络平台和移动设备的混合，真正实现了在任何时间、任何地点开展学习。在在线学习环境中，学习者在获取不同的学习资源时可进行横向与纵向比较，集思广益，取长补短，深入理解和消化所学的知识，有利于对新知识的意义建构。同时，网络环境对学习者来说是时空的解放，宽松的学习氛围更可以使学习者发挥他们的聪明才智，他们可以在学习活动中相互启发、协作交流，学会交流与合作。但是学习者在网络背景下学习，由于自主性增大，在学习过程中往往容易下意识地只注意自己的心理顺序，而忽略了学科本身的逻辑顺序，平台资源的庞大性和复杂性让学习者难以选择，难以保证学习者学习的有效性，并

---

① 郭成. 试论课堂教学环境及其设计的策略[J]. 西南师范大学学报（人文社会科学版），2001（2）：75-80.

且仅仅依靠在网络平台上的交流不利于师生和生生之间的情感交流。所以，要使在线学习环境与课堂学习环境相互融合，让学习者在混合式学习环境中达到更好的学习效果。

4. 学习方式的混合

在混合式学习中，学习方式是由多方面整合而成的，我们可以将其分为协作学习和个性化学习。有学者认为协作学习是学习者为达成共同目标，在特定的激励机制下，以小组合作互助的形式参与学习活动，最终实现个人学习效果和小组学习成果最大化的一切行为[①]。协作学习通常包含四个核心要素：协作小组、小组成员、指导教师以及协作学习的环境。协作小组作为该模式的基础构成，其组建方式直接关联到学习效果。一般而言，小组规模宜控制在 2—4 人。学习者可以按照一定的策略被分到各小组之中，在分组时应综合考虑学习成绩、知识结构、认知能力、认知风格等多方面因素，适宜采取异质互补原则，以提升协作成效。例如，将学习成绩优异者与较弱者配对，既有助于后者的进步，也促使前者在帮助他人的过程中深化对知识的理解；将认知风格不同的学习者组合在一起，则能促进学习者发挥各自优势，实现认知风格的"互补增强"。值得注意的是，协作学习的成员不仅限于人类学习者，还可能包括计算机模拟的学习伙伴。指导教师在协作学习模式中扮演着不可或缺的角色，他们保障了协作学习的有序组织、学习目标的高效达成以及学习效果的持续优化。因此，教师应具备创新的教育理念和开展"以学生为中心"的课堂的教学能力。协作学习的环境涵盖了组织、空间、硬件及资源四大方面。组织环境涉及小组成员的结构安排，如小组划分与功能分配；空间环境指的是学习发生的场所，包括实体教室与虚拟网络环境；硬件环境指的是支持协作学习的技术设备，如计算机辅助学习或网络协作学习；资源环境则是指协作过程中利用的各种资源，如虚拟图书馆、网络资源等。

在线上线下环境中开展的协作学习活动中，团队成员在共同目标的引领下，通过在线或面对面的交互合作等参与其中。混合式学习环境下协作学习始终以各类混合式学习的思想和理论为支撑。混合式学习环境下协作学习活动的构成要素包括学习者个体、辅导教师、协作学习小组、活动目标与任务、活动环境、活动

---

① 黄荣怀，刘黄玲子. 协作学习的系统观[J]. 现代教育技术，2001（1）：30-34，41，76.

规划与策略以及学习活动成果，这些构成要素之间相互制约、相互影响，共同构成一个协作学习活动系统。教师对协作学习活动的各个过程进行有效指导、监督、控制和管理，促使学习者开展深层次的学习，以最大限度地获得个人和学习小组的成果为活动目标，提高学习者的协作学习能力、自主学习能力以及发散思维能力等，从而提高教与学的质量和效率。

个性化学习是依据学习者独特的个性特点而定制的学习活动，旨在为每位学习者提供最为贴合其需求的学习方法与策略。这一学习方式在教师引导或学习者自发形成的小群体中得以实施，在该群体中，每位学习者均能体验到归属感，拥有其独特身份及明确的学习目标。个性化学习强调个性的充分展现、自由发展，以及对学习者学习兴趣与需求的深切尊重，学习者的自主性得以彰显，使他们能够根据个人的学习风格，灵活选择最适合自身的方式达成学习目标，从而实现学习者主体性的最大化发挥。

在混合式学习环境个性化学习活动中，通过网络平台庞大的资源库，学习者可以根据自己的学习兴趣任意选择不同种类的资源，根据自身的接受程度选择资源的难度，也可以根据自己的喜好选择资源的呈现方式。学习者可以根据自己的实际情况来自定步调，基础相对较好的学习者可以在完成学习任务后再选择难度更大的学习内容开展自主学习，基础相对较差的学习者可以继续学习难以掌握的知识点。个性化学习活动突破了传统班级授课制模式下的教学统一性，既满足了基础相对较好的学习者的求知欲，又不会让基础相对较差的学习者成为边缘化学习者，保障每个学习者成为学习的主人。在混合式学习环境中，以计算机网络为核心的信息技术可以作为促进学习者进行自主学习的认知工具，帮助促进学习者的认知过程，培养学习者的批判性思维、创造性思维和综合思维，减少学习者的学习障碍，帮助学习者有效地完成认知过程。

（二）混合式学习的基本模式

混合式学习的基本模式主要包括技能驱动模式、态度驱动模式、能力驱动模式、Barnum 和 Paarmann 模式①。

---

① 李克东，赵建华. 混合学习的原理与应用模式[J]. 电化教育研究，2004（7）：1-6.

1. 技能驱动模式

技能驱动模式是为了促进学习者获取特定的知识或习得相应的技能，而将学习者自定步调的自主学习与教师提供的在线指导相互结合。在此模式下，学习者依据个人学习情况推进学习进度，主要通过电子邮件等方式与教师保持沟通，实现了学习者自主性与教师引领性的有效融合。同时，这种混合式学习模式能够有效帮助学习者缓解自学过程中的孤独情绪，为他们完成自主设定的学习计划提供智力支持和情感支持。对于教师而言，网络交流不仅为他们提供了监控学习者学习内容及进度的窗口，还使他们能及时响应并解决学习者在自主学习过程中遇到的难题。此模式尤其适用于学习者围绕知识应用层面展开内容学习的情况。

2. 态度驱动模式

态度驱动模式将线下课堂教学与在线协作学习有机融合。该模式首先通过面对面的教学互动，向学习者阐明协作学习的核心内容、特性、预期目标及后续开展线上协作活动需要的应用技能。此后，学习者可以借助网络平台进行协作，共同推进学习过程或探索新的行为模式。协作学习的关键要素包括内容特性与预期成果（旨在塑造态度与行为），既可通过直接交流得以强化，也可通过基于技术辅助的协作得到促进。态度驱动模式使学习者能够利用在线学习的创新优势，用以补充并优化传统课堂的教学效能，进而更好地满足学习需求。对于教师而言，此模式虽在一定程度上减轻了教学负担，但同时也对教师掌握和运用教育技术的能力提出了更高要求。

3. 能力驱动模式

能力驱动模式能够帮助学习者通过和教育领域专家进行在线交互，进而获取隐性知识。此模式侧重于通过学习者与教育专家的在线沟通、交流、研讨等非正式学习途径来汲取知识。因此，它涵盖了学习者与教师之间、以及学习者相互之间的即时在线互动环节，参与者利用在线交流工具进行探讨与互动，对问题进行深入反思，从而领悟其中的隐性知识。

4. Barnum 和 Paarmann 模式

Barnum 和 Paarmann 在 2002 年提出了一种混合学习的新模式，该模式主要包含四个阶段①。在第一阶段，教师需要将学习资源上传至网页，学习者可依据

---

① Barnum C，Paarmann W. Bringing induction to the teacher：A blended learning model[J]. T.H.E. Journal，2002，30（2）：56-64.

个人需求随时访问。这一阶段增强了学习者获取信息的灵活性与自主性，进而促进了其独立性和自信心的建立。第二阶段聚焦于面对面互动，包括且不限于师生、生生之间的直接交流，这不仅加深了学习者之间的相互理解，还促进了学习者的知识构建。第三阶段围绕产品创造展开，涉及三个核心步骤：首先，学习者利用已构建的知识创造性地产出个人作品，并通过网络进行分享；其次，发布写作摘要，邀请他人观看并交换反馈；最后，完成作业，将成品展示于网页，实现学习成果的共享。第四阶段强调协作拓展学习，将学习者按既定人数划分为小组，小组定期集会讨论 1—2 小时，小组成员间分享完成同一任务的体验与心得。此外，小组成员亦可通过线上联系方式保持沟通，持续学习交流。

（三）混合式学习的优势

混合式学习融合了线下教学与线上教学的独特优势与长处，既要充分发挥教师在教学过程中的主导作用，又要充分体现学习者的主体地位。混合式学习的优势主要体现在以下几个方面。

第一，学习规模的扩大。混合式学习混合着线下课堂学习环境和在线学习环境，学习者可以在不同时间、不同地点进行学习。横向来看，由于网络的普及性、资源的扩展性，不仅是在校学习者可以学习，而且社会工作者、退休人群等不能在某个固定时间参与学习的学习者都可以在在线学习环境中进行学习，由此扩大了学习者的规模；纵向来看，数字化学习资源获取的便捷性、形式的多样性、资源的共享性、强大的互动性，以及数字化学习资源与传统学习资源的相互融合，增加了学习者参与学习的机会，并且有助于帮助学习者学会学习，为其终身学习做好准备。

第二，学习速度和学习效果的提高。在混合式学习下，由于不受时间和地点的限制，学习者可以选择适合自己的学习方式，开展多渠道、多形式的师生、生生以及人机互动，学习速度得到显著提高。另外，由于混合式学习不受学习者数量的限制，其潜在的学习效率非常高。在混合式学习环境下，学习者的学习效果提升体现在两个层次：一是直接促进，即在教师的指导下，学习者可以学习得更好、更快、更多、更深；二是间接促进，即在教师的引导下，学习者学会了学习的方法，提升了自身的学习能力，从而获得了自身发展的过程。学习效果的提高体现在学习者掌握知识和学会学习两个方面。

第三，学习复杂程度的降低。在互联网和媒体技术的推动下，数字化学习资源不仅可以通过文本、图片等方式呈现，还可以用动画、视频、音频等形式来呈现，这些呈现方式可以极大地丰富信息内容的表现力，促进学习者的感官刺激，有利于学习者的主动发现和主动探索。复杂的公式、物理化学实验可以通过动画、视频让学习者轻而易举地了解其原理。同时，音频一体的多媒体材料还有利于学习者发展联想思维，建立新旧知识之间的联系。相对复杂的仅是媒体或者课程内容的选择与应用，但不会产生因目标偏离所导致的复杂性。

第四，为个性化学习提供支持。我国古代教育家孔子提出的"因材施教"作为教育的一项基本原则，在现代社会依然备受世人推崇。在宽松的在线学习环境的影响下，学习者具有强烈的愉悦感，在这种愉悦感的推动下，学习者主动学习的欲望不断被激发，进而勇于发表与众不同的观点，敢于打破常规。在具有庞大资源库的开放的网络学习平台上，学习者可以根据自己的兴趣选择学习内容，根据自己的学习风格选择学习方式，同时，学习者还可以根据自身接受水平灵活、自由地安排学习时间和学习进度，逐渐减少对教师的依赖，成为学习的主人。

二、网络学习空间对混合式学习的核心支持作用

（一）网络学习空间为学习者呈现了便捷优质的学习资源

在混合式学习中，学习者不仅需要通过课本学习，还需要在互联网的大量信息中获取自己所需的内容。处于信息时代的学习者大多已具备基本的信息素养，能够利用互联网快速寻找到大量的信息。虽然学习者可以利用海量信息进行学习，但是海量信息也存在信息真假难辨的弊端，同时，庞大的信息量容易让学习者迷失在"信息海洋"中，难以寻找到自己真正需要的内容。网络学习空间的学习资源检索功能，可以帮助学习者快速定位到教师筛选后的信息，帮助学习者更高效地进行学习，避免以上问题的发生。

首先，在网络学习空间中，教师可以用不同的方式来呈现学习内容。学习者在进行线上学习时很容易被其他的内容转移注意力，比如，在浏览文字信息时容

易被页面下端的小窗口视频所吸引，但如果教师一开始就用视频、动画等动态的方式向学习者呈现学习内容，就可以在一定程度上吸引学习者的注意力。教师可以根据学习内容的不同选择不同的方式呈现，比如，对于物理和化学实验，教师可以利用动画或视频演示的方式来呈现，利用动画和文字结合的方式呈现理论和实践相联系的学科。其次，网络学习空间中的学习资源都是来源明确、已被验证并且经过筛选的学习资源。学校在网络学习空间中将区域名师提供的共享资源库按照课程进行分类，由各科教师对学科教育资源进行整理，同一学科的教师充分利用集体智慧并在研讨过程中形成动态的集体智慧，将生成的学科资源同步上传至共享资源库中。最后，网络学习空间中有明确的导航，便于学习者对学习资源进行合理索引。对于初学者来说，他们可以根据教师提供的固定步骤进行学习；对于已经具有一定经验的学习者来说，他们可以根据平台上提供的明确目录、多种访问方式以及合理清晰的导航方式快速找到学习内容，进行自定步调的学习①。

（二）网络学习空间为师生提供了良好的互动交流方式

混合式学习是线下学习和在线学习的有机混合。在传统课堂中，教师和学习者面对面地进行教与学，可以随时进行互动与交流。但是在线上学习时，如果教师和学习者不能进行良好的互动交流，学习者的学习效果就会大打折扣。网络学习空间为使用者提供了多类交互工具，教师和学习者之间、学习者和学习者之间可以进行良好的实时交流互动，可以在一定程度上解决学习者缺乏深度交流的问题。

网络学习空间在深化学习交流方面可从两大维度进行拓展：①拓宽学习参与度。学习者的学习成就经由在线平台的分享与展览，能够吸引除教师和学习者之外的广泛群体参与讨论和评价，包括行业内的专家、学习伙伴及其他网络用户。这种多元化的参与者结构不仅填补了教师因个人精力有限而导致的指导缺口，还借助不同背景和思维模式的交汇，促进了知识的深度理解和创新思考。②强化学习反思力。网络学习空间实施实名制，这促使学习者在发表见解时趋向理性表达。空间提供的即时与延时反馈机制既确保了交流的流畅性，也为学习者提供了深入思考的时间窗口。此外，网络学习空间超越了物理时空的界限，使学习者能

---

① 吴忠良，赵磊. 基于网络学习空间的翻转课堂教学模式初探[J]. 中国电化教育，2014（4）：121-126.

随时掌握同伴的学习动态，便于及时调整合作策略，这种灵活性极大地促进了交流合作的便捷性和效率，同时锻炼了学习者的团队协作能力，以及运用网络技术进行人际沟通的技能。

（三）网络学习空间为学习者创造了个性化的学习过程

网络学习空间具有三个特征：①能够促进学习者反思与元认知。网络学习空间能够提供持久的学习记录与相关数据档案，学习者对于学习过程中学习数据的反复回顾能够促使深度学习的发生和反思思维能力的培养。②能够提供相应的学习支架，对学习者的学习进行有效引导。③能够提供相应的个人管理权限，促使学习者最大限度地投入到学习中，方便学习者自主学习的展开①。另外，网络学习空间自动记录的海量过程性数据和长期以来形成的生成性资源，能够支持行动研究的开展。

（四）网络学习空间为课程建立了完善的学习反馈体系

在混合式学习中，教师不再是学习的中心，而是学习者的帮助者、引导者，他们引导学习者获得、解释、组织和转换大量的信息来促进学习，学习者从原来的被动接受者转化成主动的知识建构者。然而，在在线学习环境中，学习者的注意力很容易被转移，进而打乱原先的学习步调。因此，对每位学习者在每个阶段不同时期进行的不同活动进行评价，不仅能够让教师了解学习者的学习效果，也能够使学习者进行自我反思，并判断是否达到符合最终学习目标的子目标。

在学习活动开始之前，教师应在网络学习空间中编制并发布评价标准，这将在整个学习过程中为学习者起到导航的作用，学习者会根据这些标准调整自己应该如何做，也会明确教师和其他学习者如何评价他们所完成的学习任务，从而调节学习步调，最终达到预想的学习目标。课程结束后，学习者在个人网络学习空间中提交自己的作品并由教师在线完成打分与评价，教师可以通过评价选择收集合适、优秀的资源，对于不适宜的资源及时剔除，帮助学习者获得良好的可循环使用的学习资源。同时，教师应积极鼓励学习者进行自评或互评，让他们对评价

---

① 谢泉峰，段怡. 基于网络学习空间的混合式教学法何以有效——以 S-ISAL 教学法为例[J]. 电化教育研究，2017（6）：65-70.

的过程和质量承担责任。在评价的过程中，学习者将获得新的学习经验或达到更高的学习目标。由于网络的开放性，对于学习者的作品，除了学习者的自评互评以及教师评价外，还可以加入社会的参与性评价，让更多关心学习者的人参与到评价中来，促进学习者的学习积极性，进而提高学习效果。

三、网络学习空间中混合式学习活动的理论模型

根据相关理论基础和教学设计基本过程，本书构建了网络学习空间中混合式学习活动的理论模型，如图 5-7 所示。

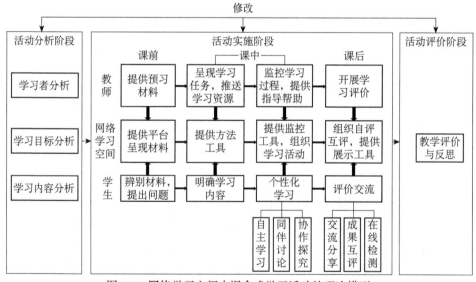

图 5-7　网络学习空间中混合式学习活动的理论模型

（一）活动分析阶段

1. 学习者分析

基于传播学原理可知，为了取得有效的信息传递效果，传播者必须了解接受者对信息的态度、其文化和社会背景、有关的知识基础以及传播技能。因此，分析学习者是教学设计过程中必不可少的一个步骤。在对学习者进行分析时，可以

了解学习者的一般特征、初始能力以及学习风格。在设计混合式学习之前，首要关注的是学习者的计算机水平、信息素养状况，以及他们是否具备混合式学习的先验经验。鉴于混合式学习融合了线上与线下两种教学形态，教师需全面把握课堂环境下学习者的心理状态，更要深入理解网络学习过程中诸多影响学习成效的因素，如学习驱动力、自我效能感及学习策略的运用等。例如，学习驱动力作为激发学习者内在学习活动的力量，其强度直接关联到学习成就的高低；自我效能感则通过影响学习者的思维方式和行为模式，进而影响其学习表现；而学习策略的选择与运用，是制约学习者能否有效学习的关键因素之一[①]。

2. 学习目标分析

学习目标是希望学习者经历一定时间的学习以后形成的预期结果，是指在课堂教学中，学习者在教师指导下完成某项学习任务后达到的质量标准，在方向上对教与学的活动设计起指导作用，并为教学评价提供依据。因此，学习目标分析在教学设计中占据着至关重要的位置。学习目标可以分为认知领域、情感领域和技能领域，认知领域的维度分为六个层次：记忆、理解、应用、分析、评价和创造。当今许多课堂教学大多进行的是浅层学习活动，如记忆、复述或者是简单描述，但是在混合式学习模式下，原有的教学结构可以实现颠倒，即浅层的知识学习发生在课前，知识的内化则在有教师指导和帮助的课堂中实现，以促进学习者高阶思维能力的提升。另外，学习者可以在线上学习中掌握更多的技能，在线上线下的混合学习中掌握更多的情感目标。

3. 学习内容分析

学习内容是学习者为实现学习目标而需要系统掌握的各类知识、技能、经验等诸多要素的总和。以教材为核心的学习内容通常具有层次性和结构性。在对混合式学习中的学习内容进行分析时，首先要考虑学习内容是否适合混合式学习，混合式学习包括线上学习和线下学习，因此学习内容不仅需要适合课堂学习，还需要适合线上学习；其次，学习内容要能体现出教学的重难点，教师在选择学习内容时要考虑到其是否包含课程的重点和难点；最后，学习内容的选择要贴近学习者的生活，教师可以根据学习者的特征选择合适的学习情境，利用更多的生活

---

① 张岩，赵希武. 基于 SPOC 混合式教学模式下学习者特征分析[J]. 电脑知识与技术，2018，14（33）：159-161.

实践激发学习者的学习热情，使其更加投入地进行学习，达到更好的学习效果。

（二）活动实施阶段

1. 课前阶段

这一阶段主要是预习阶段。教师应优先向学习者介绍网络学习空间的应用方法，并将其纳入学习指导之中。随后，教师根据学习者现有的认知水平和学习内容在网络学习空间中上传合适的预习材料，提高学习者的预习积极性；同时，教师可根据学习者的反馈及时调整课堂教学，使课堂教学更具针对性，提高课堂学习效率。学习者在接收到预习通知后，需要做的是辨别预习材料，如果感觉与学习目标、学习内容不符，就及时告知教师。在预习结束后，学习者可以将所遇到的问题发送至答疑讨论区，教师、学习者可以针对问题进行在线探讨，共同分析解决一部分问题，从而为面对面的课堂教学节约时间。网络学习空间在这一阶段的工作主要是提供一个平台，呈现预习材料，并借助其中的讨论区增加生生、师生之间的互动交流。

2. 课中阶段

这一阶段分成两步。第一步是教师将学习任务予以呈现，并根据学习内容推送相应的学习资源，在课堂上给学习者提供参考。学习者在这个阶段需要明确学习内容，为接下来的学习做好准备。网络学习空间在这一阶段的工作是提供一种方法工具，帮助学习者接收学习资源和明确学习内容。

第二步是教师全过程监控学习者个性化学习。教师在这一阶段的主要活动是监控学习者在课堂上的行为表现以及对学习者在课堂上所遇到的问题提供指导和帮助。学习者的主要活动是个性化学习，包括学习者的自主学习、同伴讨论以及协作探究。网络学习空间在这一阶段的主要工作是提供监控工具，组织学习活动，学习者如果想进行自主学习，可以自己在网络学习空间中下载资源进行学习；学习者如果想跟同伴进行协作学习，可以在课堂上利用网络学习空间进行小组讨论、资源分享等。

3. 课后阶段

这一阶段主要是成果评价阶段。教师主要是开展学习评价，组织学习者进行自评或互评。学习者根据要求可以在网络学习空间中展示学习成果，对自己的学习成果进行自我评价，然后对其他学习者的学习成果进行评价，在答疑讨论区也可以提出自己的疑问或者学习成果的闪光点。通过自我评价，学习者可以进行自我观察、自我检查、自我评定和自我强化，这有利于学习者校准自己的学习行为与学习目标之间的差距，从而更快、更好地实现目标；通过互评，学习者可以借鉴别人的学习经验，获得知识的内化。在这一阶段，学习者还需完成教师留下的作业或测试，以巩固课上所学内容。网络学习空间在这一阶段的工作是提供展示工具，帮助教师组织学习者进行自评或互评，同时也需提供讨论区以供生生、师生进行交流互动。

（三）活动评价阶段

混合式学习包含了线上、线上两种学习环境，学习者是混合式学习的主体。基于此，本书设计了相关的评价量表（表 5-9）。

表 5-9　基于网络学习空间的混合式学习评价量表

结构指标	指标项目		表现情况				
	单项指标		优秀	良好	一般	较差	待评
课堂学习	能够在课堂上积极主动地提问并正确地回答老师提出的问题						
	能够认真并高质量地完成作业，提交准时						
	在模拟教学中教学流程流畅，过渡衔接好，语言表达清晰，语调适合，教学媒体资料准备充分，教姿教态端正，与学生互动适切						
	能够掌握相应知识点并基于自身理解扩充						
网络学习	准时上交在线作业，作业质量高						
	上线次数与时间、浏览点击次数、网上发帖及讨论区回复数等达标，能够合理利用在线资源						
	能够及时并高质量地完成线上测试						
	能够积极参与线上开展小组合作，并能够与其他成员共同完成合作任务						

1. 交互情况

课堂教学不仅仅是知识与技能的获取途径，同样关乎积极情感态度及坚韧意志的培养。在此过程中，学习者需激发自身对所学内容的兴趣与求知欲，逐步累积正向的学习情感、态度及实践经验。独立思考能力的培养至关重要，学习者应在听讲时积极与教师互动，适时提出疑问、见解及看法。这一点在基于网络学习空间的混合式学习评价量表中得到了体现。此外，网络学习的优势在于能充分利用多样的课程资源及互联网资料。鉴于师生之间缺乏面对面的直接教学，学习者需展现出更高的自主性与积极性。因此，从学习者访问网站的频率、登录次数及点击课程相关材料的次数等维度，对其网络学习中的交互水平与资源利用程度进行评价，显得尤为必要。

2. 作业情况

针对作业完成情况的评估，重点在于审视学习者作业的质量，并依据作业提交的时间记录（即是否按时完成作业）、提交频次及作业质量等综合信息，来判断学习者作业的及时性与完成度。在课堂教学环境中，作业是教师检验学习者对课堂知识吸收与掌握程度的一种直接、普遍且高效的手段，在评估传统课堂学习成效时成为不可或缺的评价指标。此外，网络作业的完成情况有助于形成学习者的过程性评价。鉴于网络学习评价的全面性要求，不应仅限于网络测试或单一维度的评价，而应进行多维度考量。在此背景下，网络作业同样成了一个重要的评价要素。

3. 微格模拟教学情况

微格模拟作为一种模拟训练方式，旨在将课堂所学的理论知识融入模拟的教学情境中。此过程着重评估学习者对教学方法与策略的掌握程度。学习者在吸纳了课堂教学理论知识后，能够根据具体学习任务的需求，筹备微格教室模拟教学所需的各项材料，包括多媒体课件的制作、课堂讲授内容的资料整理以及多媒体设备的预先设置等。

4. 考试情况

考试作为评估学习者学习成效的有效途径之一，旨在验证学习者在知识与技能方面的掌握水平。在线下学习环境下，期中与期末考试构成了考试评价指标的主要内容。而在网络学习环境下，考试评价则侧重于日常的小测验，如每单元结束后的小测试。这些考试不仅是对网络学习空间中学习者学习情况的阶段性评估，更是激励学习者增强自主学习动力的一种策略。在线小测验通过检验学习者对学科知识的掌握与理解深度，进一步推动了学习者自主学习能力的提升。

5. 答疑与协作

答疑有助于深化学习者对学习主题的理解，并促进知识建构。学习者的提问频次、浏览问题解决方案的次数，以及他们提供问题解决方案的次数等数据，可作为衡量其对所学知识理解深度及主动学习参与度的重要指标。在网络学习环境中，小组讨论与合作占据重要地位。通过小组合作，以及在论坛或讨论区发帖的数量，可以评估学习者在协作学习方面的表现。网络学习强调小组合作，围绕特定讨论主题或任务，以小组形式展开合作讨论，这有助于提升学习者的协作与沟通能力。小组成员充分利用网络资源搜索所需信息，结合组内成员的资料与见解，共同完成任务。学习者在讨论区发表意见的数量与质量，以及回帖的频次等，为全面、客观地评价学习积极性等提供了多维度的依据①。

四、蓝墨云班课中混合式学习活动的实践案例

蓝墨云班课是一款针对教师和学习者免费开放的移动教学助手 APP，为用户提供了 iOS 和 Android 两种版本。蓝墨云班课有移动端和 PC 版两种应用形式，以适应不同使用者在不同环境下的不同需求。蓝墨云班课为混合式学习提供了良好的技术支持，将教师和学习者更紧密地联系在一起，促进了师生、生生之间的线上线下的交流互动和资源共享，其官网主页及主要应用界面如图 5-8 所示。

图 5-8　蓝墨云班课官网页面

---

① 高瑞利. 混合式学习评价体系的设计与实践[J]. 中国成人教育，2010（15）：129-130.

　　蓝墨云班课采用面向师生免费的移动云技术，以实现以下几个主要功能（图 5-9）：①班级管理功能：无论是在移动设备还是 PC 端，教师均能便捷地管理自己的班级课程，涵盖学生管理、通知发布、资源共享、作业布置与批改、答疑组织以及教学互动等多方面功能。②学习资源与通知发布：教师可以通过平台即时发布课程信息、学习要求、教学课件、微视频等丰富的学习资源至学习者移动设备，系统同步推送提醒，确保学习者能及时根据通知完成任务，从而使学习者手中的移动设备转变为学习助手，而非仅供社交与娱乐。③教学活动支持：教师可在任何时空灵活开展多种互动教学活动，包括投票问卷、头脑风暴、作品展示、限时答题等，以增强教学效果，提高学习者的学习兴趣，增加学习者的课堂参与度，同时提高生生之间、师生之间的关联和互动。④学习记录跟踪与教学评价。教师发布的资源、活动、作业都伴随着经验值，根据学习者的参与度和表现情况给予相应的经验值，经验值可以作为教师评价学习者平时学习过程中的一个重要参考依据；教师可以在教师端查看学习者的讨论情况、资源学习情况等，在此基础上对学习者做出合理的教学评价①。

图 5-9　蓝墨云班课的关键功能

　　本案例选自教育技术学本科专业必修课程"信息技术教学法"。该课程将适当弱化理论深度，以适用为原则，力求学习者对教育设计的内涵与外延、教与学的方法等有一个灵活性的了解；以教学设计为主线，重视信息化环境下教学设计与评价的实践性。考虑到该课程主要针对的是师范生，毕业后大部分学习者将走向教师岗位，该课程更加注重的是学习者教学实践能力的培养。

---

　　①　杨艳雯，王小根，陶鑫荣. 基于蓝墨云班课的混合式学习研究与设计[J]. 中国信息技术教育，2016（12）：106-109.

（一）活动分析阶段

1. 学习者分析

教学对象是教育技术学专业本科二年级的学习者，经过一年的学习，学习者对教育技术学专业的相关概念、学科性质、理论基础等知识有了较为深刻的认识。同时作为师范生，他们对理解和使用教材、开发课程资源、运用各种教学策略、创设一定的学习环境、针对特定的学习内容设计有效学习活动的能力并不会很陌生。另外，本科生本身具备了一些实际动手操作能力，且具有一定的主动性及积极性。

2. 学习目标分析

"信息技术教学法"作为一门理论和实践相结合的课程，首先是要通过教师的讲授，让学习者初步了解教学设计的理论依据、基本过程、教与学的方法等，然后将这些理论知识熟练运用到教学实践中。在教学过程中，学习者在教师的指导下，运用所学教学设计知识和掌握的信息技术技能，独立完成一节课的讲授，并通过线上和线下交流讨论，完成学习者自评和互评。

（1）知识与技能目标

了解信息技术教学论的学科性质和发展历史；明确信息技术课程的目标及其在中小学教育中的地位和作用；掌握信息技术课程教学原则、方法、教学设计和教学组织形式；掌握信息技术学习方法和培养方法，以及信息技术教学资源环境和人文环境；明确信息技术教师能力与专业化发展要求；掌握信息技术课程教学评价方法。

（2）过程与方法目标

通过课程学习，运用所学知识编制信息技术课程教学方案；构建信息技术课程教学环境；通过微格教学训练，掌握教学技能。

（3）情感态度与价值观目标

提高专业学科知识、教学设计与实施的能力，培养科学思维习惯、发现与解决问题的能力。

3. 学习内容分析

"信息技术教学法"课程内容的基本结构如图 5-10 所示。

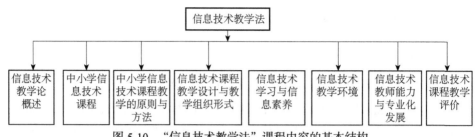

图 5-10 "信息技术教学法"课程内容的基本结构

学习者学习的重点首先是在教师的面对面讲授下，了解信息技术教学设计相关的理论基础、基本步骤等；其次，学习者基于这些理论基础、相关步骤等来进行信息技术课程的教学设计，并制作相应教学资源，还要在课堂上进行模拟讲授。难点在于学习者需要在模拟授课中掌握适合自己的教学方法，并在以后的教育实习中研究信息技术课程新的教学模式。

（二）活动实施阶段

1. 课前阶段

（1）创建班课

教师要创建班课并设置班级信息，新建线上班级流程如图 5-11 所示。在完成相应步骤后，该班级基础信息如图 5-12 所示。

（2）发放预习材料

进入班课后，教师可在资源列表页面最上方点击"从本地上传"按钮，展开选择资源选项面板，上传上课所需的课件。

（3）学习者熟悉平台

学习者应下载蓝墨云班课，在等教师创建好班课后，根据班课号进入班课。根据指引，学习者可以进入资源学习，在资源列表中可以看到教师发布的所有资源。其中未分组的资源是展开状态，其他分组则是收起状态。需要注意的是，不同来源的资源的显示会有所不同，来自课程圈的资源，在资源名称前有"引"的字样；来自教学包的资源，在资源名称前则有"包"的字样。另外，进入班课后，学习者看到的活动分为三种类型：全部、进行中和已结束（包含评分中）。学习者需要完成正在"进行中"的任务，也可以查看"已结束"的任务（图 5-13）。

图 5-11 蓝墨云班课中创建班级的流程示例

图 5-12 蓝墨云班课中的班级信息示例

图 5-13 蓝墨云班课中学习者界面活动示例

2. 课中阶段

（1）头脑风暴，发放资源

在课堂教学伊始，教师先组织开展头脑风暴，以吸引学习者兴趣，提高学习者的课堂参与度（图 5-14）。同时，教师发放相关教学资源（如国家中小学智慧教育平台链接、微格教学授课链接、教案等评价参照表等）以供学习者参考，让学习者通过优秀的案例了解教师的教学过程，丰富教师的教学经验；依据评价表明晰学习要求，让学习者有明确的学习目标以及学习内容。

图 5-14 蓝墨云班课中头脑风暴活动示例

（2）交流分享

教师能够在蓝墨云班课的答疑讨论区中设置与课程内容相关的主题讨论，引导和促进学习者进行交流分享（图 5-15）。学习者可以选择在课堂中进行自主学习，也可以根据事先划分好的小组，在小组讨论区进行讨论交流。

图 5-15　蓝墨云班课中答疑讨论区示例

（3）模拟授课

在课程后期阶段，教师应注重锻炼学习者的模拟授课能力。学习者走上讲台充当教师角色，其他学习者变成学生，在每位学习者进行模拟讲授时，需要摄像机将每位学习者的表现记录下来，以便上传至平台供学习者进行自评。每位学习者模拟授课完成后，教师要及时给予评价与建议。此外，在每堂课结束时，教师可以发起课堂投票，让学习者对课上每位学习者的表现进行评价。

3. 课后阶段

蓝墨云班课详细记录了每位学习者的学习过程（图 5-16），教师可以根据学习者的过程性数据，如学习者经验值、学习者的讨论情况、资源学习情况等对学习者进行过程性评价。另外，每位学习者的模拟授课视频以及可供展示的作业及资料存放在蓝墨云班课的"任务"一栏中，学习者可以根据这些材料进行自评和互评（图 5-17）。教师借助蓝墨云班课记录的学习者学习行为数据，可以及时掌握学习者的学习情况，并对学习者的学习成果进行总结性评价。

（三）活动评价阶段

活动评价是该课程的最后一个阶段。这门课程主要是教师通过蓝墨云班课中收集的学习者模拟授课视频以及相关文字资料进行评定，确定该课程设计的教学

图 5-16 蓝墨云班课中学习者学习过程示例

 作业/小组任务（互评1）

不分组 | 学生互评

▌任务详情

（互评1）请每位同学选择三位其他同学的作业进行评述。从教案、说课稿、讲课PPT,说课PPT,以及视频5个方面考虑。（参照资源中的"附件2-微格教学授课、教案等评价参照表"）(对每位同学的评述不得少于300字)

注意：

1.直接在作业/小组任务（互评1）下面评述。

2.评述形式：如，░░░，（1）教案，，，（2）说课稿，，，（3）讲课PPT，，，（4）说课PPT，，，（5）视频，，，

收起全文 ∧

图 5-17 蓝墨云班课中学习者互评示例

效果，具体评价标准如表 5-10—表 5-12 所示。蓝墨云班课的答疑讨论模块累积了学习者在讨论时提出的问题及其对该课程设计的建议，教师根据教学前所设计的学习目标及在教学过程出现的问题，随时对课程设计进行修改与更正。在最初学习目标的指引下，教师通过补充学习资源、调整教学活动、更改课程评价手段等进行课程修订，促进学习目标的完成。

表 5-10 学习者讲课、说课评价参照表

评价类别	评价标准
教师备课	教学准备充分，内容充实，态度严谨
教学目标	明确、具体、可操作
教学重难点	教学重点、难点把握准确

续表

评价类别	评价标准
情境导入	导入环节引入恰当，符合时代需求
教学内容	体现教学目标，知识讲解科学、系统并做到理论联系实际
教学思路	教学安排循序渐进性、层次分明性、密切适中性良好
教学方法	教学方法灵活多样，与教学目标、教学内容相适应，能激发学生兴趣
教学手段	熟练运用现代化教学设备与现代化教学手段，讲解、演示有机结合
教学语言	普通话标准，语言生动，逻辑性强
教态	教态自然大方，有亲和力
板书设计	有板书环节，并且板书规范、美观、条理清晰

表 5-11 学习者讲课教案（说课讲稿）评价参照表

评价类别	评价标准
规范性	教学目标明确、具体，操作性强 教学重点（体现在目标制定和教学过程设计中）、难点（体现在教材处理从具体到抽象、化难为易、以简化繁等方面） 教学过程完整、思路清晰（有主线，逻辑性强，内容系统） 教案格式合理、图式规范
科学性	教学目标体现知识、技能、情感态度、价值观 教材分析透彻，语言准确，教学重点、难点切合教材和学生实际 教学环节齐全，能体现教学内容、教师活动、学生活动、设计意图、可能出现的问题及对策 教案内容丰富，信息量大，既能体现传授知识的科学性、系统性，又能体现教学方法的灵活性、多样性，因材施教 注重创新和学生学习方法的培养 作业适宜，并提出质和量的要求 课时分配合理，无前紧后松或前松后紧现象 教学后记思得、思失、思改
创新性	教案能很好地反映本学科的知识特点 遵循常规但不拘泥，根据个人差异和特点写出有个性特点和创新性的教案 能恰当合理地使用现代教育技术手段、体现现代教学理念 教案及时更新（每次每门课均有教案），反映学科前沿知识

表 5-12 学习者课件设计评价参照表

评价类别	评价标准
课件外观	课件设计美感简洁，视觉享受
课件内容	课件内容经过精心设计，符合授课对象需求及关注点

第四节　基于网络学习空间的问题解决型学习活动设计与实践

一、问题解决型学习的理论基础

（一）问题解决概述

1. 问题解决的内涵

什么是问题？问题产生于一个活着的人，他有一个目标，但又不知道怎样做才能达到这个目标。每当人们不能通过简单的行动从一种情境达到另一种需要的情境时，就要求助于思考，这种思考的任务是设计某种行动，这种行动能使其从当前的情境达到需要的情境。这个定义的重点在于"有一个目标"以及"不知道怎样做"，如果没有意图和兴趣，这个问题就是无意义的，而如果已经明确怎样采取行动，实际上就不存在问题。因此，问题必须是未知而有价值的，只有当不知道采取什么步骤达到目标，或者必须采取中介行动时，才算遇上问题。

欧美学者于 19 世纪初开始关注问题解决的定义问题，当时的问题解决被理解为解决谜题或数学公式的技巧。到了 20 世纪后期，问题解决逐渐拓展为任何指向目标的认知操作程序。这个定义不能区分一个已经知道如何达到目标的行动程序和一个不知道怎样立即达到目标的行动程序，但问题的定义应该符合 Duncker 和 Lees 的观点，即强调"当你不知道怎么做的时候，你怎么办？"所以，问题的自动解决不属于问题解决[1]。1985 年，加涅（Robert Gagné）将问题解决归入智慧技能，把问题解决能力看作由规则和概念组成的最高层级的适用于某种特定情况的认知技能[2]。以上这些定义从宏观理解的角度突出强调了问题解决

---

[1]　Duncker K，Lees L S. On problem-solving[J]. Psychological Monographs，1945，58（5）：i-113.

[2]　Gagné R. The Conditions of Learning（4th ed.）[M]. New Work：Holt，Rhinehart and Winston，1985：3-8.

的复杂性和目的性，欠缺了相对具体化的表述。

从认知心理学的角度来看，问题解决起始于一个问题的表述或已知的初始情境，也称问题的"初始状态"。根据问题的情境和已有的知识，参与者必须为问题的解决而服务。当达成目的时，参与者就进入了问题的"目标状态"。从初始状态到目标状态，中间经历了一定数量的"问题中间状态"①。PISA（Program for International Student Assessment，国际学生评估项目）测试框架中给出了问题解决能力的详细解释，将问题解决定义为个体在真实的、跨学科的情境中运用已有的结构处理或解决问题的能力②。这个定义强调了问题解决的过程并非显而易见的，而是经由认知过程内化处理后所展现出的一类技能，其所应用的知识也不局限于单一学科，而是在其他多种领域技能的基础上不断发展习得的。

综合中外学者的研究观点以及问题本身的含义，本书将问题解决定义为：在解决方法未知的情况下，个体通过综合运用各类知识与技能从而达成解决目标问题的过程。

2. 问题解决的过程

问题解决的过程研究可以追溯至桑代克（Edward Thorndike）的试误说，即认为学习者不断尝试、发现错误、改进方法，而后再次尝试的过程就是问题解决③。PISA 将学习者问题解决的过程分为七个步骤：识别问题、识别信息条件、提出解决方案、选择解决策略、问题解决、反思问题和交流结果④。有的问题解决的划分过程限制在学科视角，导致太过具体而不明确是否普适，而有的问题解决过程过分强调认知经验，缺少了问题解决后的反思交流环节。综合上述学者的相关观点，本书认为问题解决的过程可被划分为理解与辨别、表征与分析、执行与实践、监控与反思、表达与交流五个步骤（图 5-18）。

3. 问题解决能力的构成要素

问题解决型学习的最终目的是发展学习者的问题解决能力，相关研究并未对问题解决能力给出清晰的一致界定，然而，不同学者从不同角度对问题解决能力

---

① 乐国安. 现代认知心理学对于问题解决的研究[J]. 心理科学进展，1985（1）：6-17.

② OECD. The PISA 2003 Assessment Framework：Mathematics，Reading，Science and Problem Solving Knowledge and Skills[M]. Paris：OECD Publishing，2004：154.

③ 陈汝惠. 现代西方的学习理论简述[J]. 华南师院学报（社会科学版），1982（2）：50-56.

④ 滕梅芳. 评估关键能力培育生活智慧——OECD/PISA 问题解决能力之构想、设计与评估[J]. 浙江教育学院学报，2010（1）：9-16，47.

图 5-18　问题解决的过程

进行了剖析。

有学者从学科的角度出发，把数学学科的问题解决能力划分为审题能力、数学建模能力、数学思维能力、数学交流能力等子能力[①]。乔纳森从问题本身出发，按照结构良好到结构不良将问题分为 11 类[②]，问题解决能力相应地也可以分为解决逻辑问题的能力、解决算法问题的能力、解决案例与系统分析问题的能力以及解决设计问题的能力等子能力。鉴于本书研究面向全学科且重在活动设计，对于问题解决能力构成要素的分类应按照问题解决的过程进行分类，以便对后续活动进行改进与分析。综合各学者的观点，本书将学习者问题解决能力分为识别、分析、实践、反思和交流五个要素（表 5-13）。

表 5-13　学习者问题解决能力构成要素及含义

问题解决能力构成要素	含义描述
识别	理解具体情境，获取问题中的显性线索和隐性线索，与问题相关信息建立关联，明确问题是什么
分析	分析变量及变量之间的关系，思考其影响因素，构想问题解决方案，选定方法和策略，并做出决策
实践	实践操作，小组合作实施，检验问题解决方法的有效性，包括符号形式的做题与具体操作的实践
反思	根据实践结果，对过程进行反思，找出其中可能存在的问题和值得改进的地方，修订方案
交流	选择合适的表达方式，与他人交流成果和方法，分享问题解决的经验

---

① 唐磊. 高中数学分析和解决问题能力的构成及培养策略[J]. 成才之路，2009（28）：47-48；于克芳，马静如. 数学问题解决的含义及问题解决能力的构成成分[J]. 云南教育学院学报，1994（5）：76-79.

② 乔纳森，等. 学会用技术解决问题——一个建构主义者的视角[M]. 第 2 版. 任友群，李妍，施杉飞译. 北京：教育科学出版社，2007：23-25.

学习者的问题解决能力是一个复杂的能力系统，每一种能力要素对应问题解决的一个过程，但这一过程并不是固定不变的，这五个要素也不是按序发展的过程。在具体的问题解决过程中，学习者往往需要根据实践结果反复修订改进解决方案、重新分析问题，甚至重新识别问题，而交流能力应该贯穿整个过程。这五种能力没有界限，通常在一种能力进步的同时，另外几种能力也在不断发展。为了更好地与问题解决的进程相对应，我们可以把这五种能力看作一个递进的过程，把反思和交流能力培养的重点归置于问题解决之后，强调对整个学习过程的反思，交流已实践过的问题解决方法能否迁移（图 5-19）。

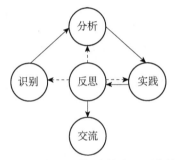

图 5-19　学习者问题解决能力五要素关系图

4. 问题解决能力的影响因素

如果把问题解决型学习看作一种教学方法，那么它的影响因素仍可以归结为教师、学习者、问题本身三大类。李文莉就基于问题学习的教学方法的影响因素进行过系统研究，并提出教师是基于问题学习的教学方法的倡导者、设计者和执行者，是根本的影响因素，学习者是学习互动的主体参与者，是关键的影响因素，而灵活的教学管理是教学方法得以正常实施的重要保障因素[①]。

如果从问题解决型学习的最终目的来考虑，即发展学习者的问题解决能力，那么影响学习者问题解决能力发展的因素必然会影响问题解决型学习的活动设计，因此需要对影响学习者问题解决能力的因素进行分析，从而更好地创设问题情境，对其中的可控因素进行改进，优化教学过程。

杨滨对梅耶、乔纳森、喻平、刘友霞等中外 40 多位学者所提出的影响学习者问题解决能力的因素进行了汇总，并用二维矩阵表进行了全面、细致的群举分

---

① 李文莉. 基于问题学习的教学方法影响因素分析[J]. 职业教育研究，2012（1）：141-143.

类，具体包括个体特征、心智技能、问题本身、教学方式与策略、知识水平、智力水平、问题表征能力、问题意识、元认知、科学研究过程性思路、实践经验、学业成绩、学校教育、反思与评价①。本书将各类因素的数据以雷达图形式呈现（图 5-20），以求更为直观地反映各影响因素的重要性。

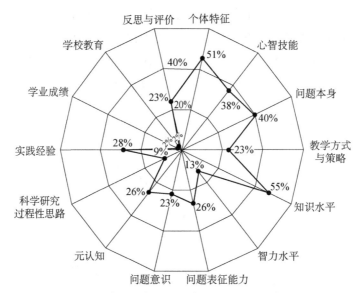

图 5-20　影响学习者问题解决能力发展的因素雷达图

资料来源：杨滨. 培养学生问题解决能力：网络学习空间应用研究[M]. 北京：中国社会科学出版社，2018：19

　　各影响因素之间往往存在一定的关联与影响，因此对因素的分类越细致，不同学者之间越容易产生争议。例如，提升问题意识有助于学习者更高效地分析问题，使问题表征更为突出；实践经验的增长则有助于学习者积累经验并最终形成范式。又如，教师教学策略的选择必须考虑学习者的个体特征；问题本身的创设则必须结合学习者已有的知识水平等。但我们仍能从图 5-20 中找到作为活动设计者的教师可直接调控的重要因素，包括问题本身、教学方式与策略、反思与评价。这表明教师在进行基于问题的学习活动设计时，对问题和教学策略的选择必须精心准备，在此过程中还需要尽可能多地为学习者提供动手实践的机会，尽可能准确、及时地给予学习者评价反馈。

---

　　① 杨滨. 培养学生问题解决能力：网络学习空间应用研究[M]. 北京：中国社会科学出版社，2018：14-20.

（二）问题解决型学习概述

1. 问题解决型学习的内涵

劣构问题包含未知的影响因素、不可预测的突发情况、多样化的发展路径等，具有复杂性、不确定性等特征。解决劣构问题是培育学习者问题解决能力，使其具备未来工作场景下解决复杂的、协作的、动态的问题的前置需求。因此，教育研究者提倡发现学习、情境学习等各类结合实践、创设真实情境的建构性学习活动。

问题解决型学习并不是一个全新的概念，其思想根源可以追溯至杜威（John Dewey）的"做中学"，而其作为一个特定的概念方法被正式提出是在 20 世纪后期，由美国神经病学教授 Barrows 在研究学习者推理能力时采用，这种方法后来正式被麦克马斯特大学医学院采纳，而后以"基于问题的学习"（problem-based learning，PBL）在学界闻名，并逐渐被应用于教育领域。对于 PBL 的定义，研究者众说纷纭，下文列出一些具有代表性的定义。

Barrows 和 Kelson 提出 PBL 既是一种课程，又是一个过程：说是一种课程，是因为它包含了精心选择和设计的问题，这些问题要求学习者掌握批判性思维、熟练的问题解决能力、自主的学习策略以及团队合作的能力；说是一种过程，是因为它遵循一种解决问题的系统方法，这种方法普适于解决生活和事业中所遇到的问题[①]。De Graaff 和 Kolmos 则将 PBL 视为一种教育策略，该策略是指在引导学习者学习的过程中，积极组织学习者主动参与并自己寻找问题答案[②]。国内学者汤丰林和申继亮认为，PBL 是将学习"抛锚"于具体问题情境中的一种情境化了的、以学习者为中心的教学方式[③]。刘儒德提出，PBL 是一种以问题为核心，让学习者围绕问题展开知识建构过程，借此过程促进学习者灵活掌握基础知识以及发展高层次的思维技能、解决问题能力及自主学习能力的教学模式[④]。

对于教育者而言，"基于问题的学习"中的"问题"需要精心设计、慎重选

---

① Barrows H S，Tamblyn R M. Problem-Based Learning：An Approach to Medical Education[M]. New York：Springer Publishing Company，1980：5-9.

② De Graaff E，Kolmos A. Characteristics of problem-based learning[J]. International Journal of Engineering Education，2003，19（5）：657-662.

③ 汤丰林，申继亮. 基于问题的学习与我国的教育现实[J]. 比较教育研究，2005（1）：73-77.

④ 刘儒德. 问题式学习：一条集中体现建构主义思想的教学改革思路[J]. 教育理论与实践，2001（5）：53-56.

择；对于学习者而言，"问题"强调要达到解决问题的目的。基于 PBL 对教师和学习者的两方面的作用，综合国内外学者的定义，本书认为可以把问题解决型学习归结为一种教学活动，一种通过引导学习者主动参与，积极开展合作，共同解决复杂的、有意义的问题来学习问题背后的隐性知识，提高问题解决能力的教学模式。

2. 问题解决型学习的基本特征

Barrows 和 Tamblyn 给出了早期的问题解决型学习的基本特征：问题来自复杂、真实的环境，因此没有确定的答案；学习者以小组合作的形式发现问题，通过讨论，提出有效的解决方案；学习者通过自我导向的学习获得新知；教师起推动者作用；选择的问题能够促进问题解决能力的发展[①]。根据以上特征，结合问题解决型学习的定义中涉及的内容，本书从学习者、教师、问题三方面入手，归纳总结出问题解决型学习的六类特征。

（1）以学习者为中心

在问题解决型学习中，教师的角色转变为引导者，而非直接传授知识者；应鼓励学习者自主提出问题、进行问题分析及寻求解决方案。在整个学习过程中，学习者被给予越来越多的责任，且逐渐脱离教师，主动参与到学习中进行自主学习，在自己解决问题的过程中掌握知识、发展能力。问题解决型学习以学习者为中心，塑造了独立的学习者，培养了学习者自主学习的能力，增强了学习者终身学习的意识，锻炼了学习者的批判性思维，有效发展了学习者问题解决的能力。

（2）学习者分组合作

在问题解决型学习中，学习者以小组为单位，组内成员进行讨论与分工，相互合作，互相帮助，共同完成问题解决的整个过程。小组是一个合作完成任务的团队，团队合作的周期取决于问题的复杂程度和难易度。

（3）教师担任引导者

在问题解决型学习中，教师只是指导者和引路人。他们为学习者提供了相关资源和渠道，引导学习者通过收集和评价信息得出有效的结论，帮助学习者克服在寻求解决方案过程中遇到的各种困难等，教师只是承担了一个辅助者的角色，而不再是课堂的主导者。

---

① Barrows H S, Tamblyn R M. Problem-Based Learning：An Approach to Medical Education[M]. New York：Springer Publishing Company，1980：90-91.

（4）过程导向的评价

在问题解决型学习中，"解决"这一术语有两层含义：一是找到问题的最后答案；二是找到解决问题的方法。比如，课本上的练习题和例题是为了解决典型的问题，答案并不重要，重要的是解题过程。对于问题解决型学习，教学评价不仅看重学习者的知识掌握情况，更关注学习者的能力发展。这种评价导向以他们解决实际问题的能力为参考，强调的不是学习者最终解决了多少问题，而是他们有没有掌握解决问题的方法，即注重的是过程而不是结果。

（5）问题驱动学习

问题是教学的起点，以生活中遇到的问题调动学习者的学习兴趣，有助于增强学习者的学习动机，促进其进行进一步的探索。这些问题并不是对技能的检测，而是辅助技能的发展。借助问题，学习者可以自己界定问题、分析问题，最终解决问题，也就是说，问题是发展学习者解决问题能力的手段。

（6）问题真实劣构

问题解决型学习能够实现学科整合，削弱传统学科课程体系的封闭性和局限性。因为任何一个基于真实情境的问题的解决，都需要依靠多个学科或领域的知识和技能。问题解决型学习的最终目的是发展学习者解决实际问题的能力，因此所选择的问题是与现实生活相关的，是真实劣构的。这意味着问题没有唯一确定的答案或解决方法，且随着收集到的信息逐渐更新，以及其他多种因素的影响，问题的解决方案往往会随之改变。

3. 问题解决型学习的组成要素

任何一种教学模式都需要考虑教师和学习者，因此问题解决型学习有三大基本要素，即问题、学习者和教师，三者不可分割。

问题是问题解决型学习的核心与源动力，如何创设问题情境是重点，也是教学设计的难点。所创设的问题情境需要吸引学习者的兴趣并在学习者的经验世界中产生共鸣，使他们积极主动地探究解决问题的方法。同时，这些问题情境也应符合学习者的最近发展区，让学习者能够自主发现问题的症结所在，理解问题的现实意义。真实或接近真实的生活情境问题，可以帮助学习者直观地体验到应用知识的特定条件，学习者容易意识到解决方案的必要性，并通过实践判断方案的可行性，收获情境和现象中蕴含的知识内容。

学习者是主动的问题解决者，他们需要积极投入各环节，进行有意义的知识建构。主动学习能更有效地帮助学习者回忆和复现所学的知识，即有助于学习者将知识或技能迁移到新情境之中。在梅耶（Richard Mayer）看来，主动学习包含三个基本加工过程：选择相关材料；组织所选材料形成连贯的心理表征；将所选材料与长时记忆中激活的已有知识相互整合①。因此，在整个学习过程中，学习者与教师之间相对独立，并且需要对自己的学习负责。问题解决型学习是由学习者自己选择解决问题所需的信息与渠道，于头脑中自主内化整合新知与旧知，建构自己的知识体系的过程。

教师是指导者，起到引导、协调、鼓励、反馈、支持和服务的作用，旨在鼓励、激发学习者进行思考，保证学习者对学习的持续参与，监控调整问题的难易，采用提问等形式调动小组学习的驱动力，确保学习进程的顺利进行。教师的专业知识、思维启发和策略示范等方面都对学习者具有辅助引导作用，问题解决型学习强调师生合作与生生合作，教师在与学习者的互动过程中鼓励和激发学习者的研究兴趣，帮助他们将学习过程中的收获外显共享，共同交流进步。

基于对问题解决型学习三个要素的认识，我们可以用图 5-21 简要概括问题解决型学习三大组成要素的关系。整个学习过程都将置于劣构的问题情境中，问题解决的思想渗透到课程学习的每一个环节，教师和学习者的活动也都在基于问题的学习理念下进行。图中的反向"S"线既将教师和学习者进行了合理划分，又表明教师和学习者之间彼此平等且存在互动关联，两者是相辅相成的。整个教学进程应该是流畅圆润的，教师负责指导激励、监控调整，统筹学习进程，而学习者则需主动参与、投入合作，积极思考方案。

4. 问题解决型学习的流程模型

Barrows 和 Tamblyn 在医学教育中所用的学习模式是问题解决型学习的典型案例与典型流程，他们先将学习者分成小组，在小组成员相互熟悉后，教师以病人就医的形式呈现问题情境，具体描述病症。学习者需要对病情进行诊断，对问题进行研究和讨论，并根据自己原有的知识和经验提出假设并确定学习议题。接着，学习者分别进行自我导向的学习，在这一过程中，学习者可以自主选择咨询

① 盛群力，庄承婷. 意义建构学习新理念——梅耶的学习科学观述要[J]. 课程教学研究，2013（11）：27-32，42.

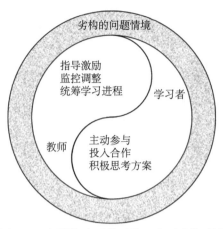

图 5-21　问题解决型学习的三大要素关系图

教师或从医学图书馆和计算机资源库中检索与搜集信息，当学习者完成自主学习后，重新将个体知识汇聚到一处，在组内分享汇报各自找到的资源，用学到的新知重新考察问题。如果此时产生了新的问题，就需要重复前面的步骤，直到问题得到解决。最后，学习者需要对自己的解决方案进行包含自我评价与同伴评价两种方式的总结评估[①]。

　　王富强按照这一顺序，将问题解决型学习的实施过程概括为八个环节：给学习者提供一个问题和问题情境；学习者根据已有的知识和经验进行分析、思考，确认现有知识中哪些与问题相关；根据现有知识，形成解决或解答问题的假设，并验证是否能解决问题；若不能解决问题，明确为了解决问题进行进一步学习的需要；通过自主学习满足既定的学习需要；交流新学到的知识，运用新知识解决问题；若还不能解决问题，重复以上两步；对解决问题的过程、学习到的知识和对问题的解决情况进行反思[②]。刘晓艳在总结梳理的基础上将其抽象为如图 5-22所示的流程图[③]。

　　其他学者在合理分析的基础上对部分环节进行了合并，试图以更为精简的划分方法概括问题解决型学习的流程。刘儒德教授将问题解决型学习归结为五个环节：组织一个新的小组、启动一项新问题、执行问题解决、展示成果、在解决问

　　① Barrows H S，Tamblyn R M. Problem-Based Learning：An Approach to Medical Education[M]. New York：Springer Publishing Company，1980：36.

　　② 王富强. 基于问题解决的在线讨论过程探析[J]. 中国电化教育，2009（2）：48-51.

　　③ 刘晓艳. 基于问题的学习模式（PBL）研究[D]. 南昌：江西师范大学硕士学位论文，2002.

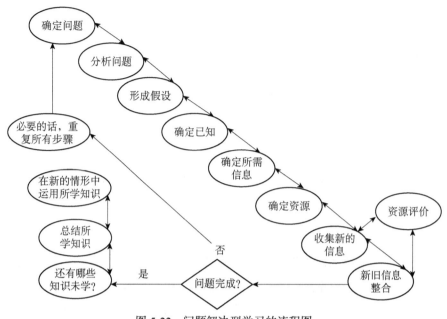

图 5-22　问题解决型学习的流程图

题之后进行反思①。谢幼如教授则认为，问题解决型学习的主要步骤包括界定问题、收集信息、提出结论的选项、在问题的各种限定因素中形成结论、汇报经验②。这种实施步骤的界定突出了问题作为学习的起点，也强调了问题的情境性以及学习者反思交流和进一步学习的重要性，但却把问题解决看作一个线性过程，即使忽略了反思在整个过程中的持续性，问题解决本身也应该是开放的、动态的。随着问题的不断展开，学习者需要不断调整解决方案，通过方案的优化进一步了解问题的内涵，问题是逐级呈现的，且受诸多因素的干扰，解决方案也必须相应地进行完善。

考虑到问题解决型学习中问题和解决方案的生成性，有研究者把经典的线性模型改进为循环型发展过程（图 5-23）。这一模型承认并尊重问题形成和解决的动态性，教师辅导活动贯穿整个过程，但关键仍在于学习者的自主学习环节，循环在问题解决后又回到问题本身，这也强调了学习者反思学习的必要性和重要性

---

① 刘儒德. 问题式学习：一条集中体现建构主义思想的教学改革思路[J]. 教育理论与实践，2001（5）：53-56.

② 谢幼如. 网络环境下基于问题学习的课程设计[J]. 电化教育研究，2007（7）：58-62.

以及如何更确切地定义问题①。

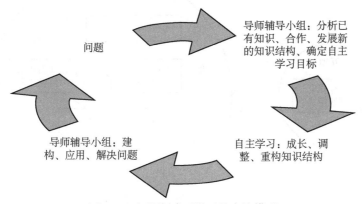

图 5-23 问题解决型学习的实施模型

曹梅和白连顺两位学者从合作行为与认知行为入手，通过学习者互动并行交织这两种序列，建构了面向数学问题解决的合作学习过程模型（图 5-24）。其中认知行为部分充分反映了数学问题解决的四个环节：第一步，分析问题，找到已知条件和所求；第二步，定位可能的知识点，从已知到所求，能够得到哪些中间结果；第三步，达成共识，形成执行方案；第四步，回顾与反思，小组群体思考问题解决过程中的规律，整理易错点，梳理知识点之间的联系等②。

实施问题解决型学习的具体过程在不同学校和学科中并不完全相同，但都包括提出问题、分析问题、形成假设、尝试解答、修正反思这五个基本步骤：①教师以文本或录像形式为学习者提供一个源于生活的、与学科内容相关的问题；②学习者在教师的指导下，调动已有知识讨论问题的外延与内涵；③学习者以小组为单位，尝试提出解决问题的假设；④学习者自主进行所需知识资源的收集、整理与分析，并与小组成员及时分享和汇报，修正改善最初的解决方案设想；⑤学习者以小组为单位向其他同班同学报告最终的解决方案以及在此过程中所获得的启示，听取他人的评价，对整个学习过程进行反思和总结③。在实际应用中，问题

① Schmidt H G，Moust J H C. Processes that Shape Small-Group Tutorial Learning：A Review of Research[C]. Paper Presented at the Annual Meeting of the American Educational Research Association，San Diego，1998.

② 曹梅，白连顺. 面向数学问题解决的合作学习过程模型及应用[J]. 电化教育研究，2018（11）：85-91.

③ 丁晓蔚. 国外"基于问题的学习"的研究及其对"研究性学习"的启示[D]. 北京：首都师范大学硕士学位论文，2009.

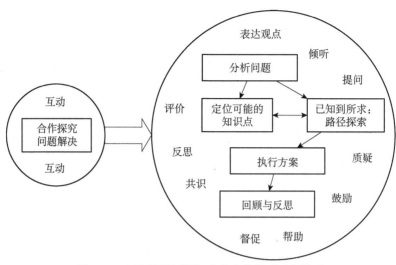

图 5-24   面向数学问题解决的合作学习过程模型

解决型学习的重点在于学习者在学习中能明确问题，分析与问题有关的因素，且能寻找解决方案，因此，假设的形成、验证以及修正等过程可以适当忽略，不必太过鲜明地逐步实施。

5. 问题解决型学习的优势

（1）积极主动的学习者

学习者对情境自发地产生问题，并对解决方法有着充分的自主选择权。他们是基于自身的兴趣进行学习活动，从而在解决问题的过程中保持高度的学习热情。从问题的提出、问题的界定、问题的陈述到假设的提出、方案的制定、方案的实施，再到结果的评价、反馈修改的全过程，都是学习者自主决断的过程，教师只起到指导者和协助者的作用。在整个学习过程中，学习者可以展示自信自立的精神风貌，充分体现学习者的自主性。因此，问题解决型学习充分尊重学习者的个性，使学习者在学习活动中具有主体意识，从内心激发出学习激情，增强学习责任感，在探索解决方案的过程中拥有个性的学习方法、学习风格和学习策略，这种学习活动才是真正意义上的自主学习。

（2）交叉融合的学科

跨学科的综合是问题解决型学习的重要特征。问题解决中的"问题"是复杂劣构的，往往无法依靠某一学科的知识解决，需要学习者综合运用多门学科的知识来有效解决问题。当问题十分吸引人，又有难度和深度时，这将会引发比传统教学更高水平的理解和能力的发展。事实上，世界各国课程改革的一个共同趋势正是学科统整，致力于培养全面发展的人才，关注学习者综合素养的培育。

（3）实用可靠的问题

问题解决型学习中的"问题"并非遥不可及，而是存在于现实生活中，它能够将学科知识与现实生活紧密相连，弥补当前课程教育脱离社会生活的不足。在将研究主题转化为具体问题时，教师需要思考该问题是否符合学习者兴趣，能否激发学习者自己提出问题，从而衍生出多种多样的调查活动。对于学习者而言，学习实用可靠的问题解决方法也有利于提高自身的核心竞争力，使他们能在今后尽快融入并适应社会。学习并非与世隔绝的象牙塔闭关，真正的学习需要深入的实践，动手获得的知识更容易进入长时记忆而被永久保存，让学习变得更有意义、更持久。

相较于传统教学，问题解决型学习提供了更多有意义的、适用性强的、相关的课程资源，包括社会资源。它要求学习者走出课堂，到现实世界进行调查研究，缩短了知识与应用之间的差距，有助于提高学习者理论联系实际的能力，规避"高分低能"现象。学习者通过现场观察、问卷调查、专家访谈等方式贴近生活，了解真实的实践情况，进而提出有意义的问题和解决方案。

（4）共享协作的氛围

社会的发展使得各部门之间的联系越来越紧密，全球呈现出协作化、一体化乃至发展成为"全球脑"的必然趋势。问题解决型学习强调的是共享与协作，即学习者之间是分工与合作的关系。小组合作的学习活动需要学习者对任务进行合理分工，并且适时进行协商讨论，充分交流思想，达成一致意见，有助于提高学习者的人际交往能力。问题解决型学习充分体现了合作学习，营造了共享协作的良好氛围，增进了学习者之间的相互理解。

教师作为指导者和辅助者参与学习者的学习过程，干预而不主导，学习者喜欢有独立自主的空间。问题解决型学习的师生关系由教师主导转变为师生合作和生生合作，师生关系更趋于平等，教师权威由制度权威转变为个人权威，教师对学习者的刚性约束力大大削弱，更多地依赖于教师的个人能力与魅力。这在一定程度上也能拉近教师和学习者之间的关系①。

---

① 吴惠青. 基于问题学习中的师生角色及师生关系[J]. 教育发展研究，2003（4-5）：97-99.

（5）新颖创新的方案

问题是创新思维的起点。陶行知先生曾写道："发明千千万，起点是一问。禽兽不如人，过在不会问。智者问得巧，愚者问得笨。人力胜天工，只在每事问。"①这种问题意识是思维的动力，是创新精神的基石。

问题来源于现实生活，书本只能提供大致方向，学习者无法从中获得具体的答案。为了解决真实劣构的问题，学习者需要利用已习得的知识和技能，创造性地思考新颖、创新的解决方案并实现优化。问题解决型学习有利于激发学习者的创造力，为学习者发展自身的智慧潜能提供了机会，有助于学习者对未来工作中可能会用到的知识和能力进行更好的设想。

（6）动手解决的实践

为了解决问题，学习者需要尽可能地收集资料、筛选信息、分析数据，最后形成自己解决问题的思路及方案，并进行反思交流。与传统教学中学习者坐在教室被动地接受教师的知识灌输相比，问题解决型学习要求学习者亲身动手实践，从做中学。因此，问题解决型学习有利于学习者的动手能力和问题解决能力的培养。

（7）学会学习的方法

"授人以鱼不如授人以渔"，学会如何学习是实现终身学习的重要途径。社会问题永远是复杂而综合的，通过问题解决让学习者学会自主独立地处理信息，思考解决方案并分析比较不同解决方案的优缺点就显得尤为重要。在问题解决型学习中，学习者学会了收集和交流信息的方法、调查和访谈的技巧、数据统计处理的方法、发表和讨论的方法以及自我评价和相互评价的方法，提高了问题解决的能力。学习者这种自发的学习态度也有助于步入社会后的继续学习，为终身学习打下坚实的基础。

从问题解决型学习的特征及其与传统教学模式的对照表可以看出（表 5-14），问题解决型学习有着不可比拟的优势：它强调有意义的学习而不是机械记忆，学习者可以参与解决真实生活中与自己密切相关的问题；它增强了学习者自主学习的能力，学习者需要主动地搜寻信息，对获得的信息进行分析处理后以解决问题，整个过程都需要学习者自己寻找解决方法，增强了学习者的责任感；它培养了学习者能够在实际情境中运用知识与能力，使学习者在进入社会后能够更加快

---

① 转引自刘晓艳. 基于问题的学习模式（PBL）研究[D]. 南昌：江西师范大学硕士学位论文，2002.

速地适应工作；它促进了学习者之间的交流和团队协作，提高了学习者的人际交往能力；它调动了学习者的学习兴趣，使学习者成为更为自发独立的学习者，有助于学习者离校后的终身学习；它有助于培养学习者的信息素养，学习者以问题为中心，需要运用各种媒体工具对信息进行识别、加工、利用、采集和分析，由此锻炼了自身的信息素养。总体而言，问题解决型学习有着独特的特征，符合当前教育改革的需要，与我国中小学提倡的自主学习、探究性学习及合作学习等学习方式相一致，也符合当今时代对人才培养的要求，有着极高的教学价值和研究价值。

表 5-14　传统教学模式与问题解决型学习对照表

教学要素	传统教学模式	问题解决型学习
教师	教学中的主体，是专家和权威；教师相互独立工作；主要教授前人的经验知识	教学中的引导者、伙伴；教师互相支持合作；主要教授解决问题的策略方法
学习者	装载知识的"容器"，是信息的被动接受者；独立学习，互相竞争；记忆并重复前人的经验知识	为解决问题，积极主动地参与整个学习的过程；以小组形式进行协作学习；有意义地建构知识，掌握问题解决的技能
教学策略	教师讲授，形式单一	学习者参与学习，与同学或教师建立合作关系；以小组形式探讨解决问题的方案并加以实施，教师只起引导作用
媒体	主要用于教师在讲授过程中向学习者进行广播与演示	主要作为学习者获取信息、处理信息、解决问题的工具
评价方式	以完成具体任务的结果来评定，教师是唯一的评价者	自我评价、同伴评价及教师评价等多元评价方式相结合
学习氛围	以个人为中心的竞争氛围	相互支持的合作氛围

二、网络学习空间对问题解决型学习的核心支持作用

信息技术是指能够完成信息的获取、传递、加工和使用等功能的一类技术。我们现在常说的信息技术主要是指现代信息技术，如计算机技术、通信技术、网络技术、人工智能技术和虚拟现实技术等。信息技术是当前世界科学技术领域发展最迅速、影响最广泛的领域之一。信息技术的发展不仅改变了人们生活和工作的方式，也将改变甚至颠覆传统的教育教学，这种变化并不仅仅停留在教法、学法上，更重要的是对教育的思想观念、模式内容等产生了深刻影响。信息技术支

持下的教学具有以下特征：以学习者为中心；注重学习者学习能力的培养；充分利用各种信息资源支持学习过程；以任务驱动和问题解决作为学习活动的主线；要求学习者分组协作；教师起指导作用；强调对学习过程和学习资源的评价。不难发现，信息化教学与问题解决型学习的主旨特征大体一致，但是在有限的教学时间内，要实现以上目标，没有信息技术的支持是行不通的。传统教学模式与信息化教学模式的对比如表 5-15 所示①。

表 5-15　传统教学模式与信息化教学模式对照表

教学要素	传统教学模式	信息化教学模式
教学目的	专业人才的培养	综合素质的培养
课堂组织形式	班级授课	信息技术与课程整合
教学方式	以教师为主体	以学习者为主体
教学结构	学习者被动接受	学习者主动探究
学习工具	以教科书、黑板为主	以电子文档、网络为主
学习环境	封闭式	开放式

　　市场上的信息技术教育应用不计其数，网络学习空间也是信息技术与教育教学相结合的产物之一。网络学习空间为信息技术环境下的问题解决型学习提供了具体的实施平台。随着政策推进以及实际应用的推广，许多网络学习空间已经由教育主管部门或学校认定，并通过后台导入学习者和教师名单，成为融资源、数据、信息、服务为一体，支持使用者共享、交互、创新的实名制网络学习场所②，如之江汇教育资源云平台、世界大学城等。每位教师和学习者都可以在网络学习空间中设计自己的个性化学习空间，不同角色的空间之间通过动态的学习资源建立联结，实现知识的共享与互通。

　　把网络学习空间和问题解决型学习结合起来是一个复杂的活动，因为两者对教研人员和学习者都有多种能力的要求。此外，设计者还需要考虑如何提高在线讨论的活跃度和有效度、提高教师的信息素养、鼓励少数边缘化学习者参与小组活动等问题。但网络学习空间的优势也是显而易见的，网络学习空间具有信息化

---

　　①　王寅龙，李前进，李志祥，等. 信息化教学设计的过程、方法及评价要点探究[J]. 中国教育信息化，2011（6）：15-18.

　　②　教育部. 教育部关于发布《网络学习空间建设与应用指南》的通知[EB/OL]. http://www.moe.gov.cn/srcsite/A16/s3342/201805/t20180502_334758.html.（2018-04-17）.

教学的所有优点，克服了传统教学环境下教学的诸多限制，包括学习资源有限、学习社群狭窄、评价反馈不及时等。同时，这种由学校认定的实名制学习平台也在一定程度上规避了外部网络给学习者带来的负面影响。

在学校教育中，问题解决型学习已经成为一种重要的教学方法，被用来促进学习者的认知策略、思维方法和创造力等方面的发展。问题解决型学习和信息化教学主旨特征的一致性使基于网络学习空间开展问题式学习成为可能，而网络学习空间的技术优势则反映了两者结合的可行性。

（一）网络学习空间对学习者问题解决能力构成要素的支持作用

1. 对学习者理解问题能力的支持作用

网络学习空间支持教师利用丰富的资源创设问题情境，设计便于学习者理解问题的呈现方式。问题解决型学习模式的核心在于问题情境的创设。借助信息技术多样化的表现方式，教师可以创设多感官的媒体环境，运用视频、动画等形式，直观有效地展现事物或事件的发展变化过程，帮助学习者更好地融入情境，提高学习者的兴趣，激发学习者学习的主动性和积极性。虚拟现实技术的发展，更是给学习者提供了一种与现实生活极度接近的多媒体环境，更为适合复杂真实的问题情境，促使学习者结合理论与实践，将所学的知识与他们的生活之间建立联系。此外，学习者可以体验许多本需耗费大量时间、费用的情境，甚至可以体验威胁生命安全的某些情境，如在地震、火灾等灾害下逃生等。以中国 MOOC平台的精品课程"急救常识"为例，该课程在每一课程单元正式开始前，都会播放一段 2—3 分钟的短视频，视频内容大多是生活中可能发生的场景，更容易让学习者产生共鸣。例如，在第三讲窒息课程的教学开始之前，教师通过短视频的形式创设大家一起吃坚果，而其中一人突发气道异物梗阻的情境（图 5-25），从而帮助学习者代入思考，遇到类似情形应该如何进行正确处理。

2. 对学习者分析问题能力的支持作用

传统教学环境下的信息获取主要依靠教师和教材，教材内容的有限性与教师参与的时间限制，导致部分学习者的学习效率较低。而在网络学习空间的支持下，师生借助计算机网络技术，可以充分检索与问题相关的电子书、课件、图片等各种在线资源，网络可以提供全天候不间断的学习支持，为学习者提供海量的

图 5-25 "急救常识"课程中的窒息课程视频截图

数字资源，学习者在丰富的学习资源中可以学习解决问题所需的知识并收集相关的案例。网络学习空间依托云平台和数据库技术，可以容纳海量的材料数据，教师不需要每次都重新备课，甚至可以收集学习者有思想的讨论帖及优质的解决方案，作为可供下一届学习者学习与借鉴的资源，实现过程性资源和生成性资源的积累。借助网络学习空间，学习者可以实现随时随地获得最新、最全的信息，资源的时新性与完整性对学习者分析问题具有重要作用。

网络学习空间提供了多种工具，支持多种形式的知识共享与创生，为师生提供了研讨平台，教师可以为学习者提供软件资源，如 XMind、Visio 等，方便学习者绘制思维导图、雷达图、模型图等图表，有助于学习者清晰直观地分解问题、研讨问题，厘清问题解决的思路。在浙江师范大学 Moodle 平台的"程序设计基础"课程中（图 5-26），教师为学习者提供了课程所需的软件的下载地址及安装包等课程拓展资源，学习者可以自行下载使用。

个人主页 > 我的课程 > 程序设计基础201501 > 课程交流和日常通知区 > 课程拓展资源

课程拓展资源

课程拓展资源

- 📁
  - 📄 2014年硕士研究生入学考试试题.rar
  - 📄 Turbo C 2.0 英文原版
  - 📄 WinTC 1.8中文版-适合XP
  - 📄 初中奥林匹克信息学竞赛试题2011-2012.rar
  - 📄 学生实验报告 范例---13140101 文件

下载文件夹

图 5-26 浙江师范大学 Moodle 平台"程序设计基础"课程拓展资源

3. 对学习者实践能力的支持作用

传统教学的学习环境固化在教室，学习者的座位固定，教师的办公位置固定，家长通常无法参与教学活动，因此很难建立起小组之间、师生之间、教师之间、家校之间的教与学共同体。另外，由于课程的时间有限，部分较为复杂的问题情境无法充分展开，只能将一些任务布置为课外完成，而课后作业的完成度与完成质量堪忧。网络学习空间突破了时间和地理环境的限制，学校可以通过网络学习空间，整合各种软硬件资源，联通校内与校外，获得整个学习过程所需要的家长参与以及社会支持。

网络学习空间提供了互动平台，支持学习过程性资源的记录，教师可以组织学习者开展研讨活动，监控问题解决过程，为学习者的学习活动提供实时指导。学习者的实践能力指的是实施问题解决方案的能力。网络学习空间是一个学习者课外协作研讨、课内交流的平台，数字化的特征使得小组协作解决问题的过程可视化。

4. 对学习者反思能力的支持作用

在寻求问题解决方案的过程中，学习者可以尝试各种各样的解决方案，借助信息技术，充分发挥自己的创造才能，以各种形式展示学习成果。这些学习成果可以是文本文字、思维导图，甚至是漫画图片。教师与学习者之间可以进行生生评价、师生评价，也可以组织家长集体参与成果评估。基于网络学习空间的任务设计和评价更具挑战性和创新性，教师需要从形成性和终结性的角度对教学效果进行鉴定，确保学习活动的设计能够真正使学习者达到预期的效果。

网络学习空间支持多元评价方式，且能记录师生评价的过程，便于课内课后回看，方便教师对学习者的发帖和互评进行点评，方便学习者修订问题解决方案并阐明思路。在浙江师范大学 Moodle 平台小组的生生互评界面上（图 5-27），待所有学习者上传作业后，平台会开启生生互评功能，每位同学随机分到相同份数的其他同学的作业，即每一份作业都会随机被多位同学批改评价。

5. 对学习者交流能力的支持作用

有学者在对问题解决型学习中的在线讨论交流进行深入探析的基础上，基于梅耶的问题解决模型绘制了问题解决型学习的在线讨论模式（图 5-28）。实线表示没有教师参与情况下的学习者在线讨论行为模式，虚线表示教师介入后增加的

成绩核定阶段

图 5-27　浙江师范大学 Moodle 平台生生互评作业

讨论序列，从中可以看出教师的引导对于学习者在线讨论的深入交流起重要作用。在问题解决型学习的过程中，教师应该密切关注并适时引导干预学习者的交流，监控帖子的讨论走向，引导学习者进行深入讨论①，具体包括在论坛上发布学习活动说明、建立网络规则、引导学习者阅读课程材料、对学习者发言进行回复、适时总结一些值得讨论的观点等，以推动学习者之间的交流讨论，并在活动截止前总结有价值的观点。但在目前的实际教学中，因非教学事务烦琐以及学习者数量众多等原因，任课教师往往无法及时全面地进行指导，在这种情况下，可以聘任助教充当指导者的角色，甚至可以利用智能技术进行及时反馈，比如微信公众号的自动回复，又如美国佐治亚理工学院的 Ashok Goel 教授使用的人工智能机器人助教 Jill Watson。

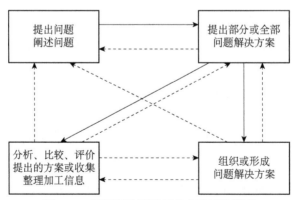

图 5-28　问题解决型学习的在线讨论模式
注：实线表示教师未参与的情况，虚线表示有教师参与的情况

问题解决型学习是以小组合作的形式来完成的，因此学习者在整个学习过程

---

① 王富强. 基于问题解决的在线讨论过程探析[J]. 中国电化教育，2009（2）：48-51.

中需要不断地进行交流讨论。当今社会网络通信工具发展迅速，学习者在网络学习空间中可以充分发挥技术的作用，搭建协作交流平台，运用电子邮件、聊天室、讨论区等通信方式，跨越时间和空间进行交流，从而获得即时互动与反馈。

网络学习空间支持知识的共享交流，通过创设开放民主的讨论氛围，方便学习者利用工具，以多种形式呈现、展示、分享自己对问题的理解，如 PPT 课件、Excel 图表等，这些都有利于学习者交流能力的培养。通过教师给定的主题范围或学习者自主提出的问题，通过在线讨论共享问题的解决思路，学习者可以更好地解决问题和进行个人知识的建构。中国 MOOC 平台"文献管理与信息分析"课程的讨论区如图 5-29 所示。

图 5-29　中国 MOOC 平台"文献管理与信息分析"课程的讨论区

（二）网络学习空间对学习者问题解决能力影响因素的支持作用

总结影响学习者问题解决能力发展的 14 种因素，排除图 5-20 中重要性低于 20% 的四种因素，将余下的 10 种因素根据学习内部因素和教学外部因素归为两类。其中，学习内部因素包括学习者的知识水平、个体特征、心智技能、实践经验、元认知、问题表征能力、问题意识，教学外部因素包括问题本身、教学方式与策略、反思与评价。学习内部因素强调的是学习者自身的特征，网络学习空间对其有一定的支持作用，但大多是间接影响，且需要学习者主动配合，因此，作为教育工作者，教师的重点在于教学外部因素的设计与实施，充分利用网络学习空间的优势，创设有意义的问题情境，采用合适的教学策略，吸引学习者主动地参与配合问题解决型学习的全过程，力求发挥学习内部因素与教学外部因素的共同促进作用。

1. 对学习内部因素的支持作用

（1）知识水平

学习者解决问题的基础在于其已掌握的知识与经验，无论面对的是简单问题还是复杂问题，均要求具备一定的知识基础作为支撑。在传统教学模式下，学习者的知识来源主要局限于教师和教材，知识获取渠道相对狭窄。网络学习空间的核心功能在于提供丰富的学习资源，它利用网络技术，使学习者能够随时随地检索所需知识。教师可以轻松上传相关资料至网络学习空间，同时，已成功解决问题的学习者也能分享他们搜集到的信息，实现资源共享。网络资源的多样性、跨学科教师的指导，以及学习者之间的高效交流，共同促进了学习者知识水平的持续提升。

（2）个体特征

家庭环境的多样性，特别是父母的教育背景、家庭藏书数量及家庭信息技术条件的差异，对学习者的问题解决能力产生了明显影响，进而造成了学习者之间的个体差异。不同的成长环境塑造了学习者独特的个性特征，即个体差异性。网络学习空间有助于实现家庭教育与学校教育的有效结合，促进不同家庭环境中的资源实现共同构建与分享。例如，拥有丰富知识的家长能借助此平台为孩子们提供更多的学习支持。另外，青春期学习者的心理发展特点，如性别意识的增强，可能会对男女学生间的直接交流学习构成挑战，而网络学习空间的应用能在一定程度上减少面对面交流时的尴尬与拘束，促进更自由的学习互动的发生。

（3）心智技能

心智技能本质上属于智慧技能的范畴，指的是在人脑内部进行的诸如默读、心算、写作等认知活动形式。网络学习空间为所有学习者构建了一个发言与交流的平台，鼓励学习者将自己的思考成果分享至该空间，并欢迎其他学习者提出问题、开展交流，这一机制有助于促进学习者心智技能的渐进提升。

（4）实践经验

在解决具体问题的实践过程中，学习者的知识水平、元认知能力、科学研究思维模式、问题敏感性以及问题表征技巧等均会得到不同程度的提升与发展。实践虽然强调亲身体验，但在一定意义上也可以通过模仿他人经历获得。网络学习空间具备记录问题解决全过程的功能，同时，它也为个体之间的经验交流、实践分享以及问题解决历程的探讨提供了一个有效的平台。每个学习者都可以主动发起讨论，网络学习空间会保存每一位学习者问题解决的过程性材料，往届学习者的优秀方案也可以通过这一平台得到传承与发展。

（5）元认知

元认知可以被简单理解为学习者对自己认知的认知，问题解决中的元认知是学习者对于自身问题解决能力及过程的监控与反思。教师辅导小组帮助学习者规划学习进度与截止时间，为了达到目标，学习者需要学会监控自己的自主学习行为以及小组合作分工，合理分配时间与任务。自主学习之后的结论汇报要求学习者对自己的学习过程进行归纳概括。良好的自我监控、调节和反思能力的形成，有利于学习者更好地总结经验。传统教学环境受时间和空间的限制较大，对学习者课外的学习活动难以监测，不利于学习者认知过程的调节。网络学习空间能够支持记录过程性资料，使学习者的问题解决过程可视化，有利于提升学习者的自我认知能力。

（6）问题表征能力

在认知心理学视域中，表征被理解为信息在个体思维中的展现形式。问题表征构成了学习者大脑中针对问题情境的一种动态认知模型，涉及以特定的理解框架，如图表、模型等手段在思维中构建问题。学习者的图式发展水平直接关联到问题表征的明确性，而问题表征的清晰度又进一步作用于策略抉择，最终影响问题能否被准确且顺利地解决[①]。在线下教学过程中，受限于教学时长及学习者人数众多等因素，多数学习者难以在课堂上获得机会表达他们对问题的个人理解。相比之下，网络学习空间为教师与学习者搭建了一个课内与课外灵活交互的平台。教师可将问题材料发布于该平台，学习者则能采用多种图式形式在此空间内展示他们的问题表征，同时，他们还能观察到其他学习者针对同一问题的不同表

---

① 李桢. 问题解决的心理机制及其教学意义[J]. 教师教育研究，2005（5）：20-24.

征方式，从而促进自我反思与相互学习。

（7）问题意识

问题意识是一种思维品质。学习者问题意识的培养要素包括教学氛围以及提问和质疑的思维。传统教学环境中，学习者在课堂上习惯于被动接受教师所总结的答案，缺乏自我提问和对权威的质疑。网络学习空间虽然采取实名制，但在一定程度上避免了面对面的拘谨，学习者在平台上敢于提出各种疑问，因而其批判性思维能力逐渐提升。

2. 对教学外部因素的支持作用

（1）问题本身

问题所处的背景、问题置于的整体环境和问题表征共同构成了问题因素。在网络学习空间，教师能够借助各类技术手段，将现实生活中的真实问题迁移至线上环境，为学习者搭建具有真实性的虚拟问题场景，进而实现问题表征的清晰化表达，促进学习者有效识别问题。

（2）教学方式与策略

问题解决能力由五个子能力构成，针对每种子能力的提升，需采用恰当的教学策略。在以班级授课制为主导的线下授课环境中，教师的教学策略往往缺乏多样性，且很难为每一位学习者提供即时反馈。相比之下，网络学习空间不仅构建了学习者交流互动的平台，也为教师搭建了研讨交流的场所。在该空间内，教师可以围绕特定的学习任务展开集体研讨，这有助于促进教师对自身教学设计与策略应用的深入反思。此外，网络学习空间能够实时反馈学习者的学习进展，使教师能够根据学习者的实际需求和教学内容的要求灵活调整教学策略。

（3）反思与评价

网络学习平台能够全量、全过程地记录学习者问题解决的全过程和学习成果。此外，它还能够适应学习者个性化的学习结构，支持他们开展复习、自我反思及交流互动，并且为教师与家长提供了基于该平台实施多维度评价的功能。

三、基于网络学习空间中问题解决型学习活动的理论模型

网络学习空间中的学习活动是指学习者与学习共同体为了实现特定的学习目

标，在网络学习空间中进行的所有学习行为的总和。穆肃和曾祥跃将网络学习空间中问题解决型学习的环节分为创设情境、提出问题、提供学习支架及材料、开展自主学习、尝试解决问题或解答问题。这一划分没有区分行为主体，有的环节以学习者为主体，有的环节以教师为主体，有的则需要教与学双方共同参与①。而有关网络环境下问题解决型学习活动设计的研究多是从教师和学习者两部分展开，以线性流程梳理活动过程，从左至右或从上至下，按事情发展顺序罗列内容。

综合各学者的模型思想，本书构建了网络学习空间中问题解决型学习活动设计的流程模型（图5-30）。该模型参照教学设计的主要环节，将学习活动设计分为活动分析、活动实施和活动评价三个阶段，重点集中在活动实施阶段，具体分析了教师、网络学习空间和学习者三个对象在不同环节中的主要行为，突出关注了问题和方案的生成性，学习者对方案进行反思，发现新问题后重塑解决方案，在不断讨论与交流中改进方案，同时强调了教师与学习者的交互，师生交流和生生交流本质上应在整个学习过程中持续进行。需要指出的是，识别、分析、实践、反思和交流这五大问题解决子能力并不是逐层递进的，每项能力在各个环节都有所发展。

作为活动的设计者，教师应对整个活动实施过程进行分析，明确自身在教学过程中具体需要做哪些工作，以重塑教学设计，重整教学过程。

（一）情境创设、问题提出

问题情境的来源有两种：一是从学科课程标准或教学大纲中挖掘；二是从现实生活中的真实情境入手。教师选择的问题需要符合开放性和教育性，开放性指问题的解决方案不是唯一确定的，教育性则强调问题要与课程标准保持一致，如"如何用不超过1万元的钱，为自己家的客厅设计装修"，其中可能会涉及数学的"测量、立方米、等比例制图"等知识。

（二）协助分组、材料提供、工具介绍

小组协作是问题解决型学习的基本原则。小组成员之间应该有明确的角色分

---

① 穆肃，曾祥跃. 远程教学中基于问题学习的设计与实施[J]. 电化教育研究，2011（4）：65-68，72.

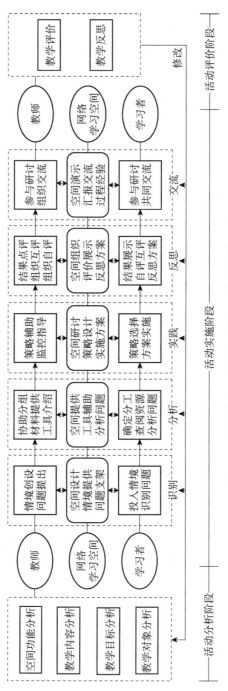

图 5-30　网络学习空间中问题解决型学习的理论模型

工，包括组长、记录员、搜查员、汇报人等。教师可以借助网络学习空间的各项功能协助学习者自主分组或随机分组，要求学习者为小组取名，在网络学习空间中创建小组成员的专有讨论区等，增强形式感与仪式感，吸引学习者的学习兴趣。

（三）策略辅助、监控指导

在整个学习过程中，教师可以通过网络学习空间对学习者的进展情况进行实时监督，查看学习者的后台行为数据，对个别学习者或小组进行针对性的指导。教师应成为学习的促进者，应尽可能远离或旁观，不要过早地参与到学习者的讨论过程中，而是在学习者需要外界帮助时介入，同时也不要直接给出答案，而是尽可能提出一些方向性的建议，如建议学习者查阅哪些文献、浏览哪些网站等，从方法策略层面加以引导。

（四）结果点评、组织互评、组织自评

小组在制作出作品后，可以在班内、校园内、社区内或家校互动展示。项目学习需要一个郑重的结束，学习者也可以在此过程中综合锻炼自己的表达能力、组织能力、协调能力等。由于问题解决型学习中学习者作品类型的多样性，教师在设计学习者作品的设计标准时要考虑从不同的维度评价不同类别的作品：对于科技类作品，可以从作品的功能、质量、成本、环保等维度进行评价；对于艺术类作品，可以从作品的审美情趣、现实意义、表达形式等维度进行评价；对于社会类作品，可以从作品的成本代价、使用价值、现实意义等维度进行评价。另外，师生可以使用网络学习空间的各项功能辅助开展评价，如论坛评论、投票工具、在线自评、考试系统等。

（五）参与研讨、组织交流

与学习者的讨论交流应贯穿于整个过程，教师应及时查看空间中的帖子，回复学习者遇到的疑惑，将共性的问题与优质话题置顶，充分利用技术给予学习者及时而有效的反馈，组织各小组的总结汇报，对所学、所得进行感悟与反思，促进生生之间的交流。

四、Moodle 平台中问题解决型学习活动的实践案例

（一）活动分析阶段

1. 空间功能分析

对基于网络学习空间的学习活动而言，活动环境即所选择的空间平台。Moodle 平台由澳大利亚科廷科技大学的网络管理员 Martin Dougiamas 原创，是一个软件设计包，因其开源免费、功能丰富、兼容性强等特点，在世界各国都得到了广泛的认可和应用。确切而言，Moodle 是基于建构主义教学理论设计开发的一个课程管理系统，是为了满足信息化教育的需要而诞生的。以"Moodle"或"魔灯"为关键字在中国知网上进行检索可以发现，对 Moodle 平台的研究涵盖理论探讨、技术开发、课程整合、教学设计、知识管理、教师培训、评价研究等各方面，这说明 Moodle 在我国的研究应用广泛而全面。

浙江师范大学智慧学习平台（http://moodle.zjnu.edu.cn/）是基于 Moodle 平台开发改进的线上教学系统（图 5-31），具有模块化的课程管理以及多形式的学习活动管理。在校生可使用学校信息办提供的统一身份认证登录，登录后平台会显示学习者真实的学号与姓名，属于学校认定的实名制网络学习空间，可充分保障教育信息安全。

图 5-31　浙江师范大学智慧学习平台

经过多次修正改进，现有的智慧学习平台界面简约精巧，功能丰富强大，且配有掌上魔灯 APP，支持手机移动学习。现有平台已基本满足教师授课所需的各项教学活动，如课件展示、小组活动、互动评价等（图 5-32）。

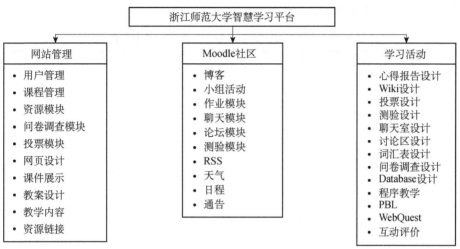

图 5-32　浙江师范大学智慧学习平台功能图

2. 教学内容分析

为了能从实际操作上把握问题解决型学习的具体应用，下面以浙江师范大学教育技术学研究生一年级的专业必修课"信息技术与课程整合"为例进行介绍。该课程要求学习者系统地掌握信息技术与课程整合概述、信息技术与课程整合的理论基础、信息技术与课程整合的教学模式、信息技术与课程整合的评价、信息技术与课程整合的新发展、信息技术与课程整合案例研习等内容，基本概念多，涉及面广，实践性强。借助浙江师范大学智慧学习平台，可以开展基于 Moodle 平台的混合教学实践，让学习者在实践中体会技术整合教育。

3. 教学目标分析

通过先前课程的学习，学习者已经能够理解信息技术与课程整合的概念。此整合过程涉及将信息技术高效地融入各学科的教学流程，进而实现在信息化教学环境中的教学模式重构。基于信息技术的教学模式能有效激发学习者的主动性、积极性及创造性，促使传统的以教师为核心的课堂教学结构发生根本转变，即从教师中心向"教师主导–学生主体"转变①。

---

① 何克抗. 信息技术与课程深层次整合的理论与方法[J]. 电化教育研究，2005（1）：7-15.

活动目标需要综合考虑学习者、社会和学科内容。目前教师所制定的学习活动目标，即教学设计目标，大多是围绕三维目标进行的，是知识维度、方法维度和情感价值维度的融合。因此，在制定该活动的目标时，需要将人的全面发展融入学习者的三维教育目标中（表 5-16）。

表 5-16　"信息技术与课程整合"课程三维教育目标

知识与技能目标	过程与方法目标	情感态度与价值观目标
描述技术与课程整合的相关政策文件； 描述我国中小学信息技术与课程整合的情况； 说明中小学信息技术与课程整合存在的问题； 分析造成技术与学科整合问题的主要原因； 针对现有的问题，提出对策建议； 自主提出问题、分析问题并设计解决方案； 筛选资料，并对此进行知识重组，提出新观点	通过网络等多途径收集主题资料，学会摘录保存网页信息，能对资料进行整理、分析，从中发现感兴趣的内容； 通过实地调研和面对面访谈，提高实践能力； 通过小组合作，提高与他人协作的能力，共建集体知识库； 通过展示交流，学习他人研究的优点，充实自己的研究成果	消除对目前信息技术与课程整合的问题感到焦虑，激发主动研究对策的热情； 感受网上收集资料的乐趣，愿意主动参与问题的探索与研究； 对自己的研究成果有成就感，感受与他人讨论共享的乐趣； 培养学习者的小组协作精神，增强集体观念和凝聚力； 领会"互联网+教育"的战略意义，增强专业使命感

4. 教学对象分析

高等教育中的学习者往往会面临许多复杂连续的问题，在传统教学中因课堂教学时间和空间有限，学习者的问题解决过程经常中断，增加了问题解决型学习的难度。而研究生的培养更具有特殊性。一般情况下，研究生经过本科阶段的学习，已经基本掌握了该学科的基础知识，学习者自主学习与导师指导相互结合是研究生阶段的主要学习方式，重点聚焦培养学习者更高阶的能力。研究生阶段的学习以自主学习为主，且科研本身就是一个问题解决的过程，因此，研究生学习与问题解决型学习有高度相关性。通过了解学习者的一般特征、学习起始能力、学习风格、学习动机以及对 Moodle 平台的熟悉程度，教师需要据此安排和设计符合学习者水平的课程任务，并提供合适的学习资源。

（二）活动实施阶段

活动的分析与评价可以基于网络学习空间进行问卷调查和数据分析，但网络学习空间对学习活动的支持作用主要体现在活动实施阶段。结合基于网络学习空间的问题解决型学习活动模型，本书将活动实施分为识别、分析、实践、反思、交流五个阶段，并对每个阶段的教师和学习者行为进行具体分析（表 5-17）。

表 5-17　问题解决型学习活动师生行为表

阶段	教师行为	学习者行为
识别	1. 情境创设：通过多媒体演示技术给人们生活带来的巨大变化，而现在的教室和一个世纪前的课堂却没什么区别 2. 问题提出：为什么技术没有对课堂教学产生巨大变革？为什么信息技术对课程的影响这么小？信息技术与课程整合现状如何？怎样才能在课堂中有效整合技术	1. 投入情境：观看教师提供的多媒体资源 2. 识别问题：思考教师提出的问题，进入学习情境，选择有意义且感兴趣的问题，如信息技术与课程整合现状如何
分析	1. 协助分组：协助学习者形成小组，帮助学习者分析问题 2. 材料提供：提供相关经典论文、专业网站、专家公众号等 3. 工具介绍：介绍思维导入软件、数据分析软件、Wiki 工具等，提供研究可能用到的工具，并录制操作的微课视频	1. 确定分工：选定组长，由组长经小组讨论后统筹安排任务 2. 查阅资源：查看教师提供的资料，通过搜索引擎检索和书籍查阅搜集信息 3. 分析问题：对所收集到的信息进行整理分析，以清单形式列出关于问题已经知道什么、还需要知道什么、可以用哪些工具等，制定研究计划
实践	1. 策略辅助：引导学习者进行学习，考虑策略的可行性，适当提供帮助指导 2. 监控指导：监控学习者的学习进程，对部分学习者在学习过程中遇到的问题进行个别辅导	1. 策略选择：讨论确定实践方案，实地考察获取一线资料或是理论研究，继续查阅文献，收集数据 2. 方案实施：到学校附近的中小学进行实地调研，收集信息，得出小组解决方案，准备分享汇报
反思	1. 结果点评：对各组结果进行总结评价，将具有代表性的研究成果发布到作品分享空间，供全体学习者学习 2. 组织互评：在平台设置互评活动，组织各小组之间、个人之间相互评价 3. 组织自评：在平台设计个人评价问卷，收集学习者自评信息	1. 结果展示：以多种形式展示本组的学习结果，提交包括小组活动的任务安排、任务完成过程、选定的解决方案等在内的书面报告 2. 自评互评：可根据智慧学习平台的后台统计，检验自己的任务完成情况，可对他人的成果进行评价 3. 反思方案：听取他人的研究结果，学习优点，反思自己的方案，实现进一步完善
交流	1. 参与研讨：在讨论区积极回复学习者的问题，对学习者学习过程中遇到的共性问题置顶或作集中研讨 2. 组织交流：组织学习者的交流讨论，并参与其中	1. 参与研讨：交流学习过程的收获，互相学习 2. 共同交流：通过智慧学习平台相互进行交流合作，商量所采取的方法是否可行以及是否需要进一步完善

表 5-17 简单呈现了教师和学习者在课程实施阶段应采取的行为，在具体实践过程中，教师需要考虑的内容会更加细化，包括学习活动的时限、问题的创设能否衍生出多样的任务和调查活动、学习者讨论区的参与度等。教师可以在 Moodle 平台上提供多种多媒体资料，以促进学习者开展学习活动。教师在实际授课时也

可以利用多媒体设备，基于 Moodle 平台对学习的重难点进行讲解，对讨论区的不同意见进行集中研讨。在这种学习模式下，基于 Moodle 平台的在线学习活动是学习者的学习基础，课程任务活动是学习的核心和重点，例如，以"我国中小学信息技术与课程整合现状如何"这一问题为重点，学习者可以去中小学开展实地调研。

问题解决型学习活动的实施效果主要通过学习者的学业成绩得以体现。Moodle 平台对学习者的学习过程具有追踪记录功能，学习者在 Moodle 平台上的一切活动都会被记录下来，这些学习过程的记录可以作为评价学习者学习的一项重要依据。在测评学习者的学业成绩时需要注意，不仅应该关注知识的习得和应用，还要测评学习者问题解决、独立学习和合作学习等多方面技能的发展，而即使是在测试题中增加主观题，创设情境题，仍不够全面。这种隐性、潜在的技能发展很难量化评价，国际通用的量表也不一定有效，因为学习者能力培养、素养发展是长期效果，短时间内个人的提升效果并不一定显著。学习者必须和教师共同评价，在学习活动过程中更多地采用形成性评价和质性评价，更多地关注数据的意义，如讨论帖的质量等。

教师也可以借助 Moodle 平台对学习者的学习活动进行评价，通过作业、测验、社区、Wiki 等模块查阅学习者的参与情况；实施多种评价制度，包括自我评价、同侪评价、学习者评价；设立多种评价指标，如课程目标、课程内容、界面设计、课程资源等。整体而言，对活动的评价应始终贯穿于课程设计与实施的整个过程，教师应通过教学的反馈信息，及时、动态地调整活动内容。

（三）活动评价阶段

1. 教学评价

教学评价是依据既定的客观标准，对教学过程及成效进行合理度量与科学评判的过程，是调整与优化整个教学流程的关键途径[①]。活动设计的结果通常是活动方案和过程资源。无论哪种成果，要评价活动设计的优劣，判断教学的好坏，将活动方案付诸实施是不可缺少的，最有说服力的评价来源于教学效果。此外，基于网络学习空间的活动设计还需要考量学习者对网络学习空间的利用是否充分

---

① 张立新. 教育技术的理论与实践[M]. 北京：科学出版社，2009：204.

且合理，能否体现新媒体环境下教与学的有效转变等。

2. 教学反思

每一堂优质课程的背后都有深邃的思考。在活动实施后，教师需要对整个学习过程进行反思，思考是否完成了教学目标，是否使不同层次的学习者都得到了相应的提高和发展，是否符合人才培养的各项要求，教学环节的设置是否自然流畅，空间的操作使用是否娴熟等。教学反思是教学过程中不可缺少的环节，反思更多是对整个学习活动设计的反省，需要教师不断地在实践中积累经验，优化设计。

问题解决型学习在培养学习者问题解决能力、创造性思维、社会责任感等方面具有显著优势，丹麦大学、加拿大麦克马斯特大学、瑞典林雪平大学等均是问题解决型学习的积极实践者。目前，我国基础教育人才化工作正持续推进，培养社会所需的创新性和技能型人才已经成为教育改革的重要任务。尽管国内已经有一些大学引入了问题解决型学习的教学理念，但整体效果不明显，还需要对问题解决型学习的理论实践进行系统研究。

信息技术的发展给问题解决型学习的发展带来了新的可能。教师无论是作为信息社会的社会人，还是作为职业角色，都应该掌握信息技术，并具备一定的信息素养。网络学习空间作为典型的信息技术的教育应用创新，在政策的推进下已基本实现各学校的普及应用。在教育信息化 2.0 阶段，我们不再是因为技术流行或先进而使用技术，而是期望利用技术实现教育教学的深度变革。因此，教师应重视技术在提质增效方面发挥的作用，依托网络学习空间不断优化学习活动，促进学习者的更优发展。

诚然，设计问题解决型学习活动是一项十分复杂的过程，容易受到各种因素的影响。但是，随着越来越多的实践者和研究者涉足这个领域，基于网络学习空间的问题解决型学习活动设计必将在理论和实践上取得丰硕的成果。

第六章

网络学习空间建设与有效应用
保障体系建立

　　网络学习空间的广泛应用和深化拓展需要保障体系的支撑。因此，本章分别从宏观、中观、微观三个层次构建网络学习空间建设与有效应用的保障体系。从宏观层面来看，政府部门应引领网络学习空间的建设目标，构建网络学习空间的管理体制以及包含应用创新机制、资源再生机制、多元评价机制等在内的运行机制，促进网络学习空间回归育人本质。从中观层面来看，本章借助决策试行与评价实验室（decision making trial and evaluation laboratory，DEMATEL）法分析了网络学习空间中有效学习的影响因素，包括教师对个体学习需求等的把握、网络学习空间的安全性、网络学习空间的易用性等，基于以上影响因素，构建了网络学习空间中观层面促进有效学习发生的保障体系。从微观层面来看，本章梳理与构建了网络学习空间中的知识共享模型，形成了影响因素路径，并从优化学习体验和优化外部生态环境两个方面形成了微观保障。

第一节　宏观：网络学习空间建设与发展的保障路径

一、明晰网络学习空间的建设目标

为推动网络学习空间的深度进展，规范全面建设及应用路径，创新体制意义与教育服务范式，加速教学模式与学习方式的转型，2018 年，教育部发布了《网络学习空间建设与应用指南》，该文件详细阐述了网络学习空间的基础技术框架、构建流程、功能布局、应用场景及实施策略。为保障网络学习空间的科学建设和合理应用，首先应从宏观层面明晰其建设目标，从而统领网络学习空间的整体应用过程。因此，在网络学习空间构建的初始阶段，确立清晰的建设目标至关重要，这有助于在功能配置、资源开发与活动规划等方面提供明确的方向性指引。《网络学习空间建设与应用指南》对网络学习空间的建设与应用目标进行了如下几方面的概括。

重构学习环境。建立人人皆学、处处能学、时时可学的泛在学习环境，适应信息化条件下的教与学需求，推动正式学习与非正式学习融合，实现有效支持个性化、适应性学习的智能化学习支持环境。

优化资源供给。通过利用教育资源公共服务平台、企业与社会教育资源，共享智力资源等方式，汇聚适应区域教育发展需求的优质资源，缩短资源生成、进化周期，支持个性化资源推送，实现精准服务，创新资源供给模式。

变革教学模式。落实以学生中心的教育观，改变传统教育教学流程，实现线上线下相结合，支持自主、合作、探究学习，促进教学方式从以教为主向以学为主转变，从单一、被动的学习方式向多样化、个性化的学习方式转变。

重塑评价方式。跟踪监测教与学全过程，由结果导向的单一评价扩展到综合性、过程性的多维度评价，实现基于数据的综合素质评价，从注重评价的筛选功能扩展到注重评价的诊断、激励与预测功能。

创新服务模式。从面向群体共性需求的规模化、无差别供给，转变为面向个体定制需求的精准化、智能化、个性化、适应性供给，创新教育服务供给渠道、手段和内容，形成多元教育服务并存的良性供给模式。

提升治理水平。落实立德树人根本任务，提升教育管理水平，促进教育管理业务重组、流程再造，建立智力资源共享、社会资源准入的监管评价机制，促进教育治理体系和治理能力现代化，探索体制机制改革，适应信息时代的教育发展需求。

二、构建网络学习空间的体制机制

网络学习空间是区别于学校日常教学事物的新型教育实践形式，其整体的合理建设与有序运行需要行政力量、社会力量、学校、教师、学习者等的共同参与。因此，构建网络学习空间独立建制的体制结构与相应运行机制是促进其合理运行、不断提升空间应用率、使其实现真正效用的基础和保障。

（一）网络学习空间的管理体制

教育行政部门是推动网络学习空间得以有效应用的重要力量。网络学习空间是技术支持、资源创生、教学实施、整体运行等多方面相互影响的有机整体。一方面，教育行政部门承担管理决策的功能，例如，通过编制网络学习空间的相关政策以引领实践发展方向；制定网络学习空间实施与评估标准；确立网络学习空间奖惩措施等。另一方面，教育行政部门具有保障底线的作用，例如，对网络学校空间的建设与实施进行专项拨款。

企业技术人员及其他社会力量也应纳入网络学校空间的独立体制之中。网络学习空间的维护、迭代、更新制约并影响着其中各类教育教学活动的具体实施与开展，技术人员的规范性参与不仅能够有效保障网络学习空间平台的顺利运行，更重要的是，他们同时也能够作为网络学习空间的生产者，为提升师生的信息素养提供有效资源。

教师、学习者及家长构成了网络学习空间推动与管理的核心群体。作为网络学习空间的使用者，他们同时也是高质量资源的创造者与享用者。在网络学习空间中，应融入社交网络的概念，以便用户能够便捷地定位所需团队，获取最新且优质的资源，同时分享个人的高质量资源，并积极参与到感兴趣的合作学习活动中。

基于此，本书认为，网络学习空间应构建教育行政部门引领，企业技术人员、教师、学习者、家长等多方协同参与的体制架构，进而形成良好的建设合力。

（二）网络学习空间的运行机制

1. 应用创新机制

网络学习空间在其建设与应用过程中，涌现出一大批可复制、可推广的优秀案例，通过树立典型的方式能够充分发挥优秀案例的榜样效应。以浙江省为例，该省在落实与推进网络学习空间应用过程中，出现了大量的优秀典型，并以此为基点形成了良好的网络学习空间应用氛围。浙江省的广大教师积极尝试，提出了"空间+用户中心""空间+无边界校园""空间+开放课堂"等应用方式[1]。

第一，"空间+用户中心"。东阳市致力于加速网络学习空间在教学中的应用进程，通过网络学习空间有效整合了网络教学研究、开放式课堂、教育资源视频、个性化学习评估、家庭与学校互动、英语自主学习平台、办公自动化（office automation，OA）系统、云端校园应用、课程选择系统以及网站集群等多项信息化教学工具，在此基础上，创新性地开发出"空间+多元化应用"的新模式，成功构建了一个以用户需求为核心的信息化应用生态系统。

第二，"空间+无边界校园"。浦江黄宅中学巧妙融合网络学习空间、学科专属教室、创新实验室及校园整体环境，创设了诸如"会说话的石头""我为绿植代言"等一系列富有科学探索意味的网络学习空间。学习者在校园内进行科学探索之际，仅需扫描二维码，即可轻松接入这些空间，享受拓展学习资源并参与互动交流。黄宅中学利用网络学习空间作为桥梁，实现了校园环境、学生社团、课程体系与学科教学的深度整合，从而打造出一个焕然一新的教学与学习空间。

第三，"空间+开放课堂"。长兴技师学院的教师有效发挥网络教学平台与信息化教学手段的长处，构建了一个既适应外部环境又实现内部和谐的开放式课堂环境。采用"学校–空间–产业园区"相结合的产教融合教学模式，成功推出了机

---

[1]　浙江省教育技术中心. 我省网络学习空间建设与应用取得明显成效[EB/OL]. https://www.zjedu.org/art/2018/8/9/art_724_34604.html. （2018-08-09）.

械制图、数控加工等一系列开放式课程，在资源整合、组织形式及制度建设上均实现了创新性融合，极大地激发了企业与学校合作的积极性，构建了一个目标一致、协同创新的职业发展联盟，有力地推动了创新型实用技能人才的培养进程。

第四，"空间+课程重构"。萧山洄澜小学的教师借助网络学习空间平台，开发了以"童心动漫"为主题的校本课程体系，相继上线了"童心动漫""童心铜画"等系列化的网络教学资源，通过网络学习空间展示学习者的创作成果，促进了不同年级间的合作与跨区域的互动，明显拓宽了学习者的成长空间，使每位学习者都能体验到从最初尝试、经历到最终走向成功的喜悦。杭州市余杭区的崇贤第一小学的教师巧妙地将地方特色"家纺与刺绣"融入校本课程中，并且在网络学习空间内推出了"立体绣"微型课程及"巧手生花"系列微型课程。同时，该校教师独立编纂了十册《巧手生花——立体绣工艺制作》乡土教材系列，不仅传承了中国传统刺绣的基础针法，还有效提升了学习者的动手实践能力和创新能力，使学习者在实践操作中获得成长，在交流中享受快乐。

第五，"空间+在线教育"。宁波市依托网络学习空间与云平台技术，成功建立了"甬上云校"系统。在此平台上，众多名校与名师纷纷推出公益性质的课程直播，学习者及家长可以根据个人需求免费选择观看，从而达到弥补知识短板、拓展能力的目的。

第六，"空间+社团学习"。浦江县杭坪镇中心小学的教师将网络空间与剪纸艺术教学相融合，创立了名为"剪纸教学吧"的社团。该社团涵盖了剪纸主题探讨、教学指导、教研交流、作品展示以及浦江特色剪纸等多个栏目，通过举办"千蝶剪纸图案大搜集"的社团活动，成功吸引了众多具有共同兴趣的学习者加入，形成了一个自发且持续的教与学社群。此举不仅有效扩展了综合实践课程的实体与学习空间，还显著提升了学习者的综合素养与核心能力。

2. 资源再生机制

教育生态学视野下的教学被视为一个蕴含生命力且持续演化的系统。在此系统中，资源扮演着核心角色，桥接了教师、学习者及学习环境，促使各要素间相互关联，共同构成一个和谐的共生体。在网络学习空间内，基于资源的教学活动并非静态、固定的，而是一个动态的"生成"过程。在此过程中，教师应依据学习者的学习进展，灵活调整并创造出超越原有教学规划的新教学路径，确保课堂处于动态变化与持续生成的状态中，从而契合学习者自主学习的需求。为适应这一生成性教学理念，网络学习空间所提供的资源亦需具备相应的动态再生机制。

（1）网络学习空间中资源再生的内涵

再生源自生物学领域，在网络学习空间的数字化资源领域引入再生概念，目的在于将资源视为可更新、可拓展的生命体。具体而言，这一过程是资源创作者与使用者在浏览与应用数字化资源时，与资源进行交互，并基于个人既有经验与认知框架，衍生出新型资源。因此，网络学习空间中的再生资源与课程固有资源紧密相连，二者相互依赖，构成一对共生体。在此语境下，再生强调数字化资源的形成与发展性意义，突出其生命活力与潜在价值创造，描绘了一种"动态"状态，与"静态"相对，主张资源应具备非预设性和多样性的特点。

（2）资源再生在网络学习空间数字化资源建设中的意义

在网络学习空间中，资源的再生机制尤为聚焦于数字化资源的动态构建特性，这一特性促使资源建设过程摆脱了传统模式下空间所有者独立使用的局限性。依据资源再生的核心理念，网络学习空间内的资源是在教学活动持续演进的过程中逐步生成并日益丰富的，它们并非预设地呈现出来以供学习者被动浏览，而是鼓励学习者深度介入，运用个人经验和认知结构内化资源内容，促进对资源的深刻理解和互动交流。这一过程还促使学习者将个人获得的隐性知识回馈至资源体系中，作为对原有资源的宝贵扩充与提升。由此，资源再生的观念有效规避了学习者单纯依赖资源下载的学习方式，转而强调学习者的主动参与，使其成为网络学习空间中不可或缺的潜在资源共创者。这一转变对于维护网络学习空间的生态健康至关重要，不仅激发了学习共同体的活力，还显著延长了网络学习空间的生命周期，确保了其持续发展的动力与潜力。

（3）整合 Web2.0 技术，优化网络学习空间资源再生

Web2.0 技术在全球范围内兴起，标志着互联网历史上第二次重大的技术与理念革新。Blog、Wiki 等典型的 Web2.0 技术在教育领域取得了成功，其倡导的信息开放性、资源共享性以及用户生成内容的理念，逐渐吸引了众多学者的密切关注[①]。在构建网络学习空间时融入 Web2.0 技术元素的核心价值在于，利用这些先进技术背后的先进理念，对网络学习行为进行重新诠释，从而为网络学习空间中

---

① 余延冬，赵蔚，黄伯平. Web2.0 理念与数字化教育资源库的深层次整合研究[J]. 中国电化教育，2009（4）：51-56.

的资源建设探索出一条有效路径。

第一，利用 Wiki 技术与网络学习空间整合，实现资源建设从共享到共建的理念转变。Web2.0 技术支持各类分布式资源相互汇聚，将个体的力量凝聚成为集体的力量。在 Web1.0 时代，在线资源的构建与筛选主要由网站开发者主导，用户行为大多局限于"阅读"，这极大地限制了内容的创新性与个性化。Web1.0 向 Web2.0 的演进，在资源建设层面体现为从追求内容独特性向鼓励用户参与的转变，用户不再仅仅是信息的消费者，而是转变为内容的共创者，实现了从单纯查询、浏览到主动创造的跨越，承担了资源"二次开发"的角色。

Wiki 作为 Web2.0 技术的典范，促进了内容的集体创作。在网络学习平台的构建中融入 Wiki 功能，不仅便于开发者管理资源，更重要的是，它激励用户在浏览时积极参与资源创作，如补充缺失资源、修正不当内容，并通过留言机制向管理员反馈修改建议。图 6-1 展示了将 Wiki 技术应用于网络学习空间，实现数字化资源再生的具体路径①。

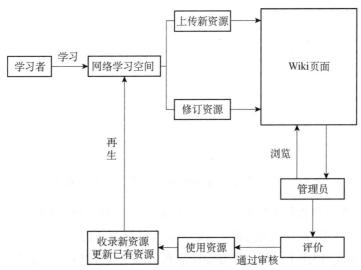

图 6-1　利用 Wiki 实现网络学习空间中资源再生的途径

Wiki 技术使得网络学习空间超越了单一的浏览功能，允许每位用户投身到在线资源的创建与维护中，转变为潜在的资源创造者。通过 Wiki 技术对网络学习空间内的在线资源再生机制进行优化，既能加速数字化资源的更新频率，又能增

① 李远航，秦丹. 利用 Web2.0 技术实现网络课程资源再生研究[J]. 中国电化教育，2011（4）：82-85.

强资源编排的灵活性，进而构建一个以资源为依托的人际互动平台，推动学习者与网络学习空间实现相互作用的双向交流。

第二，利用 Blog 技术与网络学习空间的整合，实现个人知识向公众知识的转化。知识可以被划分为"未及传播且未编码的个人知识"与"经编码并广泛扩散的公共知识"①。当前，学习者的知识积累往往根植于"个人知识"层面，尤其是以隐性知识形态潜在存在。若能有效发掘这些内隐的信息，并借助社会化过程与显性化策略，将其转化为可供群体学习者借鉴、深思的新资源，无疑将成为网络学习环境中资源建设与再生的新动力源。

以 Blog 为例，它不仅提供了一种有效工具，使网络学习空间内的资源再生成为可能，还显著拓宽了资源共创与持续增值的渠道。利用 Blog 实现网络学习空间中资源再生的路径如图 6-2 所示②。

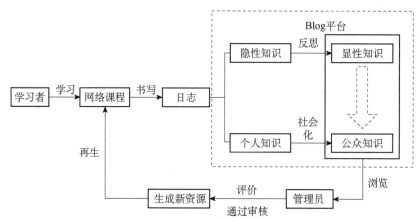

图 6-2　利用 Blog 实现网络学习空间中资源再生的路径

Blog 展现出两大核心优势：其一，作为反思工具，Blog 助力学习者系统梳理学习历程，并以文字形式固化个人思考，有效实现了隐性知识向显性知识的转化；其二，Blog 构建了一个交流互动的平台，该平台鼓励基于兴趣的自主交流，因而能够吸引学习者更广泛且持久的关注，促使学习者在此汇聚并形成"公共知识"。通过这两大功能的协同作用，Blog 不仅促进了网络学习空间内基于资源与自主学习的交流，还通过交流过程催生了新的资源类型，进而成为推动网络学习

---

① 马克斯·H. 布瓦索. 信息空间——认识组织、制度和文化的一种框架[M]. 王寅通译. 上海：上海译文出版社，2000：96.

② 李远航，秦丹. 利用 Web2.0 技术实现网络课程资源再生研究[J]. 中国电化教育，2011（4）：82-85.

空间中数字化资源再生机制的又一重要渠道。

第三，利用 Tag 和 RSS 技术与网络学习空间的整合，实现个性化的网络学习行为。在传统 Web1.0 技术的框架下，网络资源的组织与检索通常遵循固定的内容结构顺序及资源格式，这导致学习者难以迅速获取特定主题下的全面信息，往往需要耗费大量时间进行逐层的信息筛选。随着网络学习空间"共享–共建–再生"机制的逐步优化，课程资源可预见性地呈爆发式增长。因此，学习者迫切需要更为人性化的资源组织与展示方式，以期减轻学习负担，提升学习灵活性。RSS 技术应运而生，它能够根据学习者的定制需求，收集并组织信息，随后以特定格式主动将更新资源推送至用户端，这一技术模式已逐渐在多个在线平台中得到应用。

在 Web2.0 技术领域，Tag 与 RSS 技术作为资源分类与订阅管理的核心工具，与网络课程的融合标志着网站资源更新服务进入了一个创新阶段。在网络课程学习空间中融入 RSS 技术，不仅可作为协作学习的一种手段，使学习者能够及时接收到讨论、留言等动态信息，还可显著增强学习者使用网络学习空间的自主性，同时也可促进与教学过程相契合的资源重构，有效满足学习者在课程学习中对新颖教学资源的需求。图 6-3 展示了在网络学习空间中利用 Tag 与 RSS 技术促进资源再生的具体路径。

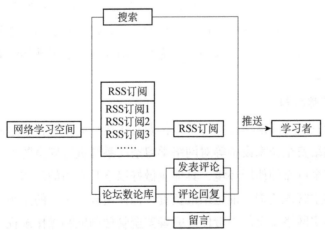

图 6-3 利用 Tag 与 RSS 技术支持网络学习空间资源再生路径

借助 Tag 标记技术能够重构网络学习空间中资源的树状组织结构，并通过自定义标签以实现资源的精准区分。在获取和利用资源的过程中，学习者能依托 Tag 标签的聚类机制，高效地汇聚围绕特定兴趣点或主题的全部资源，此举促进了资源从线性到非线性组织模式的转变，极大地提升了资源获取的便捷性与个性化程度。

3. 多元评价机制

网络学习空间是具有复杂性的有机整体，对其中各要素的评价不应局限于单一方面。例如，网络学习空间中的学习者发展包含学习者个体的能力、认知、行为、人格特征等多方面的积极变化。为此，网络学习空间依托大数据以及交互式功能，形成面向学习者个体、教师、同伴以及系统运行的多元评价机制，从多个维度对网络学习空间内的诸多要素实现全面评价。

4. 长效激励机制

用户是网络学习空间的核心，是持续应用网络学习空间的主体。针对用户施行长效激励机制，有利于维系网络学习空间的应用率。因此，网络学习空间应从激发用户内部动机和满足用户外部动机两个方面出发，形成持续推动用户参与的网络学习空间长效激励机制。内部动机是指个体通过完成某一行为满足眼前的需要，这种行为受其固有的内在价值导向，而完成这种行为的动力通常来自行为本身的特性[①]，如认知盈余、利他主义、情感满足、文化价值相符性、休闲娱乐等。为激发用户的内部动机，可以采用聚合具有相似兴趣点的用户、创设鼓励用户积极参与的氛围等方式。外部动机是指个体自身之外的一些促使行为发生的因素，包括外部奖励和报酬等，既包括虚拟的奖励和报酬，如声誉、名利、积分等，又包括物质的奖励和报酬。针对用户的外部动机，网络学习空间可采用对优质用户授予特定徽章、开展教师和学生优秀空间评选、展示精品空间等方式激励用户的长期参与。

5. 安全保障机制

安全保障机制是网络学校空间得以长期有序运行的基础，通过制定空间安全政策和利用网络安全技术设备等对网络学习空间系统进行安全防护，保障网络学习空间具有安全可靠的使用环境，具体应做好以下几方面的工作：①明确职能部门，根据"谁主管谁负责、谁运维谁负责、谁使用谁负责"的原则，确定网络安全负责人，落实网络安全保护责任。完善安全管理制度和操作规程，提高空间管理人员的安全意识和防护水平。②落实防范危害网络安全行为的技术措施。做好

---

① Szuster A. Crucial dimensions of human altruism. Affective vs. conceptual factors leading to helping or reinforcing others[J]. Frontiers in Psychology, 2016, 7: 519.

网络安全等级保护定级备案、测评整改工作，全面落实网络安全等级保护提出的管理和技术要求，提高防攻击、防篡改、防病毒能力。③落实监测记录网络运行状态、网络安全事件的技术措施。完善网络安全监测预警机制，定期开展安全检查，及时发现、处置安全威胁；定期对空间网络日志进行分析、研判，系统排查安全隐患，留存相关的网络日志不少于六个月。④采取数据分类、重要数据备份和加密等措施，规范空间数据的采集、传输、存储和开放共享，建立全生命周期的数据防护体系，保障空间用户的个人信息安全，防止信息泄露、毁损、丢失。⑤健全网络安全应急管理机制。制定网络安全应急预案，明确各类网络安全事件的处置规范；发生网络安全事件时应第一时间采取有效措施，以将影响降到最低，并及时将实际情况报告上级教育主管部门。⑥落实空间内容安全管理主体责任，建立健全内容审核、应急处置等管理制度，依据"属地管理、职权一致"的原则，与用户签订安全协议（如学校与教师、学校与学习者、学校与家长之间签订安全协议），明确双方的权利与义务。⑦学习网络安全法规，梳理网络安全意识，尤其要引导学习者遵守《新时代青少年网络文明公约》，在教师、家长的监控与指导下负责任地使用网络学习空间。

三、回归网络学习空间的育人本质

网络学习空间为学习者开辟了区别于传统课堂讲授的学习路径，赋予了他们全新的学习体验。每位学习者的学习能力、认知模式等存在显著差异，他们对网络学习空间应用的有效性有所不同。因此，网络学习空间的应用核心应回归育人本质，即促进学习者的全面发展。通过积极培育具有正面学习态度的学习者群体，这些"学习典范"不仅能树立良好榜样，还能激励并引导那些在网络环境中较为消极的学习者转变为积极的学习者，从而全面优化在线学习生态系统。

（一）积极的在线学习者

在网络学习空间中，积极的在线学习者具有活跃度高、在线时间长、互动频繁等积极特征，他们同时具有强烈的学习意愿和积极的学习态度，并具备特定的在线学习技能与能力。这类学习者的内在驱动力强劲，展现出强烈的责任感与坚韧不拔的精神，同时拥有卓越的适应力与坚定的自信心。他们擅长并乐于构建学习网络，积极与其他成员建立联系，促进资源的共享与交流。

（二）积极的在线学习者的特征

积极的在线学习者在内在心理与外在行为上均展现出显著的积极性。个体的能力水平、心理状态及其驱动的行为，在一段时间内往往保持相对稳定且具有一定的可预测性。本书聚焦于积极学习者持续展现的这些长期且稳定的特质，强调具备偶然的积极表现的个体并不足以被界定为积极的在线学习者，而需基于个体稳定且持久的行为模式来判定。心理学领域将个体心理层面的稳定特征定义为个性心理，它反映了个体长期稳定的意识倾向与精神状态。个性心理由个性心理倾向与个性心理特征两部分构成。前者涵盖需求、动机、兴趣及理想等元素；后者则包括能力、气质、性格及人格等维度，其中，气质、性格与人格等特征较难通过策略性干预来改变，因此，我们将这些个性心理特征归入能力特征的范畴。行为是学习者在学习过程中所展现出的稳定且可观察的外显行为。鉴于本书中提及的能力特指学习者进行在线学习所需的相关技能，而行为专指在网络学习空间这一平台上的具体操作行为，结合心理学的分析视角，我们将积极的在线学习者特征细分为个性心理倾向特征、学习能力特征与学习行为特征三大类。

基于个体稳定的心理与行为特征，本书对积极的在线学习者特征进行了系统分类，最终构建了如表 6-1 所示的积极的在线学习者特征框架①。

表 6-1　积极的在线学习者特征框架

心理特征	行为特征	
个性心理倾向	积极主动的在线学习态度	接受并喜欢在线学习方式
	较强的主体意识	良好的归属感 高度的责任感 坚强的意志
	较强的学习动机	较强的内在学习动机
	高水平的自我效能感	自我自信 任务自信
	正确的归因方式	不稳定的内部可控归因：努力

---

① 赵盼. 积极的在线学习者培育策略研究[D]. 金华：浙江师范大学硕士学位论文，2017.

续表

心理特征	行为特征	
学习能力特征	较高的信息素养	明确信息 获取信息 使用信息
	较强的元认知能力	自我认知 自我监控 自我反省
	较强的在线学习适应能力	适应在线学习 适应使用工具 适应学习平台
	较强的交流协作能力	语言表达 合作意识
学习行为特征	学习者与内容的积极交互	查看学习课件积极 学习扩展资源积极 提交作业积极
	学习者与人的积极交互	讨论积极 分享学习资源积极 合作行为积极

1. 积极的在线学习者的个性心理倾向

个性倾向性是驱动个体行为的核心动力机制，不仅塑造了人们对周遭世界认知与态度的选择与偏好，还鲜明地反映了人在社会环境中所展现的积极态度与行为特性。综合既有研究成果，并通过对积极在线学习群体的深入观察与访谈分析，我们提炼出该群体在个性心理倾向层面存在的几个关键特征：积极主动的在线学习态度，这种态度自觉而主动；伴随着强烈的个体主观能动性，即较强的主体意识；驱动学习行为的是深植于内心的学习动机，尤其是强烈的内在学习动机；持有高水平的自我效能感，这是其持续追求学习目标的内在信念支撑；在遭遇学习挑战时，采用合理的归因策略，即正确的归因方式。

（1）积极主动的在线学习态度

尽管积极的学习者与成功的学习者之间的界定存在差异，但是成功的在线学习者群体往往显著地重叠于积极的在线学习者之中。因此，积极的在线学习者群体在范畴上更为广泛，涵盖了成功的在线学习者的所有特性，而成功的在线学习者所展现的特征，同样也是积极的在线学习者所必备的。

态度是个体对某一对象所持有的评价和行为倾向。通过访谈与观察发现，持有消极态度的在线学习者更可能表现出学习上的回避行为，如鲜少参与课堂讨论、缺乏合作交流的意愿，以及对学习资源的低频率访问，这些行为模式直接关联到其学习效果的不理想与学业成绩的落后。相反，秉持积极学习态度的学习者则倾向于在线上活动中展现高度参与性，不仅积极参与讨论，还主动寻求资料以解决问题，其作业成果往往充满创意，从而更易于取得优异的学习成果。

　　研究者强调，为了实现更好的在线学习成效，学习者不仅需要配备相应的设备，还必须拥有利用技术辅助学习的意愿①。对于积极的在线学习者而言，他们倾向于在线学习模式，并对此抱有浓厚的学习兴趣，期待这一学习途径能够强化并提升他们的自主学习能力。在线学习者的积极主动学习态度体现在多个维度，包括行为的积极性等，但需注意的是，其中一些表现与其他特征存在交叉。因此，积极主动的学习态度核心在于学习者对在线学习方式的接纳与喜爱。

　　（2）较强的主体意识

　　线上教学环境中，学习者的角色发生了根本性转变，从以往被动接收知识的角色演变为积极获取并加工信息的建构者，从而确立了其作为学习主体的地位。学习者的主体意识强度，对其在线学习的态度及行为表现具有深远的影响。主体意识作为一种积极向上的学习心态的体现，促使学习者将学习视为个人责任，面对难题时能够主动出击，积极探寻解决方案。通常来说，主体意识体现在良好的归属感、高度的责任感和坚强的意志等方面。

　　第一，良好的归属感。归属感有助于缓解在线学习中的孤独感、无助感等消极情绪，并能有效激发学习者的学习积极性，促使学习者更加主动地与教师及同伴进行互动交流，更加积极地投入到学习任务中，进而提升学习效果②。同时，虚拟学习社群中强烈的归属感也是网络学习空间持续发展与壮大的关键动力。相较于消极的在线学习者，积极的在线学习者对在线学习环境及学习社群展现出更强的归属感。他们能够清晰地认识到自己在网络学习中的角色定位，对网络学习环境通常抱有较高的归属感和满意度，因而在在线学习活动中更容易展现出积极的行为表现。

　　第二，高度的责任感。积极的在线学习者展现出强烈的自我主导意识，他们

---

① Fahy P J, Archer L. 在线学习者特征分析[J]. 肖俊洪译. 中国远程教育，2000（11）：19-21.
② 詹姆斯·拉菲，蔡宜君，克里斯·阿梅龙，等. 在线学习中活动感知对社会性技能、社群归属感和学习满意度的影响[J]. 开放教育研究，2010，16（3）：136-143.

能清晰地认识到自己是学习进程中的主导者，从而在在线学习环境中展现出高度的主动性与积极性。此外，这些学习者还具备深厚的责任感，能够精准定位自身在学习角色中的定位。在面对学习任务或活动时，能够迅速且有效地采取应对策略，并勇于承担由此产生的责任与使命。他们严格遵守在线学习平台所设定的各项规则与规范，体现了高度的自律性与责任感。

第三，坚强的意志。在构建以学习者为主导的网络课程时，必须充分考虑个体在网络学习过程中对不确定性的耐受度及可能遭遇的网络焦虑状况[①]，而坚强的意志是确保在线学习质量的关键因素[②]。时空分离是在线学习的显著特征，师生之间时间与空间的非一致性容易引发学习者不良的心理反应，加之网络上存在大量的不相关信息，学习者容易在网络学习过程中分散注意力。积极的在线学习者展现出坚韧不拔的意志，他们勇于面对并克服学习过程中的各种困难和挑战。同时，他们具有强烈的主体意识，这不仅使他们能够获得愉悦的在线学习体验，而且这种积极的情绪和意识还能对周围的在线学习者产生正面影响，激励他们也成为积极的在线学习者。此外，这种主体意识对于维持积极的在线学习者的学习动力和学习状态也具有重要的促进作用。

（3）较强的学习动机

学习动机是驱动学习者开始与持续学习行为并引导其实现学习目标的一种动力机制。学习者持有的较为正向的在线学习效能感与学习动机之间存在紧密联系，这一联系对于在线学习的成功至关重要[③]。学习动机与学习积极性之间存在着直接的因果关系：动机是驱动因素，而积极性则是其外在表现。

学习动机包含内在动机和外在动机。外在动机并非源自学习活动本身或学习者的自发意愿，而是由强烈的外部诱因或刺激所激发的；相对地，内在动机则根植于学习者内部，源于学习者对自我价值实现的追求、学习意愿、获取知识的渴望或问题解决的需求。尽管显著的外部动机能在短期内提升学习者的积极性，但其效果缺乏持久性，甚至可能产生负面效应。比如，仅为完成教师布置的任务而直接复制网络资源至交互区域。此现象产生的根本原因在于学习者内在学习动机

---

① 李艾丽莎, 张庆林. 在线学习的类型及其特点[J]. 教育科学, 2003, 19（1）：49-52.
② 何字娟, 李爽. 网络学习者特征初探[J]. 北京广播电视大学学报, 2008（2）：29-32.
③ 张建伟, 孙燕青. 关于远程学习效能感及其相关因素的研究[J]. 北京师范大学学报（社会科学版），2003（4）：68-74.

的缺失。相比之下，内在学习动机更能促使学习者展现出更为积极主动且持久的学习行为与状态。有研究者提出，具备内在学习动机及更高自律性的学习者更能适应网络学习环境①。在此基础上，有学者指出内在学习动机与学业成就呈显著正相关，而外在学习动机则与学业成就呈显著负相关②。由此可知，积极的在线学习者通常具备较高的内在学习动机。

（4）高水平的自我效能感

自信心被视为取得成就的关键因素之一。有研究者通过分析指出，成功的学习者普遍具有较高的自我效能感③。班杜拉将自我效能感定义为衡量个体运用其技能或工具以完成特定任务的自信水平④，它决定了个人对活动的选择、持续参与的决心以及在面对挑战时的情绪反应和行为模式⑤。在本书中，我们将自我效能感界定为个体基于对自身能力的认知而形成的自信程度。

庞维国教授提出自我效能感不仅左右着学习者对任务的选择与目标设定，还深刻影响着他们的努力强度、持续时长、适应能力，以及学习进程中的情感体验⑥。具体而言，拥有高水平自我效能感的学习者倾向于设定更为宏伟的学习目标，并且更倾向于采取自主学习的方式，通过不懈努力来达成这些目标。在实现目标的过程中，他们能够保持冷静，从中获得积极的情感体验。这表明，自我效能感不仅体现在对任务与目标的筛选上，也是意志力与努力程度的直接反映。考虑到某些表现与其他特质存在交叉，我们推断，积极的在线学习者之所以表现出色，在很大程度上归功于他们拥有较高的自我效能感，这种效能感主要体现在对自我能力的坚信以及对完成任务信心的充足上。

自信可以被划分为自我自信与任务自信两大维度。自我自信的核心在于，学习者在学习过程中能够深刻体会到自身努力的正面价值，坚信自己具备有效参与

①　Lyall R，McNamara S. Influences on the orientations to learning of distance education students in Australia[J]. Open Learning：The Journal of Open，Distance and e-Learning，2000，15（2）：107-121.

②　王振宏，刘萍. 动机因素、学习策略、智力水平对学生学业成就的影响[J]. 心理学报，2000（1）：65-69.

③　李淑霞. 成功远程学习者研究综述[J]. 成功（教育），2007（3）：113-114.

④　Bandura A. Self-efficacy：Toward a unifying theory of behavioral change[J]. Psychological Review，1977，84（2）：191-215.

⑤　Bandura A. Self-efficacy mechanism in human agency[J]. American Psychologist，1982，37（2）：122-147.

⑥　曹亚杰，庞维国. 中学生物理学习中的粗心现象研究[C]. 第十七届全国心理学学术会议论文摘要集，北京，2014.

在线学习的能力，且能够敏锐察觉外界环境的变化，并据此灵活调整学习策略，确保学习行为始终处于自我掌控之中。而任务自信则聚焦于在线学习环境的独特性，包括其虚拟性、异步性以及高度的灵活性等，积极的学习者能够敏锐捕捉这些特性，不仅能够有效适应在线学习环境，还能够巧妙地利用它们来优化学习体验，从而显著提升自己完成学习任务的效率与自信，展现出强烈的自我效能感。

（5）正确的归因方式

归因方式也称为"解释方式"，指向个体对某一事件或行为结果的原因的知觉①。归因对后继的行为有着强大的动力作用②。常见的归因方式有内部归因和外部归因两类，即把事情发生的原因分别归结于自身的内部因素和外部环境因素。其中，内部因素包括自身努力程度、能力水平、心理状态等；外部因素包括任务难度、他人影响、社会环境制约等③。已有研究表明，高成就的学习者通常将成功归因于努力和能力，而把失败归因于不努力和其他一切内在因素④。如果将失败结果归因于能力低、任务难等稳定性因素时，个体难以克服造成失败的内外条件，则对未来成功失去信心⑤。在本书中，正确的归因方式并不指向归因的对错，而是用于解释只有将失败归因于内部的不稳定因素时，才能使学习者对未来学习行为产生更为积极的影响。因此，本书中正确的归因方式是指在线学习者将自己的学习成效归因于自身的努力程度。

2. 积极的在线学习者的学习能力特征

能力作为个体在成功执行特定任务时不可或缺的心理特质集合，最初源自遗传的烙印，而其塑造过程则深受日常经历与学习实践的双重影响。部分能力的获得，离不开持之以恒的锻炼与重复实践。在心理学范畴内，能力常被狭义理解为智力水平，即 IQ（intelligence quotient，智力商数），但本书中提及的"能力"并不严格对应于这一传统定义。确切而言，它聚焦于学习者在在线学习环境中的效能，特指学习能力。当个体掌握了某项活动所需的核心能力时，其表现往往展现出流畅性、积极性与高效性；相反，若能力不足，则可能遭遇重重障碍，并伴随

---

① 张爱卿. 归因理论研究的新进展[J]. 教育研究与实验，2003（1）：38-41.

② 韩仁生. 中小学生归因训练的实验研究[J]. 心理学报，1998（4）：442-451.

③ Heider F. The Psychology of Interpersonal Relations[M]. New York：Psychology Press，2013：85.

④ 王凯荣，辛涛，李琼. 中学生自我效能感、归因与学习成绩关系的研究[J]. 心理发展与教育，1999（4）：22-25.

⑤ 韩仁生. 中小学生归因训练的实验研究[J]. 心理学报，1998（4）：442-451.

消极情绪体验。与兴趣导向、动机驱动等个性心理倾向相比较，学习能力构成了衡量活动完成度的关键决定性因素。

学习策略与学习风格并无绝对优劣，而是依据个体差异存在适配性。积极的在线学习者可能找到了适合自身的方法与模式，但这并不意味着他们的学习策略或学习风格即为最优，或普遍适用于所有人。在线学习蕴含着独特的复杂性与特性，积极的在线学习者的认知能力与表现不仅与其信息素养、元认知技能等因素紧密相连，还深受其对在线环境的适应力及交流合作能力的影响①。为此，本书避免将特定学习策略与学习风格作为积极在线学习者的固有特征来探讨，而是将积极在线学习者的学习能力特征归纳为较高的信息素养、较强的元认知能力、较强的在线学习适应能力，以及较强的交流协作能力。

（1）较高的信息素养

信息素养涵盖了识别信息需求时机、高效获取信息的方法，以及对所获取信息进行科学评估与有效利用的能力②。在我国教育语境下，信息素养的内涵更为多元，不仅要求个体能够熟练运用各类信息工具进行信息的搜集、处理、整合与创新，还强调了在信息环境中的合作交流与信息防护的重要性。这被视为一种高层次的认知技能，对于现代人的学习与工作至关重要。在在线学习领域，学习者主要依托网络与信息技术进行自主学习，这使得信息素养的重要性越发凸显。综合国内外对于信息素养的深刻理解，我们认为，一个积极的在线学习者通常具备高水平的信息素养，具体体现在以下几个方面：他们能够清晰地界定自身信息需求，依托扎实的信息技术与网络知识，灵活运用多样化的信息获取手段与工具，有效筛选并整合所需信息，最终将其应用于实际学习任务中。简而言之，信息素养是学习者在浩瀚的信息海洋中，能够明智地选择、高效获取、灵活运用、科学评价信息，并创造出新知识的综合能力。

（2）较强的元认知能力

元认知是指个体对自身认知加工过程的自我意识、反省评估及自主调节，实质是对认知本身的认知活动③。在线学习的成功主要取决于学习者的自我导向

---

① 杨素娟. 在线学习能力的本质及构成[J]. 中国远程教育，2009（5）：43-48.
② 张义兵，李艺. "信息素养"新界说[J]. 教育研究，2003（3）：78-81.
③ 史永胜. 远程学习者自主学习能力的培养[J]. 中国成人教育，2012（1）：112-115.

性、自律性以及自我激励能力①。在在线学习环境中，教师作为直接传授知识者的角色逐渐弱化，元认知策略对于促进学习者的自主学习和积极学习态度显得尤为关键②。元认知能力不仅是衡量学习者发展水平的重要标尺，也是成功在线学习者的显著特征。有研究者发现，远程学习者的效能感与学习动机、自我调节学习技能、技术应用能力等因素紧密相关，且对远程学习的成功具有重要影响③。其中，自我调节学习能力涉及学习计划的制定、过程监控、成果检查、自我评价、反馈调整等一系列能力，这些与本书中元认知能力的范畴高度契合。

在线学习环境为学习者提供了更为自由的空间，他们通常处于教师的直接监管之外，这容易导致部分学习者"迷失"在网络庞大的信息流之中。而学习者积极且主动地运用元认知策略，能够有效应对在线学习环境中可能出现的焦点迷失问题④。因此，学习者应需具备自我反思的能力，并根据自身学习情况制定个性化的学习计划。该计划不仅要求学习者进行自我监督以确保按时完成任务，还需学习者定期进行自我反思与策略调整。本书聚焦于在线学习背景下学习者的元认知能力，其核心构成包括但不限于以下几种能力：①自我认知，即学习者对自身学习状态、优势与劣势的清晰把握；②自我监控，涉及对学习过程的持续跟踪与进度管理；③自我反省，强调对学习成果、策略有效性的深刻反思与适时优化。这些能力共同构成了积极的在线学习者所必备的元认知框架。

（3）较强的在线学习适应能力

学习适应能力是指学习者通过主动调整自身身体和心理达到与具体的学习环境相符合而表现出来的能力倾向⑤。在线学习对学习者的自主性和自制性提出了更高的要求，适应能力较弱的学习者在面对学习环境、学习工具、学习方式等发生巨大变化的冲击下，容易出现负面情绪，乃至产生放弃的心理。而积极的在线学习者应具备较强的适应能力，能够及时接纳不同的学习观念，迅速适应全新的学习环境，积极尝试不同的学习工具等。本书中积极的在线学习者所具有的较强

① 尹睿，徐欢云. 国外在线学习投入的研究进展与前瞻[J]. 开放教育研究，2016，22（3）：89-97.

② 张泳，何高大. 学习适应性与学习策略之实证研究——解读大学英语网络自主学习[J]. 现代教育技术，2012，22（4）：73-78.

③ 张建伟，孙燕青. 关于远程学习效能感及其相关因素的研究[J]. 北京师范大学学报（社会科学版），2003（4）：68-74.

④ Oxford R L. Language Learning Strategies：What Every Teacher Should Know[M]. Boston：Heinle & Heinle，1990：136.

⑤ 孙多. 网络学习的适应性调查研究[J]. 中国电化教育，2007（7）：75-77.

的在线学习适应能力主要表现在适应在线学习、适应使用工具、适应学习平台三个方面。

（4）较强的交流协作能力

在线学习为学习者提供了自主构建知识、获取信息的广阔平台，身处其中的积极的在线学习者往往展现出高度的互动性，他们在教师构建的情境中，通过与学习伙伴的合作、与他人的互动及对学习资源的利用，进行意义的建构与知识的获取。在此过程中，教师的直接干预大大减少，学习者可能会遇到知识理解、技术应用或学习任务管理等方面的问题。此时，学习者应具备与他人进行有效线上沟通的能力，以保障在线学习效果[①]。协作交流能力与在线学习者的行为表现紧密相关。积极的在线学习者通常展现出高度的交互性，同时，积极的学习氛围与有效的学习活动能够促进性格内向或胆怯的学习者克服心理障碍，在协作交流中提高自身能力，享受愉悦的学习过程并挖掘个人潜能。本书中积极的在线学习者所具有的较强的交流协作能力主要表现在语言表达和合作意识两个方面。

3. 积极的在线学习者的学习行为特征

学习行为是学习者在在线学习过程中所展现出的可见的、具体的行为。在对积极的在线学习者进行界定时，有的学者强调从在线学习者行为的角度出发，依据线上活跃程度、在线时间、发帖数量等来界定积极的在线学习者[②]。另有学者认为可以依据学习者参与互动的情况将其划分为积极或不积极[③]。结合已有研究，本书将积极的在线学习者的学习行为特征划分为学习者与学习内容的积极交互、学习者与人的积极交互。其中，学习者与学习内容的积极交互包括查看学习课件积极、学习扩展资源积极、提交作业积极三个方面，涉及学习内容的查看数和下载数、作业提交速度和提交次数等；学习者与人的积极交互包括讨论积极、分享学习资源积极、合作行为积极三个方面，涉及参与话题讨论次数、学习资源分享次数、小组合作次数等。

---

① Boyd D. The characteristics of successful online students[J]. New Horizons in Adult Education and Human Resource Development，2004，18（2）：31-39.

② 詹姆斯·泰勒，王立勋. 网上的教与学研究：积极者、旁观者和消极者[J]. 中国远程教育，2002（9）：31-37，78.

③ 马红亮. 虚拟学习社区中的互动结构——"华师在线"的教育社会学分析[D]. 广州：华南师范大学博士学位论文，2006.

（三）积极的在线学习者的培育策略

学习者的学习过程遵循"计划阶段—执行阶段—评价阶段"这一系统化的流程。以在线学习者在网络学习空间中的学习经历为框架，并以积极的在线学习者所展现的积极行为特质为参照，同时融合动机激发策略设计的相关研究成果，本书旨在提出针对在线学习者的培育策略。这些策略旨在助力非积极的在线学习者逐步内化积极的在线学习者的特质，推动其向积极学习状态的转变，从而优化其整体学习成效与体验。

1. 计划阶段——开放策略

计划阶段的核心任务在于确立清晰的学习目标并精心制定个人学习计划。在此阶段，活跃的在线学习者首先会深入分析任务的本质与复杂度，形成对任务的独到见解与心理预判；其次，在充分评估自我学习能力的基础上，构思并细化学习计划及其执行路径。教育者应聚焦于学习者的学习态度、主体意识、自我效能、学习动力及自我认知这几个关键特征变量，采用启发式的培育方法，即通过赋权给学习者的方式进行引导，旨在促进学习者学习态度、主体意识、自我效能感和学习动力的正向变革。具体的策略设计应围绕以下要点展开。

（1）允许学习者参与网络学习空间的课程内容选择

在设置学习内容时，教师可以在保留核心必修内容的基础上，灵活融入多样化的选修内容，以此鼓励学习者积极参与课程内容的定制化过程。与学习者的个人发展需求相契合的学习内容能够有效激发并维持学习者的内在学习动力。学习者对特定领域的需求越强烈，其积极性与学习内驱力亦随之高涨，需求因而被视为动机产生的核心源泉。然而，在实际教学操作中，课程内容的选择往往倾向于遵循既定的教学目标或教师的专业判断，导致学习者在某种程度上形成了"为教师而学"的被动心态。引入学习者对课程内容的自主选择权，不仅能够促使教师更加坚定不移地贯彻以学生为中心的教育理念，依据学习者的真实需求重构教学内容体系，更为关键的是，这一举措能够根本性地转变学习者的学习态度，由传统的"被要求学习"模式转变为"主动寻求学习"的积极状态，从而实现学习动力的根本性提升。

学习者参与课程内容选择并不意味着教师角色的离场，教师应在把握整体教学方法和学习进度的基准上为学习者提供尽可能多的选择空间。这不仅促进了学习者充分发挥主体意识，使学习者更加明确自身角色与责任，还有利于培养其积极向上的学习态度，进而有效激发其内在学习动机。

（2）指导学习者量化目标

积极学习者在学习过程中能够个人依据自身实际状况持续进行自我评估与动态调节。学习者若无法有效对比当前行为状态与预设目标状态，便难以实施恰当的自我调整，进而难以获得令人满意的学习成效。在学习过程中，目标作为关键的参照基准，引导学习者不断校准自身的学习路径，以趋近于既定的学习目标。因此，设定目标时务必确保其清晰性与明确性，以便为学习者的自我监控与调节提供有力支撑。

学习目标的模糊性与泛化性不仅会削弱其引导作用，也难以有效激发学习者的内在动力。例如，某语文教师设定的目标为"经由本课研习，培育学习者崇高的爱国情怀"，此表述笼统而抽象，学习者难以把握学习后的具体成果如何体现爱国情怀的提升。因此，教师在构建学习目标时，应力求目标的量化与可操作性，使学习者能够通过具体行为展现学习成效。教师可采用 Mager 所倡导的 ABCD 学习目标表述框架作为指导，即明确学习主体（audience）、设定特定条件（condition）、界定可观察行为（behavior）及确立达标标准（degree）。例如，"在学完三角形相关知识后，学生能在包含多种图形的环境中，以不低于 90%的正确率识别并指出三角形的存在"的目标陈述具体详尽，教师能够据此进行更为精准的评估，学习者也能进行自我反思与适时调整，确保学习路径的精准与高效①。

通过引导学习者将学习目标设定为具体、可量化的指标，这一做法不仅能够清晰界定学习方向，激发学习者的内在驱动力，还能够使学习者在学习过程中达成目标后自我对照学习进度以进行有效的自我评估与反思，进而灵活调整学习策略与计划。此做法深刻促进了学习者元认知技能的发展，增强了他们在学习过程中的成就感与自我效能感，进而激励他们更为主动地投入学习，构建出一个积极向上的学习循环机制。

2. 执行阶段——干预策略

此阶段不仅要求学习者掌握必要的信息技术能力，还需灵活适应在线学习平台与新型学习模式，实现与同伴间的有效沟通与合作，确保学习过程中的积极互

① 皮连生. 教学设计[M]. 第 2 版. 北京：高等教育出版社，2009：84.

动。在此过程中，学习者被鼓励自我反思其行动与策略，并适时进行调整，以确保学习成效的最大化。优秀的在线学习者在此阶段展现出卓越的信息素养、强大的在线学习适应力、高效的团队协作与交流技巧，以及对学习资源的积极互动与利用，同时还具备自我监督与调整的能力。在这一阶段，教师应采取适时的干预措施，针对上述能力提出相关策略，从而优化在线学习效果。

（1）提供相关说明书

在当今这个信息洪流涌动的时代，教育者应避免将海量信息机械地灌输给学习者，此举无异于沿袭了传统的填鸭式教学模式，不仅未能触及教育本质，更容易给学习者施加沉重的心理负担与学业负荷。然而，部分学习者的信息素养能力欠缺直接影响了他们在在线学习环境中的适应能力，具体表现为协作交流技能的薄弱以及与学习资源及同伴间的互动匮乏。因此，提升学习者的信息素养，促进其积极互动与有效协作，成为当前教育亟待解决的重要课题。

在提倡互联互通的网络时代，引导学习者掌握信息的获取途径，远超越知识内容本身。教师应积极利用网络的力量与特性，为学习者构建高效的学习支撑体系，用于减轻认知负担并激发学习动力。因此，教师可以为学习者精心准备一系列在线学习指南，并将这些资源无缝融入平台架构之中。此举不仅能让学习者在在线学习过程中无须过度依赖记忆存储信息，有效减轻认知压力，还能在实践中锤炼其信息技术应用能力，促进信息素养与在线学习适应能力的双重提升。最终，这将激发学习者的内在学习热情，强化其自主学习的动机，并在积极互动的过程中形成良性循环。

（2）创设学习情境

情境构成了认知活动的基石，知识深植于具体情境之中，并且通过实践与应用得以持续发展①。因此，在学习材料中融入丰富的情境元素，是降低学习者在线学习初体验中的陌生感与排斥心理，激发其探索兴趣的有效途径。在构建教学情境时，教师可采用多元化的策略②，如模拟生活场景以此增强共鸣；设计故事情境以吸引学习者注意力；采用游戏化情境以进一步激发学习兴趣。相较于直接呈现学习内容，以案例形式展现，尤其是富含故事情节的案例，更能引导学习者

① Brown J，Collins A，Duguid P. Situated cognition and the culture of learning[J]. Educational Researcher，1989，18（1）：32-42.

② 王传明，刘少坤. 浅议课堂教学情境创设的策略[J]. 中国科教创新导刊，2008（3）：157-158.

进行深入学习并实现知识的有效迁移与应用。

将知识融入情境或案例之中，可显著减轻学习者的认知负荷，缩减其所需记忆的信息量，从而赋予学习者更为轻松愉悦的学习体验。这不仅能有效激发学习者的探索欲与求知欲，还有助于提高学习者与学习者之间互动协作的频率，在无形中锤炼了他们使用辅助工具的能力及沟通交流的技巧。构建学习情境的关键在于妥善处理个体、工具与实践活动三者之间的相互关系①。在此过程中，学习者需持续监控自身学习进程与成效，适时调整学习策略，这一过程对于培养学习者的元认知能力尤为关键。鉴于此，教师应充分利用网络所蕴含的丰富教育资源，精心创设贴近实际的学习情境，积极为学习者搭建协作学习与交流对话的平台，以促进其全面发展。

（3）提供学习线索

在建构主义视域下，学习被视作学习者主动构建知识体系的能动过程。因此，教师在课程设计与活动组织时应巧妙融入引导性线索，确保这些线索能够助力学习者在最近发展区中跨越障碍，成功完成任务。这就要求教师精准规划学习路径，将知识内容进行科学拆解，确保每一学习模块均能为后续探索铺设逻辑桥梁。此做法与支架式教学理念相契合，精髓在于为学习者搭建一个认知支架，以此支撑并促进其知识理解的渐进深化②。引入线索机制，不仅能够引领学习者由浅入深地探索未知，还能增加学习过程的趣味性，增强学习者的内驱力，从而全面激发学习者的参与热情与积极性。

（4）树立积极的在线学习者榜样

社会学习理论尤为重视模范引领的力量，强调观察学习在个体行为习得过程中所扮演的关键作用。学习者在目睹榜样在网络学习空间中的参与态度时，自身亦有可能受到激励。同理，若见证他人高效且及时地提交作业，学习者同样可能会效仿，勤勉于学业任务的完成与提交，这正是榜样影响力的直观体现。此外，人作为社会性生物广泛存在着顺应群体趋势的心理倾向，即所谓的从众心理，这也深刻反映了社会学习理论中关于观察学习与群体影响的论断。

在在线学习中，平台技术的介入赋予了学习者前所未有的透明度，他们能够实时观察到同伴的学习进展、论坛讨论的活跃程度乃至作业提交的频次。这些动

---

① Chaiklin S，Lave J. Understanding Practice：Perspectives on Activity and Context[M]. Cambridge：Cambridge University Press，1993：90.

② 贾居坚. 中小学教师教育技术能力培训教学策略研究[J]. 中国电化教育，2011（3）：17-20.

态信息如同一面镜子，深刻影响着每位学习者的后续行为取向。尤为显著的是，学习者在目睹了那些学习动力充沛、互动频繁的同伴的风采后，很有可能会不自觉地调整自身原有的懒散或消极学习态度，展现出更为积极的学习姿态。因此，教师可以发现和培育一批表现卓越的在线学习者，使其成为全体学员的标杆与灯塔。这一过程不仅有助于塑造正向的学习氛围，更能在潜移默化中优化整个在线学习生态系统，促进全体学习者共同进步与成长。

（5）教师主动增加师生交互

在线学习赋予了学习者时间与空间上的灵活性，允许他们根据个人安排随时随地获取知识。尽管网络资源丰富，能为学习过程提供有力支持，但在面对特定难题时，学习者仍依赖于教师的专业指导与帮助。与传统教学模式相比，在线学习展现出异步性的特征，这意味着学习者无法获得教师的即时反馈与指导。当出现学习障碍，阻碍学习进程时，学习者可能会感到挫败，这种情绪若得不到及时疏导，可能会削弱其在线学习的积极性。此外，在线学习环境的虚拟化导致学习者与教师长期处于物理隔离状态，缺失了传统教室中面对面的情感交流与集体氛围，从而在心理上增强了学习者对关怀与互动的需求。在此背景下，教师与在线学习者之间沟通的重要性有时甚至超越了传统课堂中的互动。在线学习中，教师的角色已从单纯的知识传授者转变为学习者的引导者与辅助者，然而，实践中不少教师仍缺乏与学习者建立有效双向互动的能力。对于自控力较弱的学习者而言，在线学习过程中庞大的信息量容易导致他们出现信息过载、学习兴趣减退乃至学业荒废等问题。若学习者不主动寻求教师的协助，且教师未能积极发起深度互动，学习者极易在学习过程中逐渐丧失对在线学习的兴趣，进而产生消极情绪与态度。因此，加强教师与学习者之间的有效沟通与互动，对于维持和提升学习者在线学习的积极性与成效至关重要。

良好的师生关系是驱动学习者自主学习的重要引擎。教师对学习任务与作业成果的细致点评及个性化留言，能够深刻传达出对每位学习者的关怀与重视，有效激发其内在的学习动力。在师生双向沟通的互动过程中，教师得以深入洞察学习者的学习状态与心理状态，从而提供更加精准、适宜的帮助、指导与监督。因此，教师应积极利用线上论坛回复、课程作业反馈等渠道，主动与在线学习者构建深度交流的平台。通过这样的方式，教师不仅能够充分发挥其在教学过程中的引领作用，还能对学习者的学习路径进行积极的干预与引导，共同促进学习成效的显著提升。

3. 评价阶段——引导策略

在评价阶段，学习者需将其实际行为与预设目标行为相校准，进而对自身能力、状态等做出合理评估，深思结果成因，并据此规划后续行动路径。在此阶段，积极的在线学习者展现出良好的归因倾向与强大的自我反思能力。他们擅长剖析问题根源，倾向于将问题归因于可控且不稳定的内在因素，即努力程度。此种归因模式有助于维护学习者的心理平衡，促使他们以更积极的姿态迎接后续挑战。因此，本书聚焦于归因模式与元认知能力两大特征变量，在评价阶段由教师提出具体指导策略，旨在引导学习者深入进行自我剖析，形成积极向上的归因习惯。教师的积极引导有助于学习者在反思中不断成长，培养健康的学习心态与行为模式。

（1）教师及时有效的反馈

在线学习环境为学习者提供了更为多元化的反馈机制。这些反馈不仅涵盖了期末考试成绩这一终结性评价，还融入了学习过程中教师对学习者行为、学习进展及具体表现的即时评价。教师需全面考量学习者的知识掌握数量与质量，同时重视其在讨论中的参与度与质量、作业完成情况、信息共享行为以及整体学习行为等多维度表现。在线学习体系中的积分、勋章等激励机制，虽能有效激励学习者的积极性，但在反馈的精准度上略显不足。相比之下，教师的个性化评价能够针对学习者的具体表现，明确指出其优势与不足，提供改进方向，从而更有效地促进学习者的自我提升与完善。因此，在在线学习环境中，教师应充分利用其评价能力，为学习者提供更具针对性的反馈，以助力其全面发展。有学者指出，学习者在线学习的参与度与所获得的教师反馈呈显著正相关①。这种即时的反馈机制不仅彰显了教师对学习者学习进程的深切关怀，还增强了学习者在在线学习环境中的归属感与融入感。学习者能够依据教师的反馈迅速进行自我审视，适时调整学习策略，进而提升其元认知能力。

在实施即时评价时，教师应秉持公开、公平、公正的原则，确保评价的透明度和可信度。同时，语言表达需兼具清晰性与激励性，既要明确指出学习者的表现亮点，也要以鼓励的方式指出其改进空间，从而增强学习者的自我效能感，激发他们的学习热情与积极性。通过及时有效的反馈，教师能够促进学习者在在线学习过程中的自我成长与持续改进。

---

① 刘荣光，蒋亚星，徐晶晶，等. Moodle 环境下影响学生学习动机的外部因素探析——以上海师范大学东行记网络课程为例[J]. 江苏广播电视大学学报，2008，19（3）：43-45.

（2）引导学习者正确归因

正确归因方式侧重于不稳定且内在可控的因素，即个人的努力程度。若学习者倾向于将学习结果归因于运气、外部环境等偶然或外部因素，这可能诱发学习者产生责任逃避与侥幸心理，对后续学习与发展构成阻碍。相反，若学习者把失败视为自身努力不足的结果，而非能力有限或任务艰巨等外部因素，他们将更有动力在未来的学习或面对挑战时加倍努力，从而步入一个积极向上的进步循环[①]。因此，教师在提供学习评价及日常指导时，应着重引导学习者建立正确的归因观念，以促进其形成健康的学习心态与未来的持续发展。

在促使学习者进行正确归因的过程中，教师应聚焦于引导学习者将学业成就或挫折归因于个人的努力程度。这一策略的实施涵盖强调与引导两大方面。强调环节，教师需不失时机地在授课、交流等场合凸显努力对学业结果的关键影响，强化学习者对努力的重视。而引导则贯穿于学习者的整个学习过程中，教师应针对不同学习能力的学习者采取个性化措施：对于学有余力的学习者，教师在肯定其能力之余，更应引导他们认识到持续努力是维持与提升成功的不竭动力，即便天赋异禀，懈怠亦将可能导致未来的挫败；针对学习能力有待提升的学习者，教师应耐心引导其正确审视自身的成败得失，鼓励他们通过不懈努力累积正面的学习经验，最终实现学业的进步与成功。

第二节　中观：网络学习空间中有效学习的保障路径

一、网络学习空间中的学习范式解析

（一）信息生态视角下网络学习空间中的学习范式

网络学习空间作为一种虚拟学习环境，集成了各类数字教育资源和智力资

---

① 裴秀芳. 提高学生自主学习效能的策略[J]. 教育理论与实践，2016（17）：55-57.

源，打破了现实学习环境与虚拟学习环境之间的界限①。网络学习空间内的学习活动经历了从初期网络课程实现数字资源获取与共享，到网络社群中知识构建与生成活动的兴起，再到当前利用人工智能、大数据技术支持个性化学习的演变②。在此过程中，网络学习空间中以师生为主体、知识为载体、技术平台为学习环境的信息化教与学活动范式越发清晰，并逐渐形成了以师生、知识、技术平台为核心的信息生态系统。信息生态理论聚焦人、技术与社会环境的和谐发展③，以此视角出发审视网络学习空间的学习过程，关键在于整合孤立要素，明确各要素之间的关系，构建以人为中心的信息活动，形成信息生产与消费相互平衡的信息生态宏观框架。该框架包含信息人（教师、学生）、信息/知识及信息环境三大核心要素④（图6-4）。

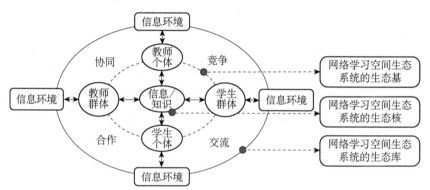

图6-4　信息生态视角下网络学习空间内部结构示意图

在此架构中，师生群体构成了该生态系统的基石；信息/知识作为系统的核心驱动力，发挥着至关重要的能量作用；而由技术搭建的信息环境，则充当了系统的生态资源库。在此架构中展开的学习过程，是以信息技术为依托、在师生之间开展的信息交互活动（图6-5）。

在网络学习空间内，学习体现为师生间及学生间的信息流通与互动。在学习活动视角下，从学习活动的视角审视，教师首先进入其个人网络空间，承担教学

① 祝智庭，管珏琪.“网络学习空间人人通”建设框架[J]. 中国电化教育，2013（10）：1-7.

② 李玉斌，苏丹蕊，宋琳琳，等. 网络学习空间升级与学习方式转变[J]. 现代远距离教育，2017（4）：12-18.

③ 王晰巍，叶乃溪，崔凤玲，等. 中外信息生态研究进展的比较分析[J]. 图书情报工作，2013，57（10）：127，142-148.

④ 魏辅轶，周秀会. 信息生态系统构建核心问题研究[J]. 图书馆工作与研究，2010（7）：6-8.

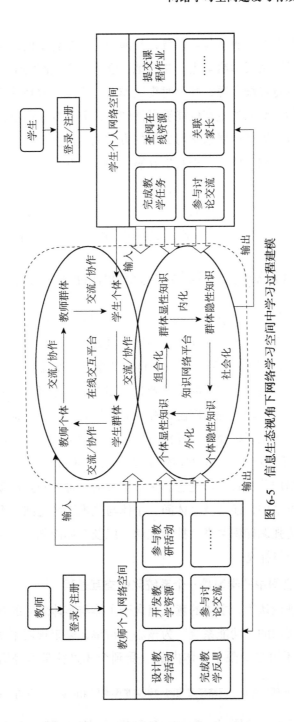

图 6-5 信息生态视角下网络学习空间中学习过程建模

活动设计、资源开发及教研参与等任务，扮演信息发布者角色，并将结构化教学内容经整理后通过网络展示给学生。相对地，学生在个人网络学习空间中完成教师分配的任务、浏览在线资源，并及时提交作业，实现与教师的互动。同时，在技术的辅助下，师生双方的生态位能够灵活转换，兼具双重角色：他们作为知识接受者的同时，也可以通过展示学习成果的方式成为信息发布者。这表明，在网络学习空间中，师生相互依赖，于共生互惠中和谐共存。从信息活动层面分析，网络学习空间的学习过程是知识转化与共享的过程。师生双方不仅将显性知识注入网络学习空间的信息流中，还在讨论、交流及反思中将隐性知识显性化，为知识的交流与共享奠定基础，从而成为网络学习空间资源持续更新与循环的源泉。

（二）分布式认知视角下网络学习空间中的学习范式

网络学习空间作为一种新型在线学习环境，始终以使用者为中心[①]。它集各类在线应用工具、个人资源和交互网于一体，涵盖学习、环境、社会三重基本属性[②]，能够为学习者提供一个更为开放、自主的学习与交流平台。网络学习空间能够跨越物理界限，将分布广泛的学习者紧密相连，学习者具备的多元化的文化背景使得其中的学习活动呈现出广泛的社会分布性。同时，网络学习空间丰富了学习技术与资源，体现了媒介的多样性。在这一环境中，个体学习逐渐超越了基于行为主义与认知主义学习理论的传统框架，以及 Web1.0 平台上的被动接受式学习模式，转而采用分布式学习理念。学习被视为一种分布式活动，不仅内嵌于每位学习者的思维之中，还涉及个体间、个体与技术工具之间、个体与学习环境之间的交互，尤为强调知识共享、社会互动，以及个体内部认知活动和外部技术资源间的相互融合与补充。

1. 网络学习空间中的学习是一个系统化的交互过程

分布式认知理论认为，主体的意义蕴含于主体与客体之间的互动过程中。若以分布式认知框架内的"功能系统"为核心分析单元来审视网络学习空间内的学习活动，则学习不再是局限于个体内部、受到个体过往学习经历影响的独立过

---

① 秦丹. 社会认知理论视角下网络学习空间知识共享影响因素的实证研究[J]. 现代远程教育研究，2016（6）：74-81.

② 李玉斌，王月瑶，马金钟，等. 教师网络学习空间评价指标体系研究[J]. 电化教育研究，2015（6）：100-106.

程，而是展现为一个系统化的流程体系。网络学习空间通过搭建社交网络平台，促进了个体与教师及其他学习者之间的交流，同时，通过资源网络，个体与数字化学习工具及资源之间的有效互动得以实现。基于此，我们主张网络学习空间内的学习具备丰富的社会交互特性。当从分布式认知系统理论的角度审视这一新兴学习模式时，学习系统的整体效能（$E_{整体}$）由各部分独立功能（$E_{部分}$）以及这些部分相互作用所产生的协同效应（$E_{联系}$）共同构成，即 $E_{整体} = E_{部分} + E_{联系}$。

2. 网络学习空间中的学习是一个知识的交流与共享过程

网络学习空间为使用者提供了多样化的交互功能。Hutchins 强调，交互是分布式认知不可或缺的要素，个体知识需通过向他人展示，实现知识可视化并在团队中分享，由此才能转化为团队可利用的集体资源[①]。在网络学习空间中，个体扮演着知识交流与转换的基础单元，他们通过知识可视化的途径，将内在的心理表征转化为外部可识别的知识产品，进而参与到网络学习空间的知识流动过程中（图 6-6）。这些知识产品与其他个体的知识相互作用，通过内化被个体整合进原有的知识体系，并以共享的形式促成新知识的生成，同时，不同个体在讨论与交互中形成的集体知识会融入群体知识体系中，参与知识的持续再生过程。

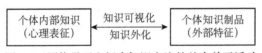

图 6-6　网络学习空间中知识交流的基本单元活动

3. 网络学习空间中的学习是一个工具沉浸式的体验过程

随着信息技术的快速发展与广泛普及，众多认知工具被用来代替人类内部的思维运算过程，这类认知工具在个体认知流程中的应用日益受到重视[②]。分布式认知理论强调认知广泛分散于各种媒介之中，认知活动可被视作媒介间表征状态传递的一种计算机制[③]。个体在网络学习空间中开展的认知活动依赖于各类技术工具的辅助，借助这些丰富的作为"外部媒介"的学习工具，学习者能够获取并处理海量学习资源与信息，有效开展在线交流与团队合作，促进知识表征的转换

---

① 转引自戴维·H. 乔纳森，等. 学习环境的理论基础[M]. 郑太年，任友群译. 上海：华东师范大学出版社，2002：118.

② 余胜泉，程罡，董京峰. e-Learning 新解：网络教学范式的转换[J]. 远程教育杂志，2009（3）：3-15.

③ 张立新，张丽霞. 虚拟学习环境的生态问题及其解决对策[J]. 电化教育研究，2010（10）：42-45.

并实现个体知识的自主构建。在这一认知历程中，工具本身成为认知活动的一个组成部分，能够减轻个体认知负荷，达成认知的持续留存，并在此过程中重塑个体大脑的运算架构与模式。

二、网络学习空间中有效学习的影响因素识别与分析

（一）网络学习空间中有效学习的影响因素体系

通过对网络学习空间内结构和学习空间进行建模可知，信息人、信息/知识及信息环境在网络学习空间中持续交织，彼此关联且相互影响，共同构成了一个有机的统一体。信息生态视角下网络学习空间中学习过程影响因素体系如图 6-7 所示。

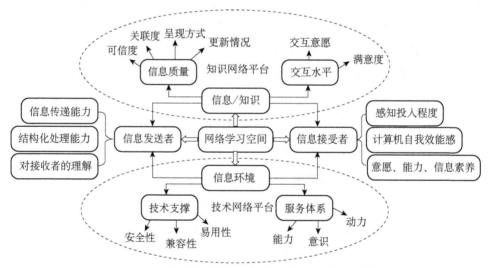

图 6-7　信息生态视角下网络学习空间中学习过程影响因素体系

1. 信息人

在网络学习空间中，教师与学生是具有较强能动性的信息人。教师负责知识的编码、构建与传授，而学生则积极主动地获取知识并实现内化，教师与学生间的角色频繁交互转换，双方均兼具信息发布者与信息接受者的双重角色。在网络学习空间中，教师对知识进行有效整理，并采用恰当方式编码知识，以确保其高度结构化与逻辑性，还通过对学习者需求与习惯的深入了解，进而对其学习过程

与成效产生重要影响。同时，学生作为信息活动的核心，其利用网络学习空间的意愿与驱动力直接关联到在线学习行为有效度；其计算机与网络操作技能、信息素养的高低，决定了学习任务能否顺利完成；他们对网络学习空间的投入程度，也深刻影响着其持续学习的意愿强度。

2. 信息/知识

在网络学习环境里，信息/知识是教师与学生相互作用的物质基础，展现出多样、动态及生成性的核心特征，进而构筑了一个充满活力的知识网络架构。就信息/知识本身来说，首先，它赋能网络学习空间中的个体根据个人需求，以共享的方式筛选、吸纳公众知识，并在此过程中不断丰富与更新个人的知识体系；其次，它促进个体在知识外显化过程中，将个人的经验、观念等隐性知识转化为显性知识，进而参与到网络学习空间的知识循环中，成为知识再生的源泉。个体的参与度以及对已有交互活动的满意度，均对网络学习空间内的学习过程产生深远的影响。

3. 信息环境

信息环境作为技术支撑平台，主要从技术支持与服务系统两大维度对个体学习进程施加影响。技术支持层面，网络学习空间的安全性、兼容性、易用性等技术特性，直接关联到学习者能否顺利接纳并适应在线学习环境。服务系统层面，鉴于网络学习空间采用非直接人际交流模式，传统"人对人"互动模式转变为"人–机–人"互动模式，这就要求网络学习空间提供诸如即时解答学习者使用疑问、精准识别学习难点等实质性在线学习服务。因此，服务系统被视为影响在线学习进程的另一关键因素，我们着重分析网络学习空间的服务效能、服务理念及其驱动力。

（二）网络学习空间中有效学习的关键影响因素识别

1. 研究方法

为识别关键因素，我们尝试采用 DEMATEL 方法进行分析。DEMATEL 作为一种高效手段，能够充分整合专家经验与知识以应对复杂的社会问题。该方法依托于图论与矩阵分析，对系统内的各个因子进行深度剖析，旨在明确各要素间的逻辑关联及直接效应，进一步量化每一要素对其他要素的影响及程度，同时，该方法还计算了各因子的因果强度与核心地位。遵循图 6-8 所展示的基本研究流程，DEMATEL 方法将用于精准识别网络学习空间内影响学习过程的关键要素。

图 6-8　DEMATEL 方法的基本研究流程

2. 关键影响因素识别

（1）分析系统要素

基于前文的分析结果，我们将其中的相似因素进行进一步整合：采用相关分析，剔除高关联度的因素；通过因子分析，合并相似性因素。最终，我们构建了一个包含 3 个一级要素、6 个二级要素及 16 个具体子因素的影响因素框架，并对所有因素进行了编码整理（表 6-2）。

表 6-2　网络学习空间学习体验影响要素体系及编码

一级要素	二级要素	子因素
信息人（A1）	信息发送者（B1）	教师的教学传递意识、能力（C1）
		教师对信息进行结构化处理的能力（C2）
		教师对个体学习需求、学习方式以及规律等的把握（C3）
	信息接受者（B2）	学习者利用网络学习空间的意愿、能力以及素养等（C4）
		学习者对于网络学习空间使用投入的感知程度（C5）
		学习者具备的计算机自我效能感程度（C6）
信息/知识（A2）	知识属性（B3）	网络学习空间中的知识质量（C7）
		网络学习空间中知识的更新频率（C8）
		网络学习空间中知识的呈现方式（C9）
	交互属性（B4）	信息双方的交互意愿（C10）
		信息双方的交互满意度（C11）
信息环境（A3）	技术支撑属性（B5）	网络学习空间的安全性、可靠性（C12）
		网络学习空间与其他学习工具的兼容性（C13）
		网络学习空间的易用性（C14）
	服务体系（B6）	网络学习空间中服务的便捷程度（C15）
		网络学习空间提供学习服务的能力和动力（C16）

（2）建立影响因素的直接影响矩阵

在分析影响网络学习空间中学习过程的各因素之间的相互作用关系时，我们采用 n 阶矩阵 $X_d = (f_{ij})_{n*n}$，以直观展现因素之间的直接影响关系（图 6-9）。其中，X_d 表示 n 阶矩阵；f_{ij} 表示第 i 个因素对第 j 个因素的直接影响；n 表示矩阵的阶数。为评估这些因素之间相互影响的程度，我们邀请了教育技术领域的专家、具有网络教学实践经验的教师以及远程教育相关工作者，根据表 6-2 列出的因素，对它们之间的影响强度进行量化评分：0 表示两因素间无关联，1 表示关联较弱，2 表示关联适中，3 表示关联较强。随后，我们对收集到的数据进行了汇总处理，并取各评分的平均值（取整），最终构建了如图 6-10 所示的影响因素直接矩阵示意图。

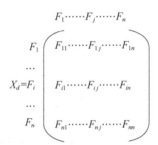

图 6-9　因素之间的直接影响关系

项目	C1	C2	C3	C4	C5	C6	C7	C8	C9	C10	C11	C12	C13	C14	C15	C16
C1	0	3	3	0	1	1	3	3	3	3	2	1	1	0	2	2
C2	2	0	1	2	2	1	1	2	2	2	1	1	2	1	3	3
C3	3	3	0	3	2	1	3	3	3	3	2	1	1	1	3	2
C4	1	2	1	0	2	3	1	1	1	2	1	1	1	1	2	0
C5	2	2	2	3	0	3	1	1	1	1	1	1	2	2	2	1
C6	1	0	1	3	3	0	1	1	1	2	2	0	0	3	2	2
C7	1	1	1	2	3	0	0	1	2	1	2	1	1	0	1	0
C8	1	1	2	2	1	0	2	0	1	2	1	1	0	2	2	1
C9	2	2	2	3	1	2	1	2	0	2	2	1	0	2	2	1
C10	3	1	2	3	2	2	2	2	2	0	3	3	1	2	2	2
C11	1	1	1	2	3	2	3	2	2	3	0	1	1	0	1	1
C12	2	2	1	2	3	2	1	1	2	3	3	0	2	1	2	1
C13	1	2	1	2	2	2	1	1	0	1	1	0	0	1	2	1
C14	1	2	1	2	2	3	1	1	1	3	2	1	2	0	2	2
C15	1	3	2	3	2	3	3	2	2	3	2	3	3	2	0	1
C16	2	2	1	1	2	1	0	1	1	1	1	1	1	2	0	0

图 6-10　影响因素直接矩阵示意图

（3）确定各因素的影响指数及其排名

为明确各影响因素之间的相互关系，并深入探究它们对网络学习空间中的学习过程的具体影响程度，我们借助 Matlab7.1 软件，对图 6-10 中展示的影响因素直接矩阵进行了细致的计算分析。通过这一过程，我们精确地确定了每个因素的中心度、原因度、影响度以及被影响度，相关结果如表 6-3 所示。

表 6-3　影响因素的影响指数及其排名情况列表

主因素分析表						子因素分析表								
A 级主因素	中心度	原因度	B 级主因素	中心度	原因度	子因素	影响度 D		被影响度 R		中心度（D+R）		原因度（D-R）	
							数值	排名	数值	排名	数值	排名	数值	排名
信息人（A1）	35.854（1）	-0.890（2）	信息发送者（B1）	18.111（1）	1.658（1）	C1	3.1818	4	2.7095	10	5.8913	7	0.4723	4
						C2	2.9193	6	2.9992	5	5.9184	5	-0.0799	10
						C3	3.7838	1	2.5178	11	6.3017	4	1.2660	1
			信息接受者（B2）	17.743（2）	-2.548（6）	C4	2.3016	14	3.5968	2	5.8984	6	-1.2952	15
						C5	2.8070	9	3.6573	1	6.4643	3	-0.8503	14
						C6	2.4888	11	2.8917	7	5.3805	10	-0.4029	13
信息/知识（A2）	27.897（2）	-0.019（3）	知识属性（B3）	15.152（3）	-0.682（5）	C7	2.0635	16	2.7176	8	4.7810	14	-0.1660	11
						C8	2.3188	13	2.4848	12	4.8035	13	0.1384	6
						C9	2.8530	8	2.7146	9	5.5676	9	0.0014	8
			交互属性（B4）	12.745（5）	-0.337（4）	C10	3.5511	3	3.5497	3	7.1008	1	-0.3381	12
						C11	2.6533	10	2.9914	6	5.6446	8	0.9349	2
信息环境（A3）	26.192（3）	1.908（1）	技术支撑属性（B5）	14.522（4）	1.631（2）	C12	2.9208	5	1.9859	16	4.9067	12	0.9349	2
						C13	2.2429	15	2.1668	15	4.4097	16	0.0761	7
						C14	2.9128	7	2.2925	14	5.2053	11	0.6204	3
			服务体系（B6）	11.670（6）	0.277（3）	C15	3.6514	2	3.3264	4	6.9779	2	0.3250	5
						C16	2.3218	12	2.3698	13	4.6916	15	-0.0480	9

注：主因素分析表中，中心度和原因度中括号内的数据指的是排名。

根据表 6-3 中的统计数据，我们以各子因素的中心度作为横轴，以原因度作为纵轴，构建了如图 6-11 所示的因果关系图。在此图中，我们明确标出了每个因素的具体位置，以便进行后续分析。

3. 关键影响因素分析

（1）网络学习空间中影响学习的子因素原因度分析

在运用 DEMATEL 方法时，每个因素的原因度是通过其影响度与被影响度的差值来确定的。若某因素的原因度大于 0，则意味着该因素对其他因素产生了显著影响，我们将其归类为原因要素；相反，当原因度小于 0 时，表明该因素更多的是受到其他因素的影响，它表现为一个结果要素。

依据图 6-11 所示的统计结果，影响网络学习空间学习过程的子因素原因度大于 0 的共 8 个，按其大小排列如下：C3（教师对个体学习需求、学习方式以及规律等的把握）、C12（网络学习空间的安全性、可靠性）、C14（网络学习空间的易用性）、C1（教师的教学传递意识、能力）、C15（网络学习空间中服务的便捷程度）、C9（网络学习空间中知识的呈现方式）、C13（网络学习空间与其他学习工具的兼容性）以及 C10（信息双方的交互意愿）。这 8 个子因素被识别为原因要素。依据社会学中的二八定律，C3 与 C12 两个子因素的原因度均超越了 0.9349 的阈值，凸显了它们在原因要素中的关键地位。这一发现揭示了网络学习过程中的一个重要关联：教师对学习者特性及学习方式的理解程度，对学习过程有着至关重要的影响。此外，作为一种新兴的技术背景，网络学习空间需确保为学习者提供充分的安全感与可靠性认知，这是促进学习过程优化，进而直接影响学习成效的必要条件。

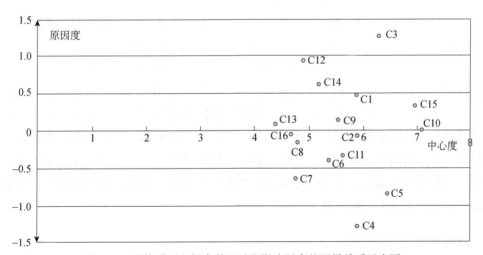

图 6-11　网络学习空间中学习过程影响因素的因果关系示意图

依据图 6-11 所示的统计结果，影响网络学习空间学习过程的子因素原因度小于 0 的共 8 个，按其大小排列如下：C4（学习者利用网络学习空间的意愿、能力以及素养等）、C5（学习者对于网络学习空间使用投入的感知程度）、C7（网络学习空间中的知识质量）、C6（学习者具备的计算机自我效能感程度）、C11（信息双方的交互满意度）、C8（网络学习空间中知识的更新频率）、C2（教师对信息进行结构化处理的能力）以及C16（网络学习空间提供学习服务的能力和动力）。这8个子因素被识别为结果要素。其中，C4和C5两个子因素的原因度相对较小，被影响度相对较大，是容易受到其他因素影响的子因素。

（2）网络学习空间中影响学习的子因素中心度分析

中心度作为衡量各因素在整体影响因素体系中相对重要性的指标，是通过计算每个因素的影响度与被影响度之和得出的。一个因素的中心度数值越高，意味着其影响范围及深度越大。如表6-3的统计结果所示，在我们界定的16个影响因素中，C10（信息双方的交互意愿）拥有最高的中心度，这表明它在网络学习空间中对学习过程的影响作用最为关键。此外，C15（网络学习空间中服务的便捷程度）、C5（学习者对于网络学习空间使用投入的感知程度）、C3（教师对个体学习需求、学习方式以及规律等的把握）这三个因素的中心度均超出了6.3，显示出它们对网络学习空间内学习过程的明显影响，因此，这些因素应被视为重点关注对象。

（3）网络学习空间中影响学习的主因素分析

在本书研究中，影响网络学习空间学习过程的主要因素被划分为一级与二级两个层级。针对二级要素，我们确定了B1（信息发送者）、B5（技术支撑属性）、B6（服务体系）为原因要素，B4（交互属性）、B3（知识属性）、B2（信息接受者）为结果要素。尤为重要的是，B1（信息发送者）、B2（信息接受者）和B3（知识属性）3个二级要素在中心度评估中排名前三，揭示了它们对网络学习空间学习过程的重要影响。针对一级要素，A3（空间环境）被识别为首要的原因要素，对其他两个一级要素产生明显影响。与此同时，A1（信息人）不仅占据了结果要素的主导地位，其中心度也位居所有因素之首，因此被视为整个影响因素体系中最为关键的一级要素。

三、网络学习空间中有效学习的保障体系

在网络学习空间内，学习活动既发生在学习者个体内部，也延展至学习者之间，伴随着认知的分布，知识的创生便成为一个社会性的构建历程。这一历程或

是通过朝向共同目标的协同努力来实现，或是经由个人观点差异激发的对话与辩论来促进的①。因此，网络学习空间中的学习活动建立在高效交互的基础上，其中，知识的转化与流通构成了基本的能量传输方式，而知识共享则成为实践知识创生型学习环境运行机制的关键途径。

（一）利用网络学习空间给学习者搭建有效的社会互动平台

有效的交互活动是学习者在网络学习空间中完成学习的最基本形式，包括发生在学习者内部的自我交互作用，以及发生在不同学习者之间的群体交互作用两种途径。

1. 发生在学习者内部的自我交互作用

自我交互主要指的是学习者与外部学习资源间的相互作用过程。当学习者作为生态主体融入网络学习空间时，他们会依据个人的学习需求，对网络学习空间内丰富的学习资源进行评估与筛选，选取有价值的信息进行吸收，进而将这些信息纳入自身的信息处理系统，随后，通过"生成—内化—外化"这一系列步骤，学习者实现对知识的深入掌握。在深度处理外部资源的过程中，由于大脑各区域具有独特的功能与结构，认知活动实则为大脑内不同模块间的相互协作，从而实现了认知在大脑中的分布式存在。通过观察网络学习空间内个体学习的内部交互过程可知，学习是一个积极主动的过程。因此，对于网络学习空间的建设与维护，应着重考虑以下几点：首先，需满足学习者对多元化学习资源的需求。作为新型在线学习平台，网络学习空间应摒弃传统自上而下的"瀑布式"资源开发模式②，转而采用"需求识别—资源供给—供需平衡"的动态循环资源建设机制。其次，应重视收集与整理学习者在交流互动中产生的新资源与新信息，确保这些可再生资源能够融入网络学习空间的资源循环体系。最后，在资源供给方面，应注重激发新知识与学习者既有知识体系间的认知冲突，以促进学习者更加积极、主动地参与到与资源的深度内部交互中。

---

① Pea R D. Practices of distributed intelligence and designs for education[M]//G. Salomon （Ed.），Distributed Cognitions：Psychological and Educational Considerations（pp.47-87），Cambridge：Cambridge University Press，1993.

② 余胜泉，程罡，董京峰. e-Learning 新解：网络教学范式的转换[J]. 远程教育杂志，2009（3）：3-15.

2. 发生在不同学习者之间的群体交互作用

群体交互作用发生在学习共同体内部，这一过程是通过网络学习空间所提供的社交网络平台来实现的。在学习者参与网络学习空间活动时，他们各自拥有独特的知识构成、背景经历及认知模式，这些因素共同作用，使知识在个体间的分布呈现不均衡状态。当学习者围绕共同的学习目标相互聚集时，学习共同体便得以形成，成员间通过交流思想、共享知识与经验，促进了协作知识构建层面的意义共享。为了促进学习共同体的形成及其内部的有效交互，网络学习空间在运营过程中可采取以下措施：首先，应着力孕育包容、理解的文化氛围，构建基于尊重与相互依赖的学习空间。鉴于学习者在学习风格、交流方式、兴趣偏好及问题解决策略上的多样性，鼓励学习者采取开放态度，促进不同话语体系间的平等交流，从而打破因人际隔阂导致的交互障碍。其次，制定在线学习行为规范，以维护虚拟学习环境的秩序①。网络学习空间作为一个开放的学习环境，有效的行为规范是确保良性交互的关键。在实际操作中，可通过"负面反馈"机制对交互中出现的不当行为（如言语攻击、散布虚假信息等）进行警示与纠正，以维护网络学习空间的良好秩序。

（二）利用网络学习空间为学习者创建知识创生的有效路径

1. 网络学习空间中知识创生主体

网络学习空间构建了一个开放且自主的在线学习环境，使得拥有相近学习意愿与目标的学习者能够跨越时空界限，在虚拟平台上组建学习共同体，携手推进在线学习进程。在此背景下，网络学习空间孕育出两种高效的知识创造主体：首先，主要的知识创造主体是学习者个体，他们通过参与网络学习空间的活动，在自身思维中加工知识信息；其次，当学习者汇聚成小组，围绕知识进行互动与研讨时，便形成了网络学习空间中另一种重要的知识创造主体——学习者群体。

2. 网络学习空间中知识创生客体

知识作为网络学习空间存续与运作的基石，也是创生活动的客体，其在网络学习空间中具有两种主要形态：一种是显性知识，这类知识可通过语言、文字、图表等多种媒介明确表达出来，易于编码与传播，主要解答"是什么"与"为何

---

① 张立新，张丽霞. 虚拟学习环境的生态问题及其解决对策[J]. 电化教育研究，2010（10）：42-45.

如此"的问题，在网络学习空间中常以公共知识的形式存在，便于学习者的吸收与记忆。另一种是隐性知识，它大量地潜藏于网络学习空间中，难以被直接表述出来，与学习者的个人背景及经验紧密相连，通常体现为学习者在知识获取后的深度反思[①]。在网络学习空间的生态系统中，隐性知识需经学习者通过语言、文字、图形等手段外化后，方能融入知识流动的循环，转变为其他学习者可识别的知识体系。基于此，结合网络学习空间中知识创造的主体与客体的特征，我们将知识创造的客体细分为四个组成部分：个体层面的显性知识、个体层面的隐性知识、群体层面的显性知识以及群体层面的隐性知识。

3. 网络学习空间中知识创生的实现路径

知识的创生过程伴随着知识的转换、流通及共享，这一过程体现了个体知识与集体知识的自我革新机制。本书选取网络学习空间中知识创生的主体与客体作为基本分析框架，依托网络学习空间所提供的知识网络平台为载体，构建了两条知识创生的路径：一条聚焦于学习者个体内部的知识创生；另一条则聚焦于学习者群体间的知识创生。

（1）发生于学习者个体内部的知识创生实现路径

学习者个体内部的知识创生路径（图 6-12）起始于学习者从网络学习空间中接收信息。随后，学习者通过组合处理的方式，对接收到的信息进行筛选与评估。接着，通过内化过程，学习者将那些对自身有价值的信息与原有的认知结构相融合，从而形成个体隐性知识。当需要时，学习者能够进一步将这些隐性知识以外化的形式输出至网络学习空间的知识流动系统，由此成为新知识的源泉与增长点。

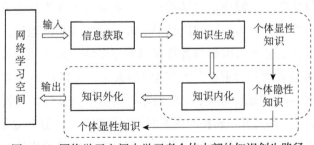

图 6-12 网络学习空间中学习者个体内部的知识创生路径

---

① 张立新，秦丹. 生态化网络课程中知识转化机制与方法研究[J]. 电化教育研究，2014（5）：70-75.

（2）发生于学习者群体间的知识创生实现路径

学习者群体间的知识创生过程，实质上是基于个体层面的知识转换与流动。在网络学习空间内，当散布于不同网络节点的学习者将个人的显性知识重新引入该空间时，这往往会激发学习共同体内部针对这些知识的交流与探讨。此过程使得部分个体显性知识转化为群体内广泛认可的显性知识，使这部分知识展现出高度的结构化特性。一方面，这部分知识借助网络学习空间的共享与传播功能，以集体知识的形式积累，成为网络中知识创生的可持续信息资源；另一方面，这部分知识也会被不同的学习者根据个人需求进行筛选，进而融入他们各自的知识循环系统中。

网络学习空间的建设与运营可通过以下三个维度为学习者提供外部支持：首先，为学习者提供结构清晰、形式多样的外部信息资源，以优化信息输入环节，使学习者能更有效地识别与筛选知识；其次，协助学习者构建外部新知与其既有知识体系间的桥梁，促进网络学习空间内个体的有意义学习，实现知识的有效整合；最后，助力学习者培养良好的学习反思习惯，并提高其知识外化的技能，例如，通过展示其他学习者的反思日志作为范例，为学习者提供可借鉴的模板；同时，对于概念图、思维导图等知识可视化工具，提供详尽的使用指南或预习教学模块，确保学习者在正式学习开始前即掌握必要技能。

（三）利用网络学习空间为学习者提供工具沉浸型学习支持系统

信息技术的飞速发展促使诸如计算机之类的认知辅助工具与人类固有的认知模式日益融合，进而重塑了人们的学习习惯。从分布式认知理论的视角出发，未来的学习者不仅应熟练掌握技术工具的操作，更应发展成为具备分布式认知能力及高效问题解决能力的个体。该理论赋予了人工制品极高的地位，强调在协同合作的社群中，人工制品与人类参与者具有同等重要性，是表征及其状态转换过程中不可或缺的关键要素[①]。网络学习空间中的人工制品的应用主要体现在大量在线工具及数字化学习资源的利用上。针对学习者分布式认知的特性与规律，网络学习空间不仅提供了促进知识转换与流通的知识网络平台，还建立了社交网络平台以确保有效的人际互动。此外，它还设计了工具沉浸式学习支持系统（表6-4），

---

① 任剑锋，李克东. 分布式认知理论及其在 CSCL 系统设计中的应用[J]. 电化教育研究，2004（8）：3-6，11.

该系统由知识可视化工具、认知负荷分担与支持工具、认知留存工具以及网络协作交流工具四大模块组成。

表 6-4　网络学习空间创建的工具沉浸型学习支持系统工具列表

工具类别	软件工具	举例
知识可视化工具	概念图与思维导图工具	Xmind、MindManager、CmapTools、图形组织器、Solvr、StormBoard 等
认知负荷分担与支持工具	资源聚合工具	策展工具（如 Zite、Flipboard 等） 网摘工具（如 Diigo、Pinterest 等）
	知识管理工具	网络云盘（如百度云盘、360 网盘等） 知识订阅工具（如搜狐随身看等）
	数字化笔记工具	为知笔记、有道云笔记、印象笔记
认知留存工具	学习反思工具	博客（群）、微信公众号、QQ 空间
	学习管理工具	时间管理工具（如 Google Calendar） 个人学习事务管理工具（如 Doit.im）
网络协作交流工具	同步交互协作工具	QQ（群）、微信（群）、Skype 等
	异步交互协作工具	电子邮件、虚拟学习社区、Wiki 等

1. 知识可视化工具

知识可视化领域专注于探索视觉表征如何促进两个及以上个体间知识的创造与传递过程[1]，其作用在于协助学习者将高度抽象的信息转化为具体形态，从而更有效地促进知识生产者之间的信息交流。在网络学习空间中，学习过程是与个体间知识的流动紧密相连的，只有当学习者能够以一种高度结构化且具体化的方式清晰地表征自己的知识和信息时，才能真正实现有意义的交流与学习。一方面，学习者可以通过语言符号表达自己的经验；另一方面，学习者还可以借助概念图、思维导图等知识可视化工具，将头脑中难以言喻的思考和经验外化为显性知识，进而实现传递、交流和共享。这一过程完成了隐性知识向显性知识的转化，是知识可视化工具所支持的关键环节。而隐性知识的显性化，正是网络学习空间中个体知识创生的基础条件。

2. 认知负荷分担与支持工具

约翰·斯威勒（John Sweller）在 1988 年提出了认知负荷理论，该理论旨在

---

① Eppler M J, Burkhard R A. Knowledge Visualization: Towards a New Discipline and its Fields of Application[R]. ICA Working Paper, University of Lugano, 2004.

阐述个体在信息处理过程中所需投入的认知资源总量，这一总量受到学习任务的复杂性、学习材料的组织呈现方式以及学习者个人经验水平三大因素的共同影响[①]。网络学习空间能够整合多种在线学习技术，从多个维度助力学习者减轻认知负荷，进而提升学习效果。首先，网络学习空间可以融入各种资源聚合工具，例如，利用 Zite 和 Flipboard 等工具进行有意义信息的策展，使学习者能够迅速获取反馈信息，无须频繁依赖搜索引擎来寻找感兴趣的信息。其次，网络学习空间通过与知识管理工具的整合，如百度云盘、360 网盘等网络云盘，实现数字化资源的存储与管理。这些云盘提供的良好资源分类体系、便捷的管理与分享功能，为学习者提供了高效利用资源的途径。最后，在个体学习过程中，学习者可以随时利用数字化笔记工具（如为知笔记、有道云笔记、印象笔记等）记录想法，这不仅扩展了学习者的工作记忆空间，还实现了知识的可视化，便于信息的提取，从而节省了学习者的认知资源。这类工具的应用能够显著增加学习者在学习过程中的关联认知负荷。

3. 认知留存工具

认知留存是指在利用人工制品辅助认知活动的过程中，人工制品所表征的知识能力会逐渐被认知主体吸收并内化，后续即便技术缺失，个体仍能有效进行高级思维活动。在网络学习空间的背景下，技术不仅为学习者提供了顺利完成在线学习的支持，还促进了他们在线学习习惯的良好形成。针对网络学习空间中的学习过程，我们将促进认知留存的策略归纳为两个主要方面：一是利用以 Blog 为代表的学习反思工具，这些工具使学习者能够随时记录并反思自己的学习过程；二是运用学习管理工具，如时间管理工具（如 Google Calendar）和个人学习事务管理工具（如 Doit.im）等，以优化学习流程。这些工具的应用，有助于学习者在网络学习空间中更有效地监督和管理自己的学习过程，从而培养良好的学习素养。

4. 网络协作交流工具

网络学习空间具备整合多样化数字工具的能力，为学习者提供了同步与异步两种高效的在线交互模式。借助 QQ、微信、电子邮件及虚拟学习社区等学习辅助工具，学习者能够便捷地参与讨论、开展协作，这不仅促进了学习共同体内部

① 陈巧芬. 认知负荷理论及其发展[J]. 现代教育技术，2007（9）：16-19.

的沟通协作，也支持了学习共同体外部的交流互动。

第三节　微观：网络学习空间中有效知识共享的保障路径

在众多知识管理策略中，知识共享业已成为促进知识传递、交换、转化及创新的最有力手段之一[①]。在网络学习空间中，学习者不仅获得了个性化的独立学习领域，还开辟了跨越时空界限、与其他学习者互动共享的人际网络，极大促进了学习的自由化与开放化。在这些平台上，知识共享活动主要通过知识交换与转化来实现，构成了网络学习生态系统各组成部分相互依赖、紧密联系的价值核心。

一、网络学习空间中知识共享的内涵及模型

（一）网络学习空间中知识共享内涵

知识共享可被视为知识提供者与知识接受者之间通过互动来实现知识有效转化的过程，彰显了使用者相互作用、持续创生的特性，旨在最大化地推动知识的传播与流通[②]。网络学习空间支持学习者自主选用学习工具、自我管理学习进程、积极寻求支持服务，并构建个人资源网络与人际交流网络，形成融合工具性、服务性、个人资源网络、人际交流网络的"综合体系"，兼具学习、社会及

① Choi B，Lee H. Knowledge management strategy and its link to knowledge creation process[J]. Expert Systems with Applications，2002，23（3）：173-187.

② 徐美凤，叶继元. 学术虚拟社区知识共享行为影响因素研究[J]. 情报理论与实践，2011，34（11）：72-77.

环境三大基本属性①。在网络学习空间的框架下，知识共享活动蕴含两层意义：首先，从参与者角度而言，它代表了一种通过技术网络与社交网络在学习者间实现知识交换与创新的方式；其次，从知识本身的角度审视，知识交流与知识转化的融合构成了网络学习空间中知识共享的核心内容。这一过程既能在单个学习者的内部学习过程中发生，也能在由多个学习者组成的学习共同体中展现，成为不同学习组织间知识交流的重要成果形式。

（二）网络学习空间中知识共享模型构建

在网络学习空间中，知识共享活动持续不断地进行。知识共享的主体涵盖了在学习交流动态中频繁转换生态位的学习者个体，以及由这些个体组成的学习者群体；作为共享行为的核心对象，知识分为隐性知识与显性知识两大类别，其流动与转化构成了网络学习空间存续与活力的根本动力。基于网络技术构建的网络学习空间生态环境，既为知识共享的主体搭建了一个互动交流的社交网络平台，也提供了一个促进知识内隐转化的知识网络平台。基于对网络学习空间知识共享行为多维度的深入考量，我们构建了如图 6-13 所示的网络学习空间中知识共享行为模型，并据此揭示了网络学习空间中知识共享的两大主要路径。

1. 发生在学习者个体间的知识共享途径

联通主义聚焦于知识生成的过程及构建富有意义的网络结构。该理论主张，学习过程本质上是一个网络构建的过程，它超越了单纯个体概念存储的范畴，转而强调学习者积极地将特定节点与信息资源建立联系的能力②。信息资源有效连接的基石在于信息的交流与转化，两者既是知识共享的先决条件，也是其主要表现形式。网络学习空间的开放性特征，有助于打破封闭学习环境中的思维定式，促使每位学习者都能以生态主体的身份积极投身于网络交流与探讨中，并在此过程中不断实现角色转换。当学习者扮演知识提供者的角色时，他们不仅可以利用网络平台分享个人的显性知识，积极参与信息交流，还能够借助 Web2.0 技术，将隐性知识外显化，从而具备知识交流与共享的基本特质。而当学习者以知识接

---

① 李玉斌，王月瑶，马金钟，等. 教师网络学习空间评价指标体系研究[J]. 电化教育研究，2015（6）：100-106.

② Siemens G. Connectivism：Learning as network-creation[J]. ASTD Learning News，2005，10（1）：1-28.

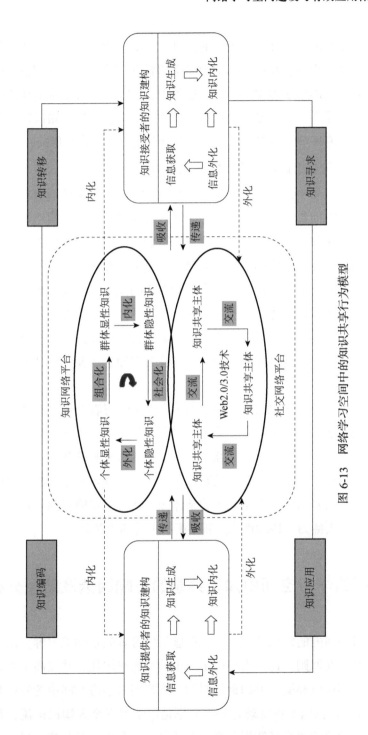

图 6-13　网络学习空间中的知识共享行为模型

受者的姿态参与交流时，面对有价值的信息，他们会通过获取、分类、整理等手段，将这些显性知识与自身原有的知识体系相融合，使之成为其知识架构中不可或缺的一部分。在网络学习空间的学习过程中，学习者通过不断的角色转换，完成了从"知识寻求"到"知识应用"，再到"知识编码"与"知识转移"这一系列基本的知识交流环节，最终实现了不同学习者间的知识共享目标。

2. 发生在学习者个体与群体间的知识共享途径

在网络学习空间中，身处不同地点但对特定知识或讨论话题抱有共同兴趣的学习者能够因共鸣而集结，形成多样化的学习者群体。据此，网络学习空间中的第二类知识共享现象主要在学习者个体与群体之间展开，其进程历经三个核心阶段：首先，网络学习空间内的学习者需独立完成个人知识的内化构建，并展现出将知识外化、与他人交流的意愿；其次，围绕相同主题，不同学习者能自由表达见解，临时性的学习者群体由此产生，在此过程中，一个潜在的知识网络层面逐渐浮现；最后，通过交流，学习者的个体知识转化为群体知识，并经由内化和整合的路径重新融入学习者个体的知识体系，成为新知的重要组成部分，从而实现知识在学习者间的共享。

因此，网络学习空间内的知识共享不仅局限于学习者个体之间通过持续的知识转化来实现，还扩展至学习者个体与学习者群体之间，依托网络学习空间提供的显性社交网络平台与隐性知识交互平台，知识的传递与转化得以实现，最终达成知识共享的目标。在知识共享的动态过程中，不仅学习者个体的知识体系得到了重构与累积，而且网络学习空间内的整体知识体系也不断得到优化与补充，从而形成了一个充满活力、持续进化至新平衡状态的知识领域。

二、网络学习空间中知识共享的影响因素及路径分析

网络学习空间内的知识共享活动，彰显了学习者创新知识内容、双向互动及信息共享的开放性原则，这极大促进了知识的流通与转化，并提高了知识共享的效率。然而，其成效亦受多种因素的制约。观察网络学习空间中的知识共享行为模型（图6-13），我们不难发现，知识共享是以学习者个人知识构建为基石的。在此进程中，学习者对自身知识共享行为的自信心及他们对共享成果的期待，构

成了影响知识共享行为发生及其最终效果的关键内部因素。同时，依托知识网络平台与社交网络平台，学习者的个体学习行为被融入更广泛的集体行为中，知识共享也由单一途径演变为在复杂知识网络背景下的多元化学习行为。此时，网络环境提供的外部激励水平，成为影响学习者知识共享行为的另一重要外部因素。基于上述背景，本书以社会认知理论为框架，采用实证分析的方法，深入剖析了网络学习空间中知识共享行为的影响因素及其作用路径。

（一）理论基础与基本假设

在社会认知理论中，个体、个体行为表现以及外部环境三者间持续存在着动态的相互作用，个体的行为选择与行为决策则是内部个体特性（包括自我效能感与自我调节能力）与外部环境条件共同塑造的产物。在此理论视角下，我们对网络学习空间内影响知识共享行为的因素进行了分析，将其细化为学习者在网络学习空间中感知到的知识共享奖励机制、知识共享结果预期，以及知识共享的自我效能感，并在此基础上构建了本书研究的基本假设。

1. 网络学习空间中知识共享的奖励机制

依据社会认知理论的观点，个体行为受到外部环境与个体思维活动这两大核心要素的共同作用①。在本书中，我们将环境因素具体限定为网络学习空间内的知识共享氛围，尤其聚焦于影响学习者个体知识共享行为的激励机制。基于此，我们提出了以下研究假设：

H1：网络学习空间中的知识共享激励机制能够促进学习者知识共享行为的产生。

H2：知识共享激励机制能够增强学习者在知识共享过程中的自我效能感。

H3：知识共享激励机制能够促进学习者形成正向的知识共享结果预期。

2. 网络学习空间中学习者对知识共享的结果预期

公平理论提出，个体会主观地评估自身投入和产出与他人相应投入和产出之间的关系，这构成了个体对结果的预期判断②。在网络学习空间的背景下，知识共享活动涉及多个学习者，每个学习者都会对自己的共享行为及其成效与他人进

---

① 陈春光. 虚拟社区知识共享行为影响因素研究[D]. 武汉：华中师范大学硕士学位论文，2014.

② 孙伟，黄培伦. 公平理论研究评述[J]. 科技管理研究，2004（4）：102-104.

行比较和评价，进而形成各异的知识共享偏好。基于这一理论视角，我们提出了以下研究假设：

H4：知识共享结果预期能够促进学习者知识共享行为的产生。

3. 网络学习空间中学习者知识共享的自我效能感

自我效能感指向个人对于自己成功完成特定任务的自信心水平。在本书中，学习者知识共享自我效能感被定义为，在网络学习空间参与知识共享活动时，学习者对于自身能否有效完成该活动所持有的信念与预期，这反映了个体对自身知识共享行为控制力的主观评估。其包含两个维度：一是学习者对自我知识输出能力的评价，例如，能否自信地阐述个人观点，能否清晰地表达自身想法；二是学习者对自我知识接收能力的判断，例如，能否自信地对他人文章或信息进行评论，能否自信地为他人提供建议或问题解决方案。基于上述分析，我们提出了以下研究假设：

H5：知识共享自我效能感能够促进学习者知识共享行为的产生。

H6：知识共享自我效能感能够促进其正向的知识共享结果预期。

综上，结合各个因素之间的相互关系，我们构建了网络学习空间中知识共享影响因素的路径模型，如图 6-14 所示。

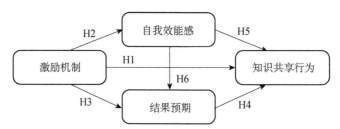

图 6-14　网络学习空间中知识共享影响因素的路径模型

（二）研究设计

1. 研究样本

我们共发放调查问卷 200 份，回收 196 份，问卷回收率为 98%，剔除其中 13 份不可用的无效问卷，实际用于统计分析的问卷共 183 份，有效率为 93.37%。

2. 研究工具

为了了解学习者在网络学习空间中知识共享行为的影响因素，我们设计并开发了网络学习空间中个体知识共享行为影响因素的调查问卷。该问卷采用利克特5 点计分方式，包含知识共享的自我效能感（以下简称自我效能感）、对知识共享的结果预期（以下简称结果预期）、知识共享中的激励机制（以下简称激励机制）以及知识共享行为 4 个维度，共 21 道调查题目，信度分析采用 Cronbach's α 系数。该调查问卷的基本情况如表 6-5 所示。

表 6-5　网络学习空间中个体知识共享行为影响因素的调查问卷的基本情况

调查维度	题项数量（道）	Cronbach's α 系数	参考资料
自我效能感	7	0.803	Nonaka 等（2000）[1]
结果预期	5	0.861	Compeau 等（1999）[2]
激励机制	4	0.832	Kankanhalli 等（2005）[3]
知识共享行为	5	0.768	Davenport & Prusak（1998）[4]

我们采用因素分析法检验调查问卷的结构效度，结果发现，统计量检验（Kaiser-Meyer-Olkin，KMO）值为 0.847，大于 0.7 的检验标准值，并且巴特利特（Bartlett）球形检验达到显著水平。这说明变量间的净相关矩阵是单元矩阵，总体的相关矩阵间有共同因素存在，适合进行因素分析。对回收的问卷采用主因素分析的方法和方差极大正交旋转法进行因子分析，经旋转后问卷最终提取 4 个公因子，积累解释总方差的 57.96%。提取的 4 个因子与我们的编制构想相同，涵盖了我们在理论建构时提出的四个维度，即自我效能感、结果预期、激励机制以及知识共享行为。

（三）数据分析与结论

1. 描述性统计分析结果

对各个变量进行描述性统计分析，所有被试在网络学习空间中知识共享行为

① Nonaka I，Toyama R，Konno N. SECI，Ba and leadership：A unified model of dynamic knowledge creation[J]. Long Range Planning，2000，33（1）：5-34.

② Compeau D，Higgins C A，Huff S. Social cognitive theory and individual reactions to computing technology a longitudinal study[J]. MIS Quarterly，1999，23（2）：145-158.

③ Kankanhalli A，Tan B C Y，Wei K K. Contributing knowledge to electronic knowledge repositories：An empirical investigation[J]. MIS Quarterly，2005，29（1）：113-143.

④ Davenport T H，Prusak L. Working Knowledge：How Organizations Manage What They Know[M]. Boston：Harvard Business School Press，1998：17.

各维度得分的分布情况见表 6-6。

表 6-6 各变量的平均值和标准差

研究变量	M	SD
激励机制	15.6120	2.62851
自我效能感	23.9180	4.00945
结果预期	18.5410	3.37528
知识共享行为	16.0383	3.35183

2. 影响网络学习空间中知识共享的因素间相关关系分析

相关是度量和描述两个变量之间关系的一种统计技术，可以被用于探寻两个变量间是否存在关系。为了了解前期理论假设中提出的四个变量间是否存在关系，我们采用相关分析对数据进行了统计描述，分析结果如表 6-7 所示。由此可知，四个因素两两之间均存在显著的相关关系。

表 6-7 研究变量之间的相关关系

变量	激励机制	自我效能感	结果预期	知识共享行为
激励机制	1			
自我效能感	0.318**	1		
结果预期	0.507**	0.486**	1	
知识共享行为	0.367**	0.383**	0.365**	1

注：**$p < 0.01$，下同

3. 影响网络学习空间中知识共享的因素间因果关系分析

为了进一步探寻网络学习空间中个体知识共享行为与其影响因素之间的因果关系，我们采用多元线性回归方法，分别将自我效能感、结果预期和知识共享行为作为因变量，将不同的影响因素作为自变量纳入回归方程中，完成对统计数据的分析，结果如表 6-8 所示。

表 6-8 研究中四个变量的回归分析结果

因变量	进入方程变量	B	β	t	p	R^2	F
自我效能感	激励机制	0.485	0.318	4.514	0.000	0.101	20.380***
结果预期	激励机制	0.503	0.392	6.301	0.000	0.375	53.899*
	自我效能感	0.305	0.362	5.819	0.000		

续表

因变量	进入方程变量	B	β	t	p	R^2	F
知识共享行为	激励机制	0.281	0.220	2.870	0.005	0.225	17.275*
	自我效能感	0.208	0.249	3.287	0.001		
	结果预期	0.132	0.133	1.595	0.112		

注：*$p<0.05$，***$p<0.001$

以学习者在网络学习空间中知识共享的自我效能感为因变量，以激励机制为自变量进行回归分析，结果表明，两者之间存在显著的线性关系，$F=20.380$，$p<0.001$，自变量能够解释因变量10.1%的变异，两者的回归方程可以表示为：自我效能感=0.318×激励机制。由此可见，网络学习空间中的知识共享激励机制能够增强学习者知识共享的自我效能感，研究假设H2得到了验证。

以网络学习空间中学习者对知识共享的结果预期为因变量，以激励机制和自我效能感为自变量进行回归分析，结果表明，两者之间存在显著的线性关系，$F=53.899$，$p<0.05$，自变量能够解释因变量37.5%的变异，三者的回归方程可以表示为：结果预期=0.392×激励机制+0.362×自我效能感。由此，研究假设H3和H6得到了验证。

以网络学习空间中学习者的知识共享行为为因变量，以激励机制、自我效能感和结果预期为自变量进行回归分析，结果表明，两者之间存在显著的线性关系，$F=17.275$，$p<0.05$，自变量能够解释因变量22.5%的变异，四者的回归方程可以表示为：知识共享行为=0.220×激励机制+0.249×自我效能感+0.133×结果预期。由此，研究假设H1和H5得到了验证。但是，学习者知识共享行为与结果预期之间的p值为$0.112>0.1$，不符合p值小于0.05的检验标准，因此研究假设H4未得到验证。

4. 影响网络学习空间中知识共享的因素路径建立与修正

根据回归分析中所得到的标准偏回归系数（即路径系数），我们建立了如图6-15所示的路径分析模型，由此可见，在网络学习空间中，影响学习者知识共享较为显著的路径包括以下几条：①激励机制→自我效能感→知识共享行为；②激励机制→结果预期→知识共享行为；③激励机制→知识共享行为；④自我效能感→知识共享行为；⑤自我效能感→结果预期→知识共享行为。其中，激励机制可以通过自我效能感和结果预期对学习者的知识共享行为产生影响，同时自我效能感也可以通过结果预期对学习者的知识共享行为产生影响。

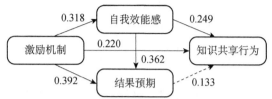

图 6-15　学习者知识共享行为影响因素路径分析图，
注：实线表示路径系数显著，虚线表示路径系数不显著

在多元回归分析中可以看到，自变量结果预期与因变量知识共享行为之间的 t 值为 1.595，根据 t 检验的基本原理，1.595<1.65，且没有达到 $p<0.05$ 的显著水平，因此两个变量之间的关系并不显著，所以我们将无效的路径，即"结果预期→知识共享行为"删掉。随后，我们通过 Amos 结构方程模型软件对研究初始构建的路径模型进行修正，并对修正模型进行检验，得到修正模型的拟合数值见表 6-9。

表 6-9　修正模型与数据的拟合结果参数

拟合指数	χ^2/df	CFI	NFI	GFI	RMSEA	TLI	IFI
结果	2.570	0.989	0.983	0.993	0.093	0.935	0.990
建议值	<3	≥0.9	≥0.9	≥0.9	≤0.1	≥0.9	>0.9

注：比较拟合指数（comparative fit index，CFI）；规范拟合指数（normed fit index，NFI）；拟合优度指数（goodness-of-fit index，GFI）；近似均方根误差（root mean square error of approximation，RMSEA）；塔克尔-勒威斯指数（Tucker-Lewis index，TLI）；增量拟合指数（incremental fit index，IFI）

从表 6-9 中的各项参数可知，各拟合指标均满足相应的标准。由此可见，修正模型的拟合度良好，具有良好的构建效度，我们最终确定的修正模型的路径分析结果如图 6-16 所示，修正模型的假设检验结果如表 6-10 所示。

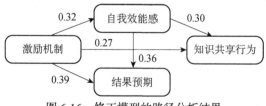

图 6-16　修正模型的路径分析结果

表 6-10　修正模型的假设检验结果

假设	变量间关系	路径系数	p 值	检验结果
H1	激励机制→知识共享行为	0.27	0.000	支持
H2	激励机制→自我效能感	0.32	0.000	支持
H3	激励机制→结果预期	0.39	0.000	支持
H5	自我效能感→知识共享行为	0.30	0.000	支持
H6	自我效能感→结果预期	0.36	0.000	支持

三、网络学习空间中有效知识共享的保障体系

网络学习空间内的知识共享活动虽然以学习者个体为中心，但其过程却受到多种因素的共同影响。班杜拉的社会认知理论为我们提供了一个基础性的理论框架，以解析这些因素的影响。根据本书研究对收集到的数据进行的深入分析结果，并结合网络学习空间中知识共享活动的实际情况，我们提出，应从学习者内部因素与网络学习空间的外部环境两个维度出发，进行综合引导与管理，以期优化学习者的知识共享行为及体验。

（一）优化学习者知识共享的个人学习体验

在知识共享活动中，学习者个体的因素占据主导地位，尤其体现在自我效能感与结果预期两大方面[1]。通过修正后的影响因素路径模型（图 6-16）可以明确，学习者的自我效能感不仅直接作用于知识共享行为，还显著影响学习者对共享结果的预期。然而，结果预期本身并不直接影响知识共享行为，而是作为中介，与学习者的自我效能感及网络学习空间内的激励机制共同作用于知识共享行为，扮演了连接自我效能感与激励机制影响的桥梁角色。据此可以发现，优化知识共享行为的关键策略在于增强学习者的知识共享自我效能感。本书将学习者的知识共享自我效能感定义为他们在参与此类活动时展现出的自信水平，这一主观认知既塑造了他们在网络学习空间中选择知识共享活动的意愿，也影响了他们在面对共享挑战时的态度倾向。鉴于动机与自我效能感之间紧密的关联性，网络学

---

① 秦丹. 网络环境中教师专业发展动机的研究[J]. 中国电化教育，2012（5）：66-70.

习空间的管理与运营者应考虑通过增强自我效能感的策略，以激励学习者更主动地参与知识共享行为，具体策略如下。

1. 增强学习者知识共享行为的成功体验

区别于传统的面对面学习的群体，网络学习空间是一个根植于技术应用框架之上的平台。在此平台上，学习活动全面依托多样化的技术形态进行，学习者需利用 Web2.0/3.0 等技术手段实现知识的交流、转化与吸收。因此，学习者对这些技术形态的熟练掌握程度，直接关联到他们在执行知识共享任务时的自我效能感强度。鉴于此，我们主张，在学习者初入网络学习空间之际，应为其提供必要的技术应用培训与学习资源，确保他们能够娴熟地在技术环境中完成知识共享活动，进而培育出高水平的知识共享自我效能感。

2. 创建社交网络平台，促使学习者间言语说服的产生

言语说服涉及利用他人的建议、激励、阐释及指导策略，以调整个体的自我效能感水平。个体所获取的外部支持力量越大，其自我效能感达到高水平的可能性便越大。鉴于自我效能感的这一特性，我们应有效利用网络学习空间内的社交网络功能，促进学习者之间的相互激励与沟通，并且应鼓励教师积极融入与学习者的互动中，激励他们表达个人见解与观点。

3. 在网络学习空间中提供案例学习，给学生提供替代性经验

在学习过程中，个体倾向于持续观察其他学习者的举止行为，并依据观察所得，间接地评估自己在类似情境下可能达到的行为水准，进而调整自身在相似情境中的实际表现，这便是替代性经验所发挥的效应。通常而言，目睹与自己能力相仿的人取得成功，会增强个体在面对相似任务时的自信心，这正是替代性经验影响力的体现。鉴于这一特性，在网络学习空间的活动中，管理者可以主动记录并展示优质的知识共享过程，或激励学习者将个人的知识转化成果，如笔记、反思记录等，以教学案例的形式分享出来，使其他学习者在浏览与学习这些材料时能够汲取相关的替代性经验，从而提升自己在知识共享方面的自我效能感。

（二）优化学习者知识共享的外部生态环境

除了个体因素的核心影响外，网络学习空间所构建的外部学习环境，同样构

成了影响学习者知识共享行为的关键因素。研究表明,网络学习空间中的激励机制不仅直接正向推动个体的共享行为,还深刻影响着学习者在知识共享方面的自我效能感,成为激发高水平自我效能感的重要先决条件。因此,构建有效的网络学习空间知识共享激励机制,是确保知识共享活动高效运行的另一可行策略。具体而言,首先,应强化网络学习空间的互惠性原则,促使学习者树立互惠互利的观念;其次,应设立针对学习者的知识共享奖励体系,该体系应结合网络学习空间的实际运作情况来规划,比如,在 MOOC 平台上,学习者可通过点评同伴作业来获得更高的作业评分,或依据发帖及回复的数量与质量兑换不同的网络资源访问权限等,这些措施都能让学习者意识到共享与收获之间的正向联系,进而增强其参与知识共享行为的积极性。